JN233774

〈第三版〉
現代経営組織論

森本 三男 著

学文社

序　文

　ここに『現代経営組織論』を刊行することができ，著者としては非常な喜びであるが，同時に当然のこととして，その内容について読者に対し非常に重い責任を感じている。その責任は，まず本書の意図と内容を説明することから始められるべきであろう。

　本書は，基本的に，経営組織の全般的学習のための，高い研究水準を盛り込んだテキストであることを意図している。そのため，書名の「現代」は，単なる時代の枕言葉ではなく，「今日的課題」と「最近の研究」を意味しようとするものである。しかし，テキストに要求される平易さや網羅性と，新しい高い研究水準とは，簡単には両立しない。そこで，本書は，次のような構成を取ることにした。

　まず，最近の研究の中には，将来はともかく，現段階では安定した共有成果になっていないものがあるから，そのような不安定な先端的試論は回避することである。また，今日的課題は，一般性・共通性の高い問題性のものに絞るようにした。これらの接点として，戦略・組織の適合，国際化と組織変革，組織文化とその比較，環境問題と組織，企業統治の組織等が浮かび上がって来た。

　しかし，テキストとしては，いきなりこれらの具体的問題に取り組むわけにはいかない。そこで，最初に総論部分（第1部）を設け，経営組織の意義と問題領域，研究の趨勢，組織の進化的変容の理論モデルを概説し，その後を，戦略・組織の適合を軸にした構造論（第2部），組織文化を集約点にした行動論（第3部）で構成し，最後に比較的新しい問題を前面に押し出して取り上げる（第4部）ことにした。

　間もなく21世紀を迎えようとしている現在，あらゆる分野で20世紀を総括し，21世紀へ向けた在り方を模索する動きが盛んである。20世紀後半，日本型システムを駆使して経済発展を謳歌した日本は，世紀末を迎えて深刻な経済不

況に苦しみ，内外からシステム転換を迫られ，苦悩している。日本経済を支える日本企業が，その渦中にあることは言うまでもない。企業を研究対象にし，日本で実践科学としての経営組織論の展開を目指している著者が，このような時代潮流の外に傍観者として立っているわけにはいかない。日本の事例を多く使用しようとしたのは，このような基本的問題意識に根差しているためである。

以上のような意図と構想がどれだけ成功したか，また内容が滲み出ているか，まったく自信はないし，その評価は，すべて読者の判断によらなければならない。大方の御叱正をまつ次第である。

それにしても，曲がりなりに本書が日の目を見るに至った陰には，長い期間にわたる多くの学界・産業界の方々の御指導と御鞭撻がある。いちいち列挙することはできないが，この機会に謝意を表明しておきたい。また，本書の内容のかなりの部分は，青山学院大学大学院国際政治経済学研究科の，中でも社会人学生を対象にした修士課程国際ビジネス専攻における授業に触発されている。その意味では，まさに本書は「教えることは学ぶことである」の成果でもある。そのような場を持つことができたことに深く感謝したい。また，出版事情きびしい中，親身になって御尽力下さった（株）学文社の田中千津子社長以下皆さんに，心から御礼申し上げたい。同社のますますの御発展を祈るものである。

1998 年 3 月

　　　長野冬季オリンピックの余韻にひたりつつ

森本　三男

目　　次

第1部　経営組織総論

1　経営組織の意義 ... 2
　1.1　個人の制約と協働の必要 ... 2
　1.2　協働システムと組織 ... 3
　1.3　経営と経営組織 ... 5
　1.4　経営組織の3要素 ... 6
　1.5　経営組織の諸問題領域 ... 10
　1.6　経営組織の環境適応 ... 12

2　経営組織研究の展開 ... 15
　2.1　研究の潮流 ... 15
　2.2　官僚制論と管理論的組織論：古典的組織論 ... 17
　2.3　人間関係論：新古典的組織論 ... 20
　2.4　意思決定論：現代的組織論（1） ... 22
　2.5　システム論：現代的組織論（2） ... 24
　2.6　状況理論：適応的組織論 ... 26
　2.7　各種研究の相互関連 ... 27

3　経営組織の成長モデル ... 31
　3.1　組織成長の意義 ... 31
　3.2　組織成長の量的側面：規模 ... 32
　3.3　組織成長の質的側面：組織学習 ... 33
　3.4　細胞分裂モデル：組織成長の生物モデル（1） ... 35
　3.5　変容モデル：組織成長の生物モデル（2） ... 38
　3.6　平方・立方の原理：組織成長の構造均衡モデル（1） ... 42
　3.7　ライン・スタッフの均衡：組織成長の構造均衡モデル（2） ... 44

3.8　組織成長の鬼火モデル　　　　　　　　　　　　　　　　　　　46

第2部　経営組織の構造─戦略・組織の適合

4　組織構造の設計原理　　　　　　　　　　　　　　　　　　　　　50
　4.1　組織構造の意義と次元　　　　　　　　　　　　　　　　　　50
　4.2　課業分担の設計原理　　　　　　　　　　　　　　　　　　　51
　4.3　伝達システムの設計原理　　　　　　　　　　　　　　　　　55
　4.4　設計原理への批判　　　　　　　　　　　　　　　　　　　　58
　4.5　設計原理から組織戦略へ　　　　　　　　　　　　　　　　　59

5　組織構造の形態　　　　　　　　　　　　　　　　　　　　　　　62
　5.1　組織単位と組織形態　　　　　　　　　　　　　　　　　　　62
　5.2　基本形態　　　　　　　　　　　　　　　　　　　　　　　　65
　5.3　スタッフ：基本形態の補強 (1)　　　　　　　　　　　　　　67
　5.4　委員会制度とプロジェクト・チーム：基本形態の補強 (2)　　70
　5.5　職能部門制　　　　　　　　　　　　　　　　　　　　　　　71
　5.6　事業部制　　　　　　　　　　　　　　　　　　　　　　　　73
　5.7　マトリックス組織　　　　　　　　　　　　　　　　　　　　75

6　組織構造の現実と新動向　　　　　　　　　　　　　　　　　　　78
　6.1　組織構造の原理と現実　　　　　　　　　　　　　　　　　　78
　6.2　日本型組織：部門主義組織　　　　　　　　　　　　　　　　79
　6.3　疑似事業部制とカンパニー制　　　　　　　　　　　　　　　82
　6.4　分社制形態と持株会社利用形態　　　　　　　　　　　　　　86
　6.5　プロジェクト組織の動向：組織の弾力化　　　　　　　　　　90
　6.6　マトリックス組織の動向：組織の多元化　　　　　　　　　　92

7　経営戦略と組織構造　　　　　　　　　　　　　　　　　　　　　95
　7.1　経営戦略の意義　　　　　　　　　　　　　　　　　　　　　95

7.2	戦略・組織の適合:「組織は戦略に従う」	96
7.3	戦略・組織の適合と経済的業績	99
7.4	戦略・組織の適合への新しい視点:重心	104
7.5	戦略・組織の適合の多様性	108

8 経営の国際化戦略と組織構造　111
   8.1　経営の国際化と組織問題　111
   8.2　国際化と戦略・組織の適合:Stopford = Wells モデル　112
   8.3　Stopford = Wells モデルの補強と修正　117
   8.4　グローバル構造と経営戦略　119
   8.5　事例研究:(株) 東芝の場合　123
   8.6　多国籍企業と「地域本社」　125
   8.7　日本型経営の国外移植　132

第3部　経営組織の行動―組織文化の形成と変革

9 経営組織と意思決定　138
   9.1　組織行動の意義と問題性　138
   9.2　意思決定の過程・前提・合理性　139
   9.3　意思決定の技術と二つの意思決定論　141
   9.4　記述的意思決定論と意思決定技術　142
   9.5　規範的意思決定技術と不確実性　145
   9.6　情報処理と経営組織　147

10 経営組織の活性化　152
   10.1　組織活性化の意義　152
   10.2　組織影響力と権限　154
   10.3　リーダーシップ　157
   10.4　欲求理論:動機づけ (1)　160
   10.5　期待理論:動機づけ (2)　161

10.6	葛藤とその解消	163
11	経営組織の人間化と動態化	168
11.1	組織の非人間化と硬直化	168
11.2	人間性疎外とその克服策	169
11.3	職務設計の人間化：職務拡大と職務充実	171
11.4	小集団活動と意思決定参加	175
11.5	組織の動態化：有機的システム	179
11.6	組織の簡素化：課制廃止	181
12	組織有効性と組織文化	187
12.1	組織有効性の展開	187
12.2	組織有効性の目標モデル	188
12.3	組織有効性のシステム・モデル	190
12.4	組織文化の意義と内容	192
12.5	組織文化の変革と組織有効性	196
12.6	複数組織の結合と組織文化	201
13	経営組織の国際比較	206
13.1	国際比較の意義と方法	206
13.2	定性的差異分析による国際比較	207
13.3	主観的測定手段による国際比較	209
13.4	客観的測定手段による国際比較	212
13.5	普遍理論の命題による国際比較	215
13.6	総合的国際比較	218

第4部　経営組織の中枢と外延

14	経営組織の中枢と企業統治の組織	222

14.1	経営組織の中枢機能	222
14.2	経営者組織としての取締役会	223
14.3	取締役会委員会と常務会	230
14.4	ドイツ型経営者組織	234
14.5	本社の機能と組織	237
14.6	本社組織の新しい動向	241

15 環境管理組織　244

15.1	環境管理の問題性	244
15.2	日本における環境問題の拡大・複合化	244
15.3	環境汚染問題のインパクトと経営組織の変革	245
15.4	地球環境問題のインパクトと経営組織の変革	250
15.5	ISO 14000 問題へ向けた経営組織変革の必要	254

16 組織間関係とその戦略　257

16.1	組織間関係の意義	257
16.2	資源依存パースペクティブ	257
16.3	組織セット・パースペクティブ	259
16.4	協同戦略パースペクティブ	260
16.5	制度化パースペクティブ	261
16.6	取引コスト・パースペクティブ	262
16.7	組織間関係戦略	264
16.8	統合化戦略	266

参考文献	269
事項索引	276
人名索引	285

第1部
経営組織総論

1 経営組織の意義

1.1 個人の制約と協働の必要

　経営組織のキーワードは,「経営」と「組織」である。辞書によって,ここで関係のありそうな意味を引くと,前者は「事業を計画し,営むこと。またその事業」であり,後者は「個々のものや人が集まって,一定の秩序関係を保って一体になっているもの」であるとされる(『広辞林』)。これらはいずれも,人間それも複数の人間が関係するという意味で,社会的現象である。人間は古くから組織を利用し,それに所属してきたし,現代は組織社会ともいわれるほど,人間と組織の関係は密接である。なぜ,そのようになったのか。

　人間と経営や組織の関係を考える場合に重要なことは,次の二つの事実である。第1は,人間が環境の中で生活していることであり,第2は,明確度に差異はあるが,人間が目的(個人目的,欲求といってもよい)をもっていることである。特定の個人にとって,これら二つの事実が支障なく両立することは皆無ではないが,多くの場合,個人としての人間には能力の限界があるので,何もしなければ両立が困難であるのがむしろ普通である。このような支障や障害を,(個人)目的達成上の制約(constraint)という。この制約を克服する基本策は,目的の変更と,制約克服のための手段・方法の創出,の二つである。簡単な例を示そう。

　目的地へ行く一本道の上に,1人では動かせないほど大きな石があって,そのままでは通れない。このような状況の中で可能なことは,目的地へ行くことを断念して新しい目的地を設定する(目的の変更)か,障害となっている石を除去する(制約克服の手段・方法の創出)か,のいずれかである。後者には,さらに二つの方策がある。一つは,石を一人で運搬可能な状態にする手段・方法(例:破砕)を開発することであり,もう一つは,他人と協力して石を排除する

こと（協働，cooperation）である。破砕は，「制約が個人にとって大きすぎる」という状況認識に立つ方策であり，協働は，「個人は制約に対し小さすぎる」という状況認識に立つ方策である。ここで，同一の状況について，状況認識が異なれば，全く異なった対応が可能であることに留意しなければならない。これは，基本的対応の相違，すなわち戦略（strategy）の相違である。

この二つの制約克服策のうち，組織に関係があるのは，いうまでもなく協働である。協働は，個人に対する制約となっている物理的（肉体的・体力的）能力を向上（上の例）するだけでなく，生物的（知覚，認知，記憶，判断など意思決定上の）能力をも改善・向上させ（例：「3人寄れば文珠の知恵」），それによって目的達成の可能性を大幅に広げるからである。このため，人間は，自己の制約を克服するために，古くからさまざまな形の協働を展開してきた。このような協働の仕組みを，一般に協働システム（cooperative system）という。国家，地方自治体，教会，企業，学校，労働組合，軍隊，病院，消費者団体等は，すべて協働システムの具体的形態である。

1.2 協働システムと組織

協働システムとそれに参加する個人との関係については，次の点に留意しなければならない。

第1に，個人は自己の個人目的を達成するために協働システムを形成し，あるいは既存の協働システムに参加するが，協働システムには個人目的とは別の協働目的が設定され，あるいは，すでに存在しているから，参加した各個人は，まず協働システムの中で一定の役割を分担しながら，協働目的の達成に貢献しなければならない。このようにして，個人には，個人目的を迂回的に達成するための新しい拘束が課されることになる。このような貢献の見返りとして，個人は協働システムの成果から便益の分配を受け取り，自己の個人目的の充足にそれを充当するのである。このような個人と協働システムとの関係は，図1-1のように示される。

図 1-1 個人と協働システム

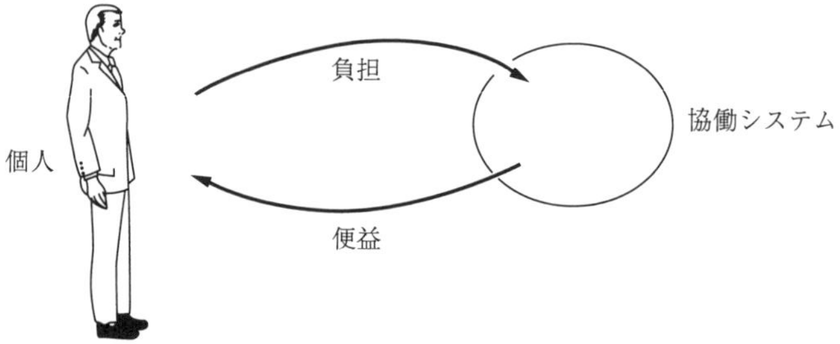

個人 ←負担／便益→ 協働システム

出所：Torgersen（1969）p.32.

このように見ると，個人には，特定の協働システムによって拘束される側面と，それを離れた個人目的充足の側面とがあることになる。前者を個人の組織人格（organizational personality），後者をその個人の個人人格（individual personality）という。企業という協働システムについていえば，部長，課長，販売員等は，組織人格の具体的表現であり，それ以外の市民，家庭やクラブの構成員などという側面は，個人人格の表現である。

以上のことを協働システムの側から見ると，協働システムは，参加者が組織人格者として貢献を持続する限り，存続することができる。このために，協働システムは，次のような二つの課題をもつことになる。

（1）参加者の貢献を有効に活用して，協働目的を可能な限り高度に達成すること。これは，貢献の有効活用である。

（2）参加者の貢献動機を満足させて，究極的には参加者の個人目的の充足に寄与すること。これは，協働成果の参加者への公正分配という課題である。

これらはいずれも，協働システムの経営の問題になる。

協働システムには，寄合い的・一時的で小規模なものから，制度化された永続的で大規模なものまで，さまざまなものがある。後者では，上の二つの課題に意識的に取り組まなければならない。このような意識的な取組みが協働システムの内部で行われるとき，組織（organization）が出現する。このような意味の組織は，Barnard（1938）によって次のように定義される。すなわち，（公式）

組織は，協働システムに含まれる「2人またはそれ以上の人びとの，意識的に調整された諸活動または諸力のシステム」である。この中の「諸活動」は，いうまでもなく参加者の協働活動であり，「諸力」は，活動の根源となるエネルギー（活力源）である。この定義は，協働の動態面を中心にしているため，非常に抽象的になっているが，それだけ包容力に富む特徴をもっている。

1.3 経営と経営組織

「経営」には，いろいろな考え方がある。前節では，協働システムにおける貢献の有効活用と成果の公正分配の二つが，経営問題であるとした。このように，協働システムの運営を経営と呼ぶのが，第1の経営概念である。それは，ていねいにいえば協働システムを「経営する (to manage)」ことであり，それを略して「経営」といっているのである。このような経営を，「行動概念としての経営」と呼ぶ。

第2の経営概念は，行動概念としての経営の派生と見なされるが，「経営する」ことの中心もしくは基礎になる基本的・戦略的意思決定の機能を指す場合である。大規模な組織では，「経営する」ことにかかわる人が多数になり，彼らの間にさらに役割の分担が進行する。その中で行われる上のような役割を，特に「経営機能」といい，その略称として「経営」を用いるのである。この機能の担当者（機関）が，経営者である。前節で引用した組織の定義の中の「意識的に調整」する中心主体は，このような意味での経営者にほかならない。

第3は，協働システムそのものを経営と呼ぶケースである。これはていねいにいえば，「経営体」の意味であり，その略称として経営が用いられるのである。したがって，このような定義は「構造概念としての経営」である。この用法には広狭があり，広義には協働システムのすべて（国家，地方自治体，教会，企業等々）を指し，狭義には経済的効用の生産を行う協働システム（現代社会では企業）のみを指す。狭義説に立てば，経営組織とは，企業組織を指すことになる。ドイツ語圏の経営学では，この経営概念が支配的である。

以上をまとめると，次のような整理ができる．

第1に，経営組織とは，経営体の組織である．それには，広狭二つの意味がある．以下では，経営体全般（広義）の組織をもって経営組織とする考え方を否定しないが，企業組織の記述に限定する．その最大の理由は，経営組織の名のもとに行われている研究のほとんどが，企業組織を内容にしているからである．

第2に，経営組織の基本課題は，経営体（企業組織）を経営（調整）することである．その中心は，貢献の有効活用と成果の公正分配である．前者の問題を組織有効性（organizational effectiveness），後者の問題を組織充足性（organizational efficiency, 直訳して組織能率ということもある）という．これら両者が車の両輪のようにかみ合ったとき，経営組織は存続が可能となる．次に，これら両者の相互関連と，その間に介在する諸問題を解明しなければならない．

ここで，組織構成員について，補足しておく必要がある．これまでの記述では，組織構成員は，すべて個人としてきたが，その内容については特に説明を加えなかった．現実の経営組織の組織構成員は，多様である．経営者，管理者，従業員は言うまでもないが，これまでの論理からすれば，これら以外に，顧客，投資家（株主）のような「個人」はもとより，銀行，原材料提供企業，取引先，政府，地域社会のような協働システム（法人その他）もまた，考慮に入れなければならないことになる．それらの貢献とそれらへの満足の供与がなければ，経営組織は存続できないからである．最近では，これらをステークホルダー（stakeholders，環境主体と訳すこともある）と総称するが，これが広義の組織構成員とみなされる．しかし，通常，組織構成員というときには，狭義の範囲，すなわち経営者，管理者，従業員を指している．それらは，現に経営組織の「内部」にいて，フルタイムに貢献している人びとだからである．

1.4 経営組織の3要素

Barnard (1938) は，組織の3要素として，コミュニケーション（communication, 以下, 記述の簡略化のため「伝達」という), 参加者の貢献意欲 (willingness to serve), および共通目的 (common purpose) の三つをあげた。最後のものを経営組織に即して経営目的と言い換え, これらの内容と関連を展開することによって, 組織の諸問題を分析することにしよう。

　経営目的は, 経営組織が実現しようとする「望ましい到達状態」である。それは, 経営理念(management creed or philosophy)と経営目標(management goal)から構成されたものの総称である。経営理念は, 経営目的の「望ましい」という価値的側面を表明したものであり, 経営者が経営組織に浸透させて実現しようとする信条・信念・理想・哲学・イデオロギーなどである。「義の中に利を求め, 利の中に義を行う」(澁澤榮一)などは, その一例である。日本では, 創業者の精神を経営理念としている事例が少なくない。また, 経営理念を社是・社訓・綱領等に成文化したり, CI (corporate identity) に象徴化していることが多い。

　経営目標は, 経営目的の「到達状態」という事実的側面を具体的に表明するものである。そのために, 目標は具体的・客観的であることが必要で, 可能な限り計量的に表示することが望ましい。そのような目標は, 利益額や利益率のような単一目標 (single goal) の形をとることもあるが, 経営組織が成長して活動内容が多様化し, しかも環境との相互作用が緊密・多岐になって社会性が強まると, 諸種の項目を同時的に追求しなければならなくなり, 多目標(multiple goals) がむしろ普通になる。それは, 各種の目標が上位・下位の連鎖で関連づけられて, 階層状の体系 (システム) を形成しているものである。目標全体は, 頂点に位置する最上位目標によって総括されるとともに, 他方でさまざまな下位目標に分解され, 最終的には, 各組織構成員の課業(task, the work to be done)に行き着くまで細分化される。このような状態を示す例として, Drucker (1974)の所説を整理して示すと, 図1-2のようになる。

　経営目的 (経営理念と経営目標) について重要なことは, それを明確に定式化するだけでなく, 内外状況の変化に対応して適切にそれを変更することであ

図 1-2　Druckerの多目標体系

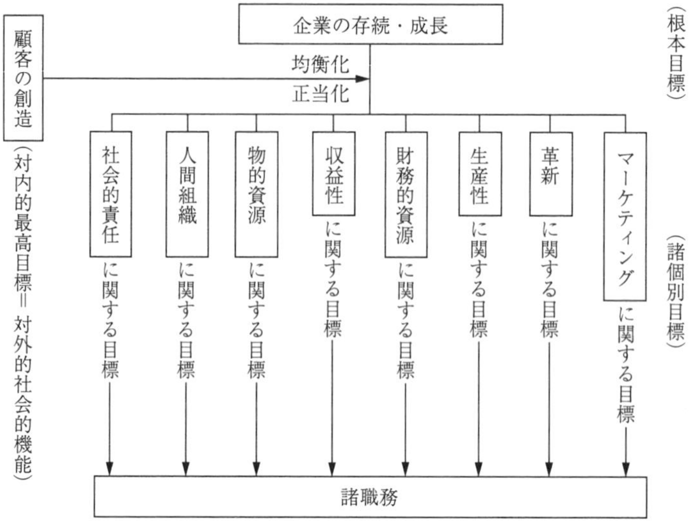

```
                    ┌─────────────┐
                    │企業の存続・成長│        （根本目標）
                    └─────────────┘
┌──┐        ──均衡化──
│顧 │        ──正当化──
│客 │  ┌──┬──┬──┬──┬──┬──┬──┬──┐
│の │  │社 │人 │物 │収 │財 │生 │革 │マ │
│創 │→ │会 │間 │的 │益 │務 │産 │新 │ー │
│造 │  │的 │組 │資 │性 │的 │性 │  │ケ │
│  │  │責 │織 │源 │  │資 │  │に │テ │
│（対│  │任 │に │に │に │源 │に │関 │ィ │
│内的│  │に │関 │関 │関 │に │関 │す │ン │
│最高│  │関 │す │す │す │関 │す │る │グ │
│目標│  │す │る │る │る │す │る │目 │に │
│＝対│  │る │目 │目 │目 │る │目 │標 │関 │
│外的│  │目 │標 │標 │標 │目 │標 │  │す │
│社会│  │標 │  │  │  │標 │  │  │る │
│的機│  │  │  │  │  │  │  │  │目 │
│能）│  │  │  │  │  │  │  │  │標 │
└──┘  └──┴──┴──┴──┴──┴──┴──┴──┘
                              （諸個別目標）
         ↓  ↓  ↓  ↓  ↓  ↓  ↓  ↓
        ┌─────────────────────┐
        │       諸 職 務          │
        └─────────────────────┘
```

注：Drucker (1974) の記述より作成.

る。

　組織構成員が経営目的のために貢献しなければ，いかに適切に定式化された経営目的でも，絵にかいた餅に終わってしまう。そうならないためには，組織構成員の貢献意欲を喚起し，持続・向上させなければならない。この問題は，次の二つの次元に分けられる。第1は，経営組織の全体について貢献意欲を喚起・維持するメカニズムはどのようなものか，というマクロ組織レベルの問題である。第2は，個々の状況の中でいかに個別の組織構成員の貢献意欲を喚起するか，というミクロ組織レベルの問題である。

　第1の問題は，組織有効性と組織充足性の両者を連動させながら高めることである。それは，組織人格と個人人格の両面にまたがる問題であり，組織人格面の貢献の所産である経営成果を公正に分配し，個人人格面の満足を可能にすることである。分配される成果は，満足を介して次の貢献を喚起する源泉となるから，誘因（inducement）と呼び替えることができる。このように貢献と誘因

図 1-3　組織経済

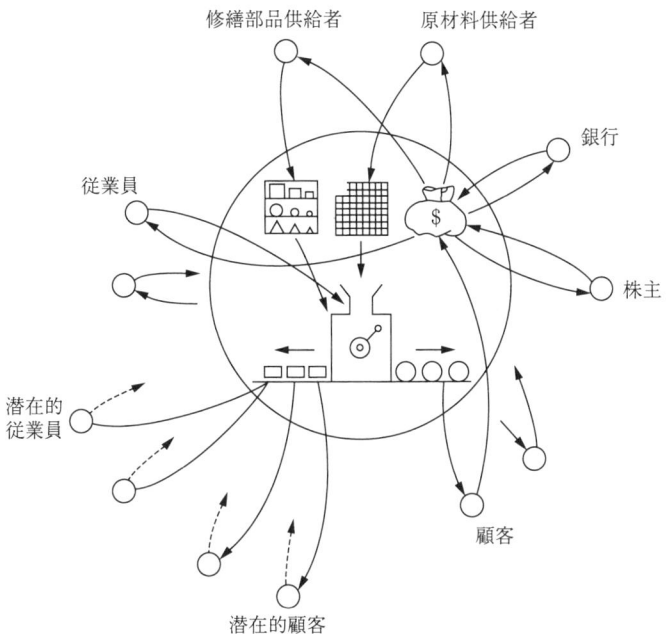

出所：Torgersen (1969) p.148.

のバランスを図って組織の存続を可能にすることを，組織経済 (organizational economy) または組織均衡 (organizational equilibrium) という。その概念図は，図 1-3 のように示される。第 2 の問題は，組織構成員の個別的活動を動機づけ (motivation) ることと，そのために経営者以下の管理者がリーダーシップ (leadership) を発揮することに関連する。この問題は，もっぱら組織人格の側面に関連している。

　貢献意欲と伝達とは，深く結びついている。まず共有する経営目的の内容を組織構成員に理解し，受容し，支持してもらわなければならず，それには伝達が必要になる。また，各組織構成員の分担する課業の内容，それを実施する方法・手段・時期・場所・手続きに関する情報が，必要なだけ，必要なときに，正確かつ敏速に伝達されなければならない。さらに，活動に対する誘因の分配

についても，その内容が周知され，あるいはその内容に個人目的が可能な限り反映していることを理解させ，成果が公正に分配されていると説得しなければならない。動機づけについても，鼓舞・激励・教訓・例示・暗示のような伝達が不可欠である。このように，活動のシステムである組織のいわば潤滑剤のように，伝達が幅広く必要とされるのである。

1.5 経営組織の諸問題領域

経営組織の主要な問題領域は，上述の経営組織の3要素の相互関連の中から導出される。その概要は，図1-4のように示される。

既述のように，経営組織の基本課題は，組織有効性と組織充足性の相互促進的向上であった。これらのうち，組織有効性は，経営目的の達成度によってとらえられ，その程度に応じてそれなりに環境と均衡する。もちろん，組織有効性は高いほど好ましく，高い均衡は，環境適応の成功を意味し，組織の存在を正当化し，その存続を可能にする。これに対し，低い均衡は，環境適応の失敗を意味し，組織の存在理由を低下させ，極端な場合には，存在を否定（倒産，解散など）されることになる。

図 1-4 経営組織の要素と諸問題領域

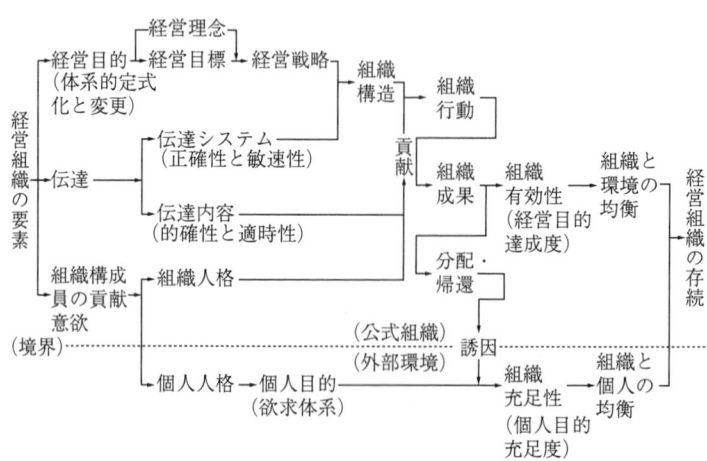

組織の基盤は，組織構造（organization structure）である。それは，組織構成員の役割分担活動に整合性を与える連結様式であり，活動の内容に整合性を与えるための課業分担のシステム（分業システム，division of labor system）と，各活動に時間的・空間的な整合性と活力を与えるための伝達システム（communication system）とを合成したものである。このような組織構造には，それぞれ特徴や長所・短所をもったさまざまな類型（type）があり，そのいずれを選択するかはきわめて重要である。この問題の中心は，経営戦略（例：製品多角化）とその実行に適合した組織構造の組合せを実現する，戦略・組織の適合問題である。

組織構造の標準的類型を，組織形態（organizational form）という。それは，職位（position，役職）もしくは部門（department）を単位にして課業内容を設定し，権限（authority）と責任（responsibility）の公式の流れを反映する伝達システムによってそれらを連結した，組織構造の静態的・形式的表現である。組織の動態を解明する基礎として，各種組織形態の相互関連を発展的にとらえることが，非常に重要である。

組織構造に組織人格者としての組織構成員が配置され，その貢献意欲が一定の伝達（例：命令）によって喚起されると，組織活動が始動する。組織活動に関する主要な問題は，活動の契機となる意思決定（decision），貢献意欲を鼓舞し持続させる動機づけとリーダーシップ，活動の過程で発生するさまざまなコンフリクト（conflict，以下，記述の簡易化のため「葛藤」という）の解消，活動の統合の実現などである。

組織活動は，良かれ悪しかれ一定の結果を生む。このような結果の総体を，組織成果（organizational performance）または経営成果という。その大きさを経営目的と対比すれば，組織有効性が判定できる。組織成果の一部は，経営者の主導によって組織構成員に人為的に分配される。残りの部分は，彼らに対し自然に還流していく。このような自然還流を，帰還（natural feedback）という。賃金や配当は分配の，不祥事による悪い組織イメージは帰還の，それぞれ代表

的な例である。

　分配・帰還を受けた組織構成員は，それらを個人目的の達成に充当する。その充当の程度が，組織充足性である。組織充足性も高い方が好ましいが，高低いずれにせよ各個人と組織の間に一定の均衡を生み出す。高い均衡は，個人の期待の充足が成功したことを意味し，彼らの組織への信頼感，忠誠心(loyalty)，一体感(identitification)を高め，貢献を持続させて，組織の存続を可能にする。対照的に，低い均衡は，逆の現象を生み出し，極端な場合には，組織は存続が不可能になる。

　このような貢献と誘因の循環を組織存続に向けて可能にする鍵は，次の2点である。

　（1）　人為的分配が公正に行われること。たとえ分配の量が多くても，分配が不公正であれば，誘因としての効果は減退する。公正な分配とは，限りある分配の原資について，貢献に対応した分配，格差の少ない分配（＝適度な格差のある分配），正当で明瞭な過程を経る分配，が現実に行われること，あるいは行われていると信じられることである。

　（2）　帰還は，それ自体を人間（特に経営者）が左右することはできないが，帰還の内容の原因を操作することは可能である。上の例でいえば，発生してしまった不祥事の悪いイメージの流れを止めることはできないが，その原因である不祥事の予防は可能である。かくて，分配を主導する経営者は，帰還する誘因の性格（特にマイナスの）と原因に留意し，誘因の改善とマイナス原因の予防に努める必要がある。

1.6　経営組織の環境適応

　前節では，組織の3要素を演繹的に展開して，経営組織に関する問題領域を導き出した。ここでは，その他の主要な問題領域を指摘する。

　図1-2に要約されるような経営組織の存続は，単純に同一内容の行動を反復するだけでは達成されない。なぜなら，経営組織は，技術進歩，競争状態の変

化，資源獲得の難易の変動，製品のライフサイクルの推移，顧客や経営構成員の欲求内容の高度化と多様化，国際化，人口の高齢化等々，枚挙に暇のない環境変化に適応して，目的，構造，行動を変容させていかなければならないからである。このような環境変化に適応できない経営組織は，その存立条件を喪失する。

環境適応を現実に推進するのは，経営者である。経営者は，究極的にはもちろん個々の個人であるが，組織としては常に一定の経営者を必要としている。その意味では，経営者は組織の機関であり，組織中枢である。経営者機関の良否，換言すればガバナンス(governance)の良否は，直ちに環境適応の成否に影響する。この意味で，組織中枢のあり方は，組織の重要な問題である。

経営組織の環境適応は，たとえば戦略策定に代表されるように，環境の認知，諸代替案の設計・評価・選択，その実施という一連の主体的行為によって展開される。このような行為は，代替案の選択を中核とする意思決定によって代表される。ここでいう意思決定は，経営組織の中枢にいる経営者の行うものばかりでなく，組織構成員が行動のすべてについて行うものを含んでいる点に注意する必要がある。目的や戦略の策定はもとより，構造の選択，行動や伝達内容の確定，自己の働きの程度（貢献意欲）をどの程度にするかも，すべて意思決定である。

このように考えれば，組織を意思決定のネットワークとして理解することが可能になる(Simon, 1977)。そうすると，意思決定の方法・種類・技術を明らかにするとともに，組織構成員の行う個々の意思決定を，経営目的を目指して行わせるようにすることが，組織の重要な問題になる。

経営組織の環境適応は，以前のものとは異なる進歩した内容を打ち出さなければならない。そのためには，組織自体が，学習・改革・革新を積極的にしかも継続的に推進する必要がある。このような組織の進歩的変容を，組織成長(organizational growth)という。成長はしばしば量的次元のみで考えられるが，それだけでは不十分であり，むしろそれ以上に質的次元が考慮されなければな

らない。

　組織の質的次元の中でもっとも重要なことは，組織の主役であるべき人間に即して，組織が編成され，運営されなければならないことである。ところが，この点が忘却され，しばしば人間が組織の単なる要素に転落させられてしまう状況が出現する。そうなると，本来手段である組織が目的と化し，目的・手段の転倒が生じて，人間性が疎外される。官僚制(buraucracy)の弊害と呼ばれる現象がこれである。このような転倒状況から，組織の人間化(humanization)が課題となる。組織は，人間に始まり，人間に終わらなければならない。

　本書では，これまで述べた主要な問題とそれらにさらにいくつかのものを加えて，個別に取り上げ詳述するが，その前に，経営組織に関する研究の動向を概観して，問題領域の理解に厚みをつけることにしよう。

2 経営組織研究の展開

2.1 研究の潮流

　経営組織の研究は，20世紀開幕の前後から始まった。その後の研究の潮流を整理することは，容易でない作業であるが，ここでは，取り扱っている問題領域と出来上がった理論の性格の二つの面から，研究の流れをまとめて見ることにしよう。

　第1は，前章で述べた経営組織の諸問題のどの領域を主として取り扱っているか，という視点からの整理である。それは，以下のようにまとめられる。

　（1）　初期には，組織構造を中心にした静態理論が主流であったが，次第に組織行動をあわせて取り上げる動態理論へ移るようになった。問題領域の拡大である。

　（2）　初期には，人間不在か人間を単なる要素（労働力）または用具（能力）とする理論が主流であったが，次第に人間を中心に据える理論へと移行してきている。

　（3）　初期には，もっぱら組織の内部構造のみを問題にする理論であったが，次第に内外環境の変化に対する組織の適応的変革を問題にする理論へと推移してきている。

　これらの(1)と(2)をあわせてみると，組織を単なる課業分担の仕組みと見るマシン・システム（machine system）の組織観から，人間が主役となって仕組みを作り動かす，あるいは人間の特質と機械の特色を共に生かすようなシステムを追求するマン・マシン・システム（man-machine system）の組織観への変化がうかがわれる。この点は，静態解剖学的理論から，動態生態学的理論への移行といっても良い。また，(3)の前段は，組織を経営機能（経営者）の手段（用具）と見る立場であり，後段は，組織を経営体の経営行動と同義にとら

え，その一部に経営機能（経営者）があるとする立場である。この点は，組織を環境と遮断してクローズド・システム（closed system）と見る理論から，環境と相互作用しながら適応するオープン・システム（open system）と見る理論への移行ということができる。

第2は，出来上がった理論の性格によって，組織研究の流れを見ることであった。それは，次のようにまとめられる。

（1）唯一最善の組織構造のあり方を提示し，あるいはそのような組織構造を作るための組織設計原理を説く規範的理論（normative theory）から，組織の現実の中で作用し，組織現象を動かしている法則性を探索し，それらを体系化しようとする記述的理論（descriptive theory）への移行が見られる。

（2）国・業種・規模・環境等の条件の相違を超えて妥当する，一般性をもった普遍理論（universal theory）を目指すものが当初の主流であったが，それに加えて，これらの相違を条件（状況）として取り入れ，条件付の相対的妥当性を目指す中範囲理論（middle-range theory）が現れた。たとえば，日本では，製造業では，大企業では，激動する環境の中では，というような中間的範囲を設定して，その中で妥当する理論を解明する動きである。このような接近を，コンティンジェンシー理論（contingency theory）という。それは，状況適合理論，条件適応理論などと訳されることもあるが，以下では，簡略に「状況理論」と呼ぶ。

（3）接近方法（approach）の点で見ると，要素還元主義に立つ分析志向から組織を全体として把握する統合志向へ，経験主義から実証主義へ，構造・機能の視点からシステムの視点へ，の推移が見られる。

これらのうち，（1）の前者は実務志向であり，後者は科学志向である。（2）について，普遍理論から状況理論へ移行したというよりは，前者を基底にして後者が存立するのであり，その意味で両者は併存しているというべきである。（3）の諸点を整理し直すと，経験的分析を基礎にして構造・機能を設計する接近から，組織をシステムとして実証により総合的に把握する接近への推移であ

表 2-1 組織理論の潮流

Scott. W. G. (1961)	O'Shaughnessy (1977)	Kieser = Kubicek (1978)	Scott. W. R. (1981)	
古典的教義	機能的接近	官僚制論		クローズド・システム・モデル
		英米の管理論	合理的モデル	
		経営経済組織論		
新古典的組織論	人間関係的接近	人間関係論	自然的モデル	
現代的組織論	行動的接近	行動科学的意思決定論		オープン・システム・モデル
	状況的接近	状況的研究方向	合理的モデル	
			自然的モデル	
	システム的接近	システム論		

る。後者の方法は，システム的接近 (systems approach) と呼ばれる。これについては，別途説明する。

以上のような組織研究の流れを構成する具体的な諸種の理論は，数人の論者によって整理されている。それらを関連づけながらまとめると，表2-1のようになる。これらのうちの主要なものについて，順次説明しよう。

2.2 官僚制論と管理論的組織論：古典的組織論

初期の経営組織研究を，しばしば古典的組織論とか伝統的組織論という。し

かし，この名称は，内容を示していない。表2-1が示しているように，それは，英米の管理論やドイツの経営経済学（日本でいう経営学）の中で問題にされる組織論である。そこでの組織は，管理や経営の手段・用具として問題にされ，したがって管理や経営の目的達成にもっともふさわしい機能を発揮する合理的なものであることが要求される。このような所与の目的を達成するための合理的システムの本質は，官僚制（bureaucracy）である。そこで，古典的組織論の基本的内容は，官僚制と見ることができるのである。

　社会経済学者 Weber (1922) は，所与の目的を達成する合理的システムの理想型として官僚制を位置づけ，それは，近代社会に普遍的な合法的支配に基づく管理のシステムであるとした。彼によれば，官僚制の特質は，規則によって課業を配分する職務権限の原理，上級職位が下級職位に命令する階層システム，文書による課業の処理と記録，課業遂行のための専門的訓練，課業遂行の職業化ないし当該組織への専従化，専門家による非人格的（画一的）課業遂行，である。

　このような官僚制は，あたかも精密な機械のように組織目的を遂行すると期待されている。官僚制論は，もっぱらその内部の構造と機能に注目したが，意図しない効果としての逆機能(dysfunction)には目を向けなかった。官僚制の逆機能とは，「規則が規則を生む」に象徴されるような組織の自己目的化，規則や手続きへの隷属による組織構成員の創意封殺と人間性疎外，無力感からくる貢献意欲の低下などである。

　本質的には官僚制の組織観をとっているが，管理論や経営経済学では，もっと具体的な内容を展開している。まず英米の管理論は，Fayol (1916) に始まる管理過程論（management process school）と，Taylor (1911) による科学的管理（scientific management）の両者を含んでいるが，組織については，前者の比重が大きい。管理過程論によれば，管理は，計画・組織・命令・調整・統制の諸機能から構成される過程であり，このようなマネジメント・サイクル（management cycle）と呼ばれる循環過程は，あらゆる組織体のすべての管理階層に

みられる普遍的なものである。その中の組織は，人間を含む生産諸資源間に秩序を形成することであり，組織するのは管理者の行動である。組織を部分過程とする管理のあり方を示すため，多くの管理原則（principles of management）が説かれる。

　管理過程論の組織は，管理のための用具ないし手段であり，専門化された課業を職位や部門に編成し（分業の原則），各組織構成員はその課業に見合った権限と責任を与えられ（権限・責任の原則），1人の上司からだけ指揮・命令を受けて活動すべきであり（命令一元性の原則），権限は公式の階層経路により上から下へと流れなければならない（集権化，階層の原則）とされた。

　ただし，同時代でも科学的管理論のTaylorの方は，専門化を強調して命令一元性を批判し，複数の専門化した上司による多元的管理を主張して，対立している。また，時代が経過するにつれ，規模拡大，多角化，参加の重要性等の理由から，集権化よりも分権化を主張する声が勝るようになる。しかし，いずれにせよ，英米の管理論では，組織の内部構造にのみ注目していることと，人間を組織の要素ないし能力としてしか見ない点で，変わりはなかった。

　ドイツ語圏で発達した経営経済学の組織論は，細かく見ると，経営経済学的組織論，経営科学的組織論，組織論的経営経済学の3派になる。前2者は，それぞれ英米の管理論の管理過程論と科学的管理論に対応し，組織論の内容も基本的に同じである。組織論的経営経済学の第2次大戦前の代表者は，Nicklisch (1920) である。彼は，共同体論（Gemeinschaft）を根底にした独自の組織論を展開し，組織における自由と拘束，分化と統合，分業と協業，形成と維持等を人間の本質にふれながら論じている。その理論体系は，図2-1に見るように，現代組織論の祖とされるBarnard (1938) のそれに近似している。しかし，たとえば理論の根底となる人間について，「人間は有機的に作用する力であり，この力は人間が自己活動的（selbsttätig）に自らを意識していることである。したがって，人間は精神（Geist）である」とするなど，全体としてあまりにも抽象的・思弁的・超越的・規範的であるために，現在では学説史上の意義しかない。

図 2-1　二つの理論体系の比較

管理論
組織論
協働システム論
人間論

Barnard（1938）

経済論
組織論
共同体論
人間論

Nicklisch（1920）

　以上で，古典的組織論（古典派，伝統論）の内容を一瞥した。それらの共通点(Nicklischを除く)は，組織を環境と遮断してクローズド・システムとしてとらえていること，および所与の目的を達成するための有効で合理的な組織のあり方を探求していること，の2点である。ここで注意すべき点は，これらの内容がたんなる古典として骨董化し，過去のものになっているのではなく，現代組織論の一部として，特に組織構造設計論として組み込まれていることである。

2.3　人間関係論：新古典的組織論

　一連の実証（ホーソン実験）をふまえて，古典的組織論の人間仮説（機能人，経済人）と組織観を批判し，それに代わる理論を提唱したのは，1930年代以降の人間関係論(human relations)である。それは，新古典的組織論と呼ばれることもある。

　課業に適合した人間を配置し，管理者が命令を下せば組織が有効に稼働するとの理論の根底にある人間仮説を，機能人(functional man)仮説という。また，賃金等の経済的誘因と生産能率（貢献）との間には，単純な正の相関があるとの人間観を，経済人（ecomonic man）仮説という。古典的組織論が，明示的か暗黙裡にか採用していた人間像は，これらのいずれかまたは双方であった。人間関係論は，これらの仮説をホーソン実験の知見により否定し，組織構成員の行動は，各人の個人的来歴と彼をめぐる人間関係によって規定される心的態度ないし心情（sentiment）の関数であるとした。このような人間仮説を，社会人(social man)仮説という。

図 2-2 人間関係論による経営組織

```
経営組織 (industrial organization)
  ┌ 技術的組織 (technical organization)
  └ 人間組織 (human organization)
      ┌ 個 人 (individual)
      └ 社会的組織 (social organization)
          ┌ 公式組織 (formal organization)
          └ 非公式組織 (informal organization)
```

　人間関係論による経営組織の内容は，Roethlisberger = Dickson (1939) によって図2-2のようにまとめられている。この図によれば，経営組織は，技術的組織と人間組織の二つの下位システムから構成される社会的システムである。前者は，経営目的を技術的に達成するための原材料・機械・製品等の物的要素のシステムであり，後者は，組織構成員と彼ら相互間の諸関係の総体である。後者は，それぞれが価値・心情・能力をもつ個人から構成されるが，そのような個人間の諸関係の総体は，社会的組織と呼ばれ，それはさらに公式組織と非公式組織に分けられる。

　公式組織は，形式的には，方針や規則で定められた各構成員の相互作用様式であり，内容的には，経済的目的の達成度を評価する費用の論理 (logic of cost) と協働の有効性を評価する能率の論理 (logic of efficiency) によって規定されるシステムである。このような公式組織は，基本的に古典的組織論のいう組織に等しい。これに対して，非公式組織とは，公式組織以外の各人間の相互作用の総体であり，外形的には，一般に人間関係と呼ばれている仕事外の人間の相互接触作用であり，内面的には，共通の理念・価値・信条によって結ばれている連帯的結合関係である。

　以上のような多重構造をもつ経営組織は，社会的システムとして二つの機能を遂行している。第1は，財の生産という経済的機能であり，その有効性は，費用・能率・利益によって評価される。第2は，組織構成員に人間的満足を与え，組織に好意を抱かせ，協働を持続させる社会的機能である。社会的機能に

ついて直接の評価基準を求めることは困難であるが，間接的指標として，離職率・勤続期間・欠勤率・災害率・賃金・従業員態度等がある。

　これら2大機能は，組織の達成すべき要件であるから，経済的機能は外部目的，社会的機能は内部目的とされる。そして，外部目的の達成のためには，市場競争について適応を維持する外面的平衡（external balance）が，内部目的達成のためには，個人の相互作用が各人の心情を満足させる状態に安定している内面的均衡（internal equilibrium）が実現されなければならない。この両者を社会的均衡として両立させるところに，経営組織の究極課題がある。

　人間関係論のいう組織は，人間の非合理的側面を取り込んでいる点で，あるがままの状態を捕えた自然的モデルになっている。そこでは，環境の一部に言及しているが，なお環境の全貌を視野に入れておらず，基調としてはクローズド・システムとして組織を論じながら，全体としては，前章で展開した問題領域をほとんどすべてカバーしている。その人間仮説である社会人仮説は，人間の内面に踏み込んだ点で，画期的であるが，人間を受動的・消極的・妥協的な存在としてしか捕えていない。つまり，人間のもつ能動的・積極的・主体的性格に及ばなかった点でもの足らず，そのことが，組織行動の分析をきわめて不十分なものにした。しかし，この理論の内容もまた，現代組織論に吸収され消化されることになる。

2.4　意思決定論：現代的組織論（1）

　社会人仮説の欠陥であった主体性を前面に押し出す新しい人間仮説，すなわち経営人（administrative man）仮説に立ち，人間の行動を意思決定によって統一的に把握しながら，組織行動を解明しようとする組織理論である。そのため，行動科学的組織論または組織行動論ともいう。この理論は，Simon (1976) を祖とするカーネギー学派（現在のカーネギー・メロン大学を拠点にした学派）によって開拓された。

　経営人仮説によれば，人間は情報の面で全知的でなく，部分的無知（partial

ignorance)の状態にあるため,完全に合理的であることはできず,限定された合理性(bounded rationality)という壁を克服しながら,可能な範囲で主観的合理性を追求する存在である。そのため,極大化とか最適化は不可能であり,一定の受容可能な希求水準(aspiration level)を満たせば良いとする満足化(satisficing)が,人間の行動原理にならざるをえない。そこで,限定された合理性の壁を克服しつつ,なるべく高い水準で目的を実現することが,組織の課題になる。

あらゆる行動の契機は意思決定であり,組織は,複数の構成員が自己の担当する課業について次々に意思決定を行いながら活動し,協働するシステムであるから,意思決定のネットワークと見なすことができる。このような組織における意思決定の制約を緩和するために,組織目的を上位目的・下位目的に分割して体系化し,競合目的の妥協による共存(準解決)をはかりつつ,それぞれの部分目的に希求水準を設け,それらの個別的・逐次的達成を集積して,全体目的を達成するように努める。また,意思決定に必要な情報や代替案の探索活動を節約するために,常規的課業についてはマニュアルや手続きのような行動プログラムを用意し,しかもそれらを学習やフィードバックによって漸進的に改良する。

組織構造は,このような行動プログラムによって導かれる課業達成活動の仕組みである。探索活動は,行動プログラムが不十分で目的達成が不満足な場合に,操作しやすいものから問題中心に展開され,複雑で未知の要素が多い問題は後回しにされる。かくて,組織は,過去の実績や経験を生かしながらそれを補正するという意味で,適応システムであり,しかも外部に探索や学習の機会を求めるという意味で,オープン・システムである。

組織目的の達成にとって,組織構成員の動機の側面も重要である。それは,各人の意思決定に適切な前提を提供することによって,組織に対する忠誠心や一体感を醸成することである。そのための作用を,組織影響力(organizational influence)という。意思決定に対する適切な前提とは,組織目的,能率の基準(良

い働きの評価基準等），公正の基準（公正を維持する仕組み等）などである。これらを与えるための組織影響力としては，権限（特に命令），リーダーシップ，伝達，教育訓練，報酬，慣習，制裁（賞罰）などがある。

行動科学的組織論は，公式組織の合理性を問題にする点で，古典的組織論と同じように合理的モデルに立っている。しかし，それが採用している人間仮説は，認知的限界や動機をふまえた問題解決に取り組む能動的主体としてとらえられ，全く異なったものになっている。

2.5 システム論：現代的組織論（2）

これまでの記述で，すでにシステムの語を数多く使用してきているが，ここでまとめて説明することにしよう。システム (system) の訳語には，系，体系，制度，体制などがあり，これらに共通する一般的な構造と機能を統一的に解明しようとする理論を，システム（理）論 (systems theory) という。それは，独立した研究分野というよりは，ほとんどすべての研究分野に関連する現代的科学方法論であり，そのためにシステム的接近 (systems approach) と呼ばれることもある。現代的組織論もまた，システム的接近によっている。

一般にシステム的接近とは，各種のシステム概念を駆使して，問題とする事象（ここでは組織）の本質を解明し，当該事象（組織）に内在する原理を定立するとともに，それらの原理を応用して，当該事象（組織）の操作（経営）ないし利用の実践（組織の設計と運用）に寄与することをいう。

システム的接近で使用される各種のシステム概念のうち，もっとも基礎的なシステム概念は，「部分から構成された全体」というものである。この定義で重要なことは，システムには，必ず部分（有形・無形の要素，要因，部品など）があることと，それらが集合して，部分とは異なる独自性を帯びた性状をもっている，ということである。自動車は，多数の部品の機械工学的集合であるが，部品にはない動くという特性を発揮することによって，自動車という固有のシステムになる。すべての部品を並べても，自動車にはならない。組織は，複数

2 経営組織研究の展開 25

の人間，さまざまな課業などが集合し，分業によって個人の単純合計以上の効果（シナジー，synergy）を発揮することによって，独自のシステムとなる。そこで，組織をシステムとして研究する可能性が生じるが，そのためには，もっと操作性の高いシステム概念が必要になる。これまでに使用されたものを含めて，それらを説明すると，以下のようになる。

（1）オープン・システム（open system）とクローズド・システム（closed system）：環境との相互作用の有無によるシステムの区分である。現実の組織は，すべてオープン・システムであるが，研究の便宜上，環境を捨象したり一定とし，内部の構造と機能の考察に専念することがある。その場合は，組織をクローズド・システムとして取り扱っていることになる。古典的組織論がこのような考察を行ったことは，前述した通りである。

（2）サブ・システム（subsystem）とシュープラ・システム（suprasystem）：あるシステムを基準（焦点システム）とした時，それに内包されているシステムを，焦点システムのサブ・システム（下位システム）といい，焦点システムを内包しているもっと包括的なシステムを，焦点システムのシュープラ・システム（上位システム）という。経営組織論では，普通，企業レベルの組織を焦点システムとする。そうすると，たとえば部門はその下位システムに，日本経済はその上位システムになる。この場合，下位・上位の把握は，1回に限定する必要はない。部・課・係や地域経済・日本経済・アジア経済・世界経済のように，考察の必要に応じて何回でも適用を反復し，分析を精密にしたり，視野を拡大したりすることができるのである。

（3）投入・産出システム（input-output system）：システムの機能を把握するための概念であり，図2-3のように示される。これを経営組織に適用すれば，基本的機能である投入・処理・産出・フィードバック（feedback）は，それぞれ貢献・組織行動・組織成果・経営（経営管理）になる。

図 2-3　投入・産出システム

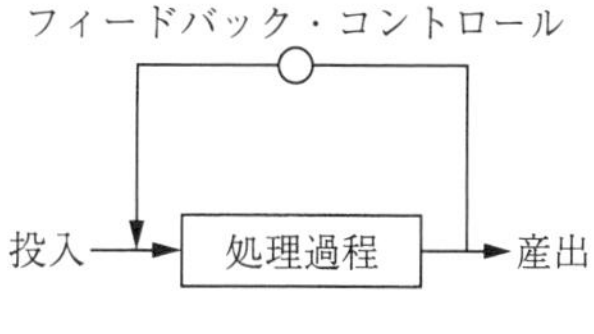

フィードバック・コントロール

投入 → 処理過程 → 産出

2.6 状況理論：適応的組織論

　現代組織論の一部を構成するが，相対的に独自の領域を形成しているのが，状況理論である。その理由は，簡単に前述したが，一般に理論が普遍性を追求するのに対し，状況理論は，特定条件の範囲内での妥当性を追求する中範囲理論を目指すからである。このような状況理論は，1960年代の英米で別々に実証研究として始まった。その考え方は，組織編成に唯一最善の普遍的方法は存在せず，それは組織のおかれている環境ないし状況によって左右される，というものである。

　英国での研究は，技術 (technology) を条件としてそれに適合する組織構造を探求するものから始まった。それは，企業が現に採択している生産技術と組織構造の関連を分析した Woodward (1965) の研究である。彼女は，生産技術を①単品・小バッチ生産，②大バッチ・大量生産，③装置生産，の3種に大きく区分(小区分もあるが省略)した場合，①と③とでは有機的システムが，②では機械的システムが有効であることを実証した。この場合，有機的システムとは，目標のみを明確にし，目標達成過程の裁量と融通性を許容する柔構造の組織をいう。これに対し，機械的システムとは，課業と伝達システムを厳格に規定し，活動の定常化を図る官僚制的剛構造の組織をいう。

　米国での研究は，課業環境と組織行動の関連を研究した Lawrence = Lorsch (1967) のものが最初である。それによれば，課業環境の不確実性・多様性が高いプラスチック産業の組織では，各部門間の密接な相互依存と強力な全社的統合手段が必要であった。これに対し，不確実性・多様性が中位の食品産業では，部門分化の程度は高くなく，統合手段もそれほど強力ではなかった。さらに，不確実性・多様性がもっとも低かった容器産業では，統合は通常の計画や伝達によって処理可能であったという。

　その後，状況的接近は，いろいろな問題について試みられている。経営組織論でもっとも重要な研究成果は，経営戦略と組織構造の間の適合 (fitness) に関

するものである。これについては，本書の第7章および第8章で詳述する。いずれにせよ状況理論は，特定の状況要因との関連において有効な組織のあり方を明らかにしようとするものであるから，オープン・システムに立つ合理的モデルを目指していることになる。

2.7 各種研究の相互関連

これまで概観したすべての理論は，現代的組織論の内容を構成する。そうであれば，それらをどのように整理したら良いであろうか。既出の表2-1のScott, W. R. (1981) は，一つの整理を示したものと見ることができる。それは，各組織論が採用し，あるいは目指している組織を二つの点（クローズド・システムかオープン・システムか，合理的モデルか自然的モデルか）で分類し，全体として四つに分類しているからである。彼はまた，これら4理論が支配的地位を占めてパラダイム（paradigm, 中心学説）を形成していた時期を，表2-2のように示している（原表にはそれぞれの代表的論者も付記されているが省略）。なお，この表の類型Ⅳについて，この章では説明していない。この類型Ⅳに含まれるのは，環境操作戦略を含む経営戦略，組織の内外を包摂できる組織編成の理論，権力を中心にした組織の政治過程の理論などであるが，まだ安定したパラダイムを形成するに至っていないと思われるからである。

表 2-2 支配的理論モデルとその時期 (Scott, W. R., 1981.)

クローズド・システム・モデル		オープン・システム・モデル	
1900=1930	1930-1960	1960-1970	1970-
合理的モデル	自然的モデル	合理的モデル	自然的モデル
類型Ⅰ	類型Ⅱ	類型Ⅲ	類型Ⅳ

表2-2の分類は，組織論の発展を見るには良いが，分類基準が研究対象である組織に関する視点に限られているため，理論内容の位置づけとしては不十分であるといわざるをえない。

表2-3は，組織論の対象とする「組織概念」と理論の性格を示す「志向」の

表 2-3　組織論の類型　(Kirsch = Meffert, 1970.)

志　向＼組織概念	システム	構　造
記　述　的	類　型　Ⅰ (行動科学的組織論)	類　型　Ⅳ
規　範　的	類　型　Ⅲ (計画的組織変革論)	類　型　Ⅱ (組織編成論)

二つの分類基準を使用しており，分類としては，表2-2よりも進んでいる。しかし，組織概念を「システム」と「構造」に2分することは，上述のシステム概念からして適当でない。構造もまたシステムだからである。この表のうち，「記述的」とは法則性発見の科学志向をいい，「規範的」とは指針提示の実務志向をいう。また，類型Ⅱは古典的組織論を指す。類型Ⅲは，組織開発(organizational development, OD)のような組織変革論(官僚制組織の人間中心組織への計画的・段階的改変)を示しているが，それらはこの章での説明でいえば，行動科学的組織論に属している。類型Ⅳは，現存の該当例はない。分類の発想は良いが，現実に該当する理論が見当たらないような枠組みでは，存在価値は低いといわざるをえない。

以上の諸説に若干の修正を加えると，表2-4のような枠組みが提唱できる。この表の類型Ⅰ・官僚制組織論は，古典的組織論(官僚制論，管理論的組織論，

表 2-4　組織論の類型(森本 a)

理論志向＼組織概念	クローズド・システム	オープン・システム
規　範　的	類　型　Ⅰ 1900-1930 (官僚制組織論)	類　型　Ⅲ 1960- (状況組織論)
記　述　的	類　型　Ⅱ 1930-1950 (人間関係論的組織論)	類　型　Ⅳ 1950- (行動科学的組織論)

表 2-5　組織論の類型　(森本 b)

課題 志向	組織構造	組織行動
規範的	類型 I 組織設計論 状況組織論 情報プロセッシング・アプローチ	類型 III 組織開発論 組織文化論
記述的	類型 II 組織形態論	類型 IV 人間関係論的組織論 行動科学的組織論

経営経済的組織論）の総称であるが，その内容が現代的組織論に内包されているという理由から，古典的の名称をとらず，内容を表示するものとした。結局，現代的組織論は，内容的にはここに示された4類型すべてを包含していることになるが，規範的に展開するか記述的にまとめるかは，中心内容と論者の立場によることになる。

さらに別の分類枠組を考えてみると，表2-5のようになる。各類型の内容の大部分はこれまでの説明により理解できると思われるが，類型Iの情報プロセッシング・アプローチについては，若干の説明が必要であろう。それは，不確実性（組織が必要とする情報量と組織が保有する情報量の差）に対処して，それを減少させるために環境・戦略・組織・情報システムの4者間に適合関係を作らなければならないとし，そのための組織行動のあり方を探索することをいう。情報化時代に対応した組織観と組織設計規範を探究するものであるが，状況理論の実践への応用と見ることができる。実践への指針を提示しようとする点で，規範的とされるのである。類型IIIの組織文化論については，第12章で詳述する。

これまでの分類整理と異なるが，Quinn = Hall (1987) による図2-4のような諸理論の相互関連の位置づけは，独創性に富み，特にそれぞれの理論内容が相互にどういう目的・手段関係 (means-end relationship) にあるかについて，多くの示唆を与えてくれる。ここでは，組織理論が，① 合理的目標モデル，② 内

図 2-4 組織論の諸モデル

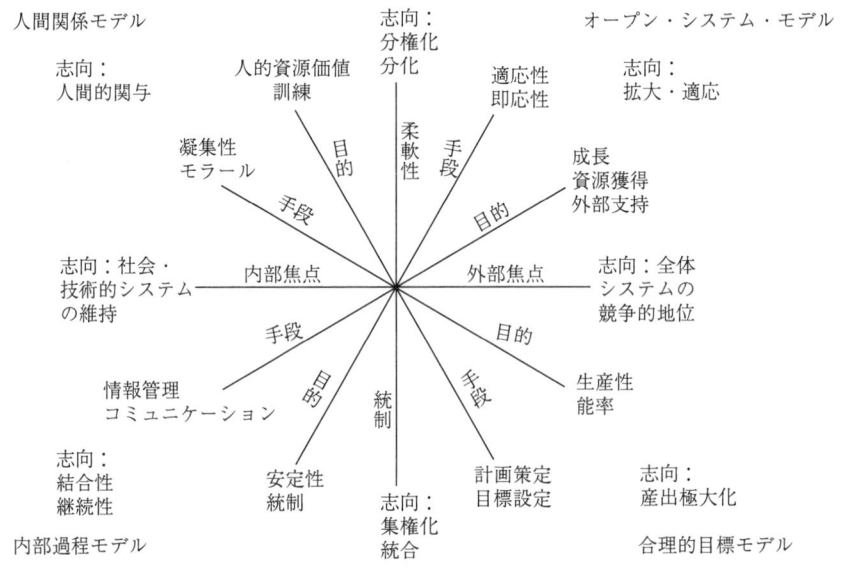

人間関係モデル　　　　　　　志向：分権化　分化　　　　　オープン・システム・モデル

志向：人間的関与　　　人的資源価値　訓練　　　　適応性　即応性　　　志向：拡大・適応

凝集性　モラール　　　　　　　　　　　　　　　　　　成長　資源獲得　外部支持

　　　　　　目的　　柔軟性　　手段
　　　　手段　　　　　　　　　　目的

志向：社会・技術的システムの維持　　内部焦点　　　　外部焦点　　　志向：全体システムの競争的地位

　　　　手段　　　　　　　　　　目的
　　　　　　目的　　統制　　手段

情報管理　コミュニケーション　　　　　　　　　　　　　生産性　能率

志向：結合性　継続性　　安定性　統制　　　　計画策定　目標設定　　志向：産出極大化

　　　　　　　　　　　志向：集権化　統合

内部過程モデル　　　　　　　　　　　　　　　　　　　合理的目標モデル

出所：Quinn=Hall (1983) p.139.

部過程モデル，③人間関係モデル，および④オープン・システム・モデルに4分されている。これらのうち①は主として管理論的組織論に該当するし，②の内部過程モデルは情報の問題を含んでいるから，これら両者は表2-5の類型Ⅰに該当すると考えれば良いであろう。

3 経営組織の成長モデル

3.1 組織成長の意義

　この章では，経営組織の基本的動態を組織成長（organizational growth）という視点からとらえ，それに関する理論モデルの主要なものを紹介する。

　経営組織は，環境の変化に適応して存続する。存続は，単なる現状維持ではない。環境は，より高度なものを組織に期待するし，組織は競争しながらそれに応えて行かなければならないからである。組織の側からいえば，それは意図的により高度に組織有効性を達成することである。このような進化を追及する組織行動を，組織成長という。環境適応による組織の変容には，組織の規模や形態の変化のように，外見的に進化と退化が容易に判別されるものがある。個人の場合と同様に，組織もまた，その結果はともかく，その意図として現状より進化した状態を希求し，そのための努力を重ねる。なぜなら，進化は達成のシンボルとして価値あることとされ，組織構成員に名声・称賛・成功感・プライドを与えて，組織活性化の原動力になるばかりでなく，操作性のある目標として行動を具体的に方向づけるからである。

　組織成長の単純明快な指標は，組織構成員数で示される組織の規模である。組織規模の拡大は，組織の誘因提供能力の増大を意味し，その背後には，組織の業績向上すなわち組織有効性の向上が存在するはずだからである。しかし，規模の拡大と組織有効性の正の相関は，無限に続くわけではない。過大な規模が組織の硬直のような負の効果をもたらすからである。経営経済学（経営費用論）では，古くから最適（適正）規模の問題をコストの視点から純理論的に解明してきているが，組織成長論においても，このような限界を組織論的に解明することが重要な課題である。

　組織有効性の増大は，規模のような組織の量的側面のみに関係しているわけ

ではない。同一人数の人間で異なる成果をあげる場合があるなど，組織の質的な要因が組織有効性を左右する事例は，枚挙にこと欠かない。そこで，組織成長にも，質的要因を加味した接近が必要になる。組織学習，優れた組織文化，高い倫理性などは，組織成長の質的側面の例である。

　組織成長の問題は，伝統的には，比較的限定された特定視点からの接近が主であった。特定視点としては，規模，機能分化，組織形態の変容などである。しかし，次第に多くの要因の相互作用として組織成長に総合的に接近するようになり，成長の過程と結果を説明する組織成長モデルにまとめられるようになった。

3.2　組織成長の量的側面：規模

　組織成長の結果を示す代表的な量的指標は，組織構成員数で表される規模であった。Haire (1959) は，4社についてこの指標を経時的に追跡し，それが指数関数の形，特に人口の推移を示すロジスティック方程式の曲線（logistic curve）に近似することを発見し，数学モデル化を試みた。この曲線は，図3-1のように示される。

　この図は，かなり安定した成長率があること，および規模の限界があることを示している。彼は，これらについて，成長率は生産工程の技術的特質，およびそれに起因する資本装備率（機械化の程度）に関係があること，規模の限界は当該産業（業種）の競争状態や製品需要に関係がある，との推測を行っているが，明確な解明をしているわけではない。しかし，この推測は，技術を革新し，事業（製品）を転換あるいは多角化すれば，新しい上方に伸びる曲線を画く成長が可能であることを暗示している点で，示唆に富

図 3-1　組織構成員総数の変化

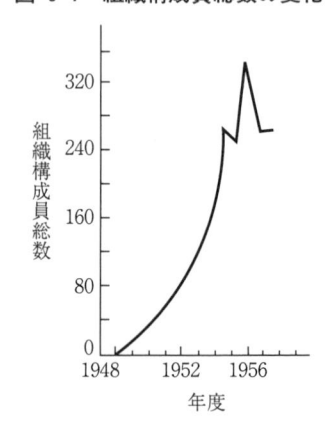

3 経営組織の成長モデル　33

んでいる。

　規模の限界を問題にした理論は古くからあるが，著名なものは，組織に関連させて技術の視点から分析したFlorence (1972) の倍数の原理（principle of multiples）である。それによれば，経営組織には生産技術を基本的に異にする複数の下位システムがあり，それぞれの下位システムは独自の技術的適正規模をもっているので，全体としての経営組織の規模は，それらの最小公倍数としてとらえられる。

表 3-1　自動車製造企業における下位システムの技術的適正規模

鋳　　　　造	年 10万台分
機 械 加 工	年 50万台分
プ　レ　ス	年 100万台分
組　　　　立	年 10万台分

　この原理の応用例として，Maxcy = Silberston (1959) の古典的研究がある。それによれば，自動車製造企業は，鋳造，機械加工，プレス，および組立の4種の技術的下位システムから構成されており，当時の技術的水準からすれば，それぞれの技術的適正規模は表3-1のようであった。そこで，全体の適正規模は年100万台生産になる，と言う。当時，この規模に到達していたのは，米国のビッグ3とドイツのフォルクス・ワーゲン（VW）しかなかった。技術的適正規模は，技術的進歩や製品内容などによって変化するが，いずれにせよ，組織はその実現に向けて成長に努力することになる。

　これらの研究が示しているように，規模的接近は，組織成長の目標や結果について解明をしているが，成長の過程については，ほとんど分析をしていない。

3.3　組織成長の質的側面：組織学習

　組織成長の質的側面に関するものに，組織学習（organizational learning）の論議がある。一般に学習とは，経験や練習の結果としてもたらされる行動変容の過程をいうが，学習の有無ないしその効果は，時間的に前後するその主体の

行動を比較して，結果的に把握することになる。たとえば，同じ仕事を以前より早くできるようになったならば，そこに学習があったと判断するのである。組織について，このような学習の有無を示す具体的な指標としてよく使用されるのが，経験曲線（experience curve）もしくは学習曲線（learning curve）である。

経験曲線は，同一製品を反復して生産する場合，累積生産量が2倍になるごとに，一定比率で単位当たりコストが減少する経験的事実があり，これを図示する

表 3-2　80％経験曲線の例

累積生産量	単位コスト
1	100,000 円
2	80,000
.	………
4	64,000
.	………
8	51,200
.	………
16	40,960
.	………
32	32,768
.	………
.	………

と，右に逓減的に下がる曲線になることをいう。表3-2は，このコスト減少率が20％である場合の仮設例である。実際例では，DRAM（記憶保持動作が必要な随時書き込み読み出し記憶半導体）生産の場合，このコスト減少率は27％であるといわれる。

この経験曲線は，投入の条件が同一であるにもかかわらず，産出コストが低下し，組織有効性が向上する場合のあることを示している。その原因は，行動過程における協働のやり方について学習が行われたこと，一般的にいえば，そこに組織成長があったことによる。

経験曲線は，次のような戦略の論拠になる。

（1）同一製品を生産している各経営組織は，基本的に同一の経験曲線を実現する可能性を共有しているから，学習効果を先取りした組織が競争上の優位性をもつことになる。そのためには，累積生産量において競争組織よりも先行する地位を占めなければならない。それは，生産量の増大という量的成長戦略の追求が必要であることを示唆している。

（2）学習効果は逓減し，やがて効果のない状態（これを高原状態 plateau と

いう）に到達し，競争優位性の源泉ではなくなる。組織は，この段階に到達する前に，次の製品（事業）を開発し，新しい競争優位性を構築しなければならない。すなわち，製品開発戦略ないし研究開発の不可欠性である。

以上の2点は，たとえば，半導体メーカーが，16M, 64M, 256M, 1ギガ……といち早く次々に新製品を開発し，生産に着手し，量産体制を確立しようとして，激烈な競争を繰り返している事実に，もっとも良く現れている。

3.4　細胞分裂モデル：組織成長の生物モデル（1）

組織を生物体になぞらえる試みは，有機体説など非常に古くから行われてきた。こうした試みによって組織成長の過程と結果を包括的に説明しようとするモデルを，生物モデル（biological model）と総称する。その第1が，細胞分裂モデルと呼ばれるものである。それは，生物の細胞分裂（cell-division）による成長に類する現象が組織にも存在するとし，それによって組織成長をとらえようとするものである。

Barnard (1938) によれば，組織は単位組織（unit organization）に始まり，規模増大の要請に対応して，新しい単位組織を創出し，または既存の他の単位組織と連結して成長する。巨大で複雑な組織は，すべて単位組織から構成される複合組織（complex organization）である。この場合，単位組織とは，「基本的組織細胞」であり，1人の管理者の効果的なリーダーシップ（第4章で説明する「管理範囲」と同じ）の下にある規模の組織である。

もし，規模の限界に到達している単位組織が，この制約を乗り越えてさらに多くの人の貢献を加えて成長しようとすれば，どうしても第2の単位組織を追加して，二つの単位組織の複合体を作らなければならない。この第2の単位組織は，新設しても良いし，既存のものを利用しても良い。二つの単位組織は，契約や協定などを使用して，共通の管理者なしに連合体として協働することも可能である。しかし，3個以上の単位組織が複合する場合には，もはやこのような連合体は困難であり，共通の上級管理者を設け，彼は補助者を伴って上級単

位組織を構成する。この場合，前の3個の単位組織は作業組織，上級単位組織は管理組織となる。

　同様の成長を反復すれば，作業組織は水平的に，管理組織は垂直的(階層的)に，それぞれ成長する。このような複合組織において，中間管理者は，一つの意思決定あるいは一つのある行為によって，上下二つの単位組織に同時に貢献し，両者を連結する。つまり，彼は，上級単位組織のメンバーとしての役割と，下級単位組織のリーダーとしての役割を，同時に遂行することになるのである。たとえば，課長は，部長の部下としてその意思や指示を前提としながら，部下である部員を指揮監督するとともに，部長を補佐するのである。このような同時貢献性が，複合組織を有機的に統合する鍵になる。以上のことは，図3-2のように示される。

　このような細胞分裂モデルは，経営組織でいえば，製造や販売のような本来的直接業務（ライン部門）を主とした組織構造の量的成長過程の説明に適しているが，機能分化や成長の限界に全く言及していない欠陥をもっている。また，量的把握になじまない間接的支援業務（スタッフ部門）の変化には，ほとんど適用できない。

　しかし，日本の経営組織のように，公式・最小の単位組織として「課」を位置づけ，課を単位にして課業を規定し，課の新設・改廃によって組織変革ない

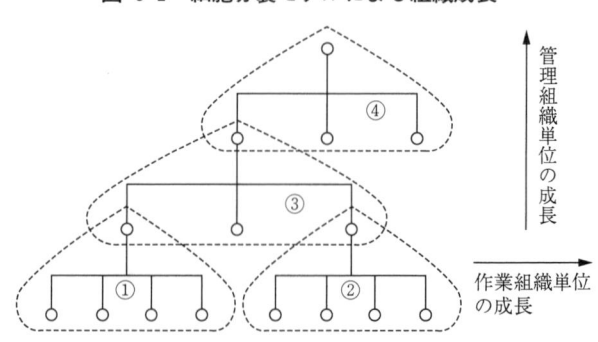

図 3-2　細胞分裂モデルによる組織成長

3 経営組織の成長モデル 37

図 3-3 大阪商船(株)の組織変遷(業務部,営業部,船客部関係)

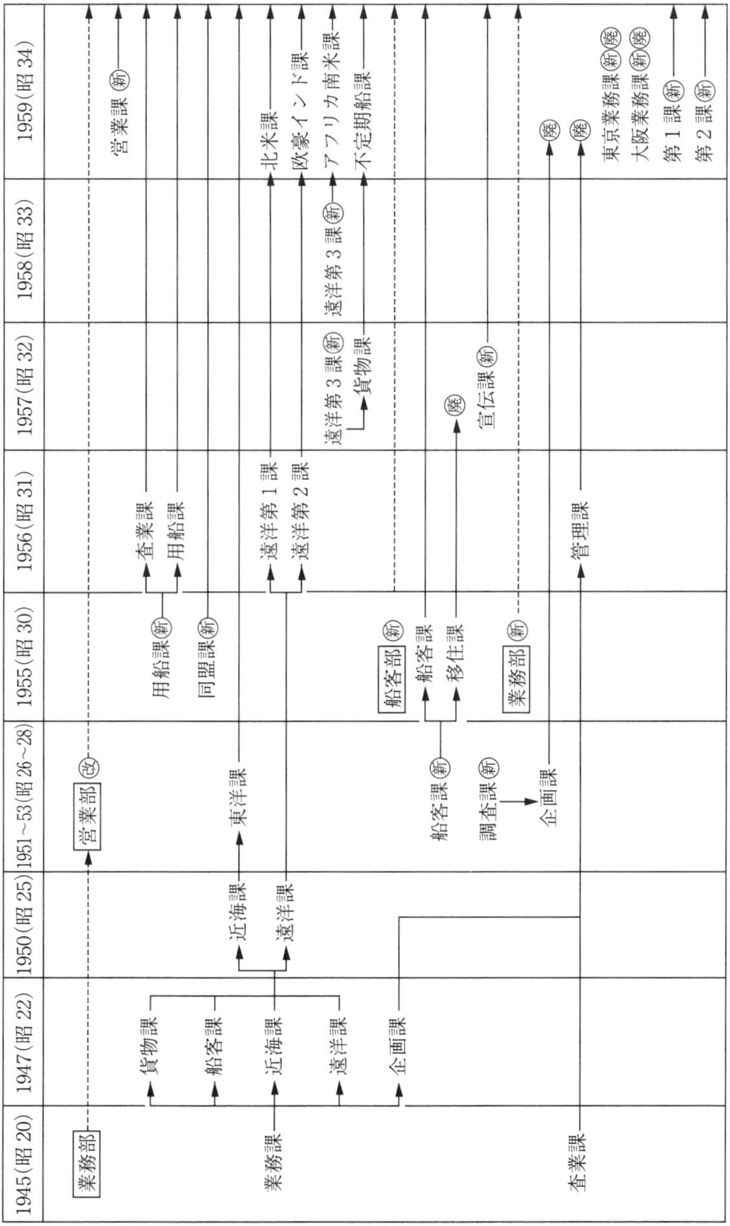

1945(昭20)	1947(昭22)	1950(昭25)	1951～53(昭26～28)	1955(昭30)	1956(昭31)	1957(昭32)	1958(昭33)	1959(昭34)
業務部			営業部 ㊹					営業課 ㊺
	貨物課			用船課 ㊺	査業課			
	船客課			同盟課 ㊺	用船課			
業務課	近海課	近海課	東洋課					北米課
	遠洋課	遠洋課			遠洋第1課			欧蒙インド課
					遠洋第2課	遠洋第3課 ㊺	遠洋第3課 ㊺	アフリカ南米課
						└貨物課		不定期船課
			船客課 ㊺	船客部 ㊺				
				船客課		宣伝課 ㊹		
				移住課				
			調査課 ㊹	業務部 ㊺				
	企画課		企画課		管理課			
								東京業務課 ㊺㊹
								大阪業務課 ㊺㊹
								第1課 ㊺
査業課								第2課 ㊺

注:㊺は新設,㊹は廃止,㊸は改称,□は管理組織としての部,その他は単位組織としての課を示す。
資料:大阪商船三井船舶(株)『創業百年史資料』1985。

し環境適応を行ってきた組織では，このモデルがむしろ非常に良く妥当する。図3-3は，第2次大戦直後の混乱期から回復期を経て発展期へさしかかる期間，すなわち環境の激動期（組織改変が頻繁になる）において，大阪商船（現：商船三井（株））のライン部門が，いかに変遷したかを示すものである。これにより，課（＝細胞）の分割・統合・新設・廃止と，それに連動した上級管理組織である部の改変状況が理解できよう。

3.5 変容モデル：組織成長の生物モデル（2）

生物モデルの第2は，変容モデル（metamorphosis model）と呼ばれるものである。それは，成長が円滑な連続的過程ではなく，突然の不連続的な変化によって段階的に進行する，と見るものである。それが生物モデルである理由は，ある種の生物にこの種の成長が顕著に見られるからである。もっとも身近な例は，蛙である。蛙の卵が細胞分裂を経て孵化すると，まず全く形態の異なるオタマジャクシになり，それから尾が消失し，呼吸器や皮膚などに大きな変態が生じ，水中だけの生活をやめて蛙になる。変容モデルは，このような変化が組織にもうかがわれるとするのである。

まず，Greiner (1972) の5局面成長モデルを見よう。その要点は，図3-4のように示される。各局面は，次のような状況にある。

第1局面は，組織の創成期である。創設者の創造力によって製品を開発し，市場を開拓することが組織努力の中心になる。しかし，それが成功して組織がある程度大きくなると，創設者の人的威令は浸透しなくなり，最初の危機が訪れ，変革が必要になる。この危機を，リーダーシップの危機と呼ぶ。必要な知識と新しい管理技術導入能力をもった強力な経営者が登場すれば，この危機は克服され，次の局面に移行する。

第2局面は，指令による成長期である。階層組織を根幹とし，職能別の部門制，会計・予算制度，作業標準，刺激給などが採用され，伝達は公式化して行く。これらにより組織が成長すると，中・下層管理者が成熟し，彼らは自律性

3 経営組織の成長モデル 39

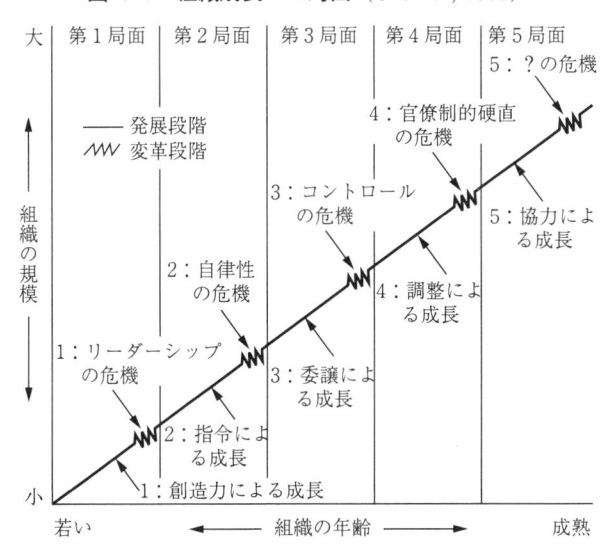

図 3-4 組織成長の5局面 (Greiner, 1972)

[図：縦軸「組織の規模」（小→大）、横軸「組織の年齢」（若い→成熟）。第1局面から第5局面までの発展段階（直線）と変革段階（波線）を示す。

- 第1局面：1：創造力による成長 → 1：リーダーシップの危機
- 第2局面：2：指令による成長 → 2：自律性の危機
- 第3局面：3：委譲による成長 → 3：コントロールの危機
- 第4局面：4：調整による成長 → 4：官僚制的硬直の危機
- 第5局面：5：協力による成長 → 5：？の危機

凡例：―― 発展段階　〜〜 変革段階］

を求めて経営者とコンフリクト（葛藤）を生じるようになり，階層間葛藤が激化する。ここで大幅な権限委譲が行われれば，この葛藤は克服され，次の局面へ移行する。

第3局面は，権限委譲による成長期である。定常的業務の分権化と経営者による例外事項処理を順守することにより，組織は成長する。しかし，分権化による全体的調整の軽視と，経営者による統制権限回復の動きとが，新たな緊張を招く。この危機が，新しい調整技術の採用によって解決されれば，次の局面へ移行する。

第4局面は，調整による成長期である。経営者は彼を支援する専門家等の補助者（スタッフ）とともに本社を形成して全社的事項を処理し，製品別グループの分権単位は日常的事項を処理する。限りある経営資源の効果的配分を，これにより可能ならしめる。しかし，本社と分権単位，現業部門（ライン）と専門家（スタッフ）の信頼関係が失われると，繁文縟礼（規則・手続が細かくうるさいこと）の官僚制的硬直が生じる。ここで関係者間に協力（collaboration）

が生まれれば，次の局面へ成長する。

第5局面は，協力による成長期である。公式の統制よりも，組織内チームワークによる協力や各人の自己統制・自己規律を重視する。報酬は集団単位に比重が移り，チャレンジ精神が奨励される。システムは単純化され，多目的の採用によって弾力的に運用される。

Greiner（1972）によれば，現代のもっとも成長した経営組織は，第5段階にある。それが陥る危機は，チームワークのための緊張や革新への過大な圧力から来る精神的・肉体的疲労と，それに由来する心理的飽和（psychological saturation）ではないか，と推測されている。

もう一つ，名著とされるWhyte（1948）のレストラン組織の研究を見よう。それは，人間関係論の立場に立った関係上，形式面よりも組織の内的相互関係に注目している。工場組織の内的相互作用は，管理者というボスと従業員の間にあるが，レストラン組織では，管理者と顧客という2種のボスと従業員の間にある点で，基本的に異なっている。この関係の変容の概略は，図3-5のように，5段階に区分される。

第1段階は，カウンター越しにサービスする組織である。経営者と数人の従業員の間に分業はなく，調理，カウンター・サービス，皿洗いなどは協同で行

図3-5 各段階のレストラン組織の人間的構造（Whyte, 1948）

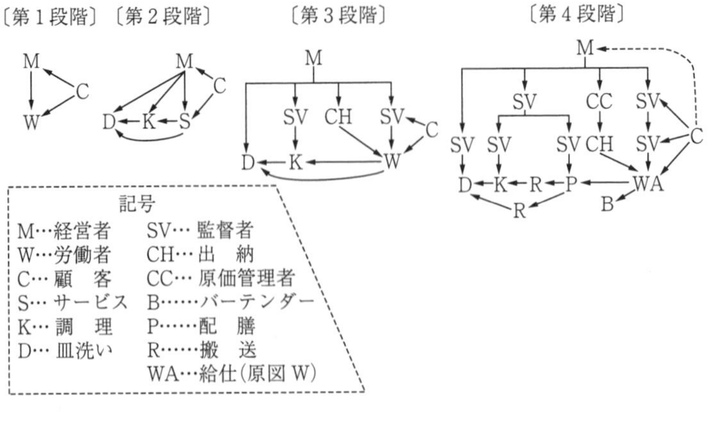

〔第1段階〕〔第2段階〕　〔第3段階〕　　　　〔第4段階〕

```
記号
M…経営者    SV…監督者
W…労働者    CH…出　納
C…顧　客    CC…原価管理者
S…サービス  B……バーテンダー
K…調　理    P……配　膳
D…皿洗い    R……搬　送
            WA…給仕（原図W）
```

う。経営者，従業員，顧客の関係は，直接的かつ人間的である。規模が拡大し，分業が導入されて，第2段階に入る。調理，サービス，皿洗いが分化する。それらすべては経営者の直接監督の下にあるが，経営者は必要に応じてそれらを支援する。顧客（常連が中心）を含む組織構成員間の関係は，なお友愛を基盤にした人間的なものであり，相互に期待を感知しながら，気楽な非公式的気分に沿って動いている。しかし，経営者は，この段階で次第に調整の必要を感じるようになる。

引き続く組織成長は，経営者と一般従業員との間に，中間管理者を置く必要を生じる。これが第3段階の始まりである。さらに能率化をはかるため，調理と配膳を分離し，搬送(runner)を新設する。これら水平的分業の進展によって，もう一つ階層を追加し，管理者層を加えたのが，第4段階である。

第3段階および第4段階では，経営者と顧客の関係は公式化し，緊密さを失う。経営者は，レストランの暖簾（good-will）すなわち他店と比較した時に優越する顧客吸引力＝超過収益力を，直接売り込むことができなくなり，従業員と管理者を通じて，それを売り込まなければならなくなる。それには，顧客に魅力のある食事とサービスを標準化して提供することが必要になる。他方，経営者と一般従業員の関係も疎遠になり，中間管理者を介する人事管理は，管理者による情実や差別の処理をめぐり，管理者の貢献の確保と一般従業員のモラール（morale，勤労意欲）の確保について，ジレンマが生まれる。また，古参従業員の登用によっていた管理者についても，そのあり方と能力判定の検討が必要になってくる。

食事とサービスの標準化の問題は，レストラン・チェーンを形成する第5段階に至って，緊急事となる。顧客の立場からすると，チェーン化したレストランがいかなるタイプの食事とサービスを提供するのかを知ることができなければ，何の利用価値もない。かくて，調理法とサービスの標準化が決定的に重要になる。しかし，たとえば調理法の標準化は，客観化が技術的に困難であるのみならず，コックの不熟練化と威信低下をもたらすから，社会的にも困難であ

る。このようにして，組織成長による標準化の要請と，組織構成員のモラール維持とを，調整する必要に迫られるのである。

　Whyteの組織変容モデルは，たんに組織成長による組織構造の変化のみでなく，活動・相互作用・心情から構成される社会的システムに対し，規模と組織構造の変化がいかなる影響を及ぼすのか，に考察が及んでいる。それは，組織有効性と組織充足性の両者とその相互関係にふれるものを含んでいる。そのゆえにこのモデルは，組織成長の過程と結果を内包した優れたものといえる。その反面，このモデルは，レストラン組織という特殊経営組織についてのものであるために，その一般性に問題がある。しかし，図に現れた顧客を含む組織構成員間の相互作用関係は，他の種類の経営組織にも応用可能である。

　以上の二つの変容モデルに共通する問題点は，普遍性がどの程度あるかということである。

3.6　平方・立方の原理：組織成長の構造均衡モデル（1）

　組織成長は組織構造がある均衡のとれた定常状態（a steady state）へ向かう過程である，とする理論を基礎にした組織成長モデルを，構造均衡モデルという。この範疇に属するモデルでは，組織構造の把握に直接部門と間接部門等の区分を使用し，あるいはそれらの構成員数の比率を用いたりする。

　Haire (1959)は，経営組織の規模の変化は必然的に組織形態の変化を引き起こすとし，その現象に内在する均衡原理を平方・立方の原理（the square-cube law）と呼んだ。組織（体）は，生物（体）も同様であるが，この原理により，形態を変えないで大きさだけを比例的に増大させることはできない。たとえば，同じ形態で10倍の大きさをもつ人間は存在しえない。なぜなら，その体積は10^3（立方）となるのに対して，それを支える足の裏の面積は10^2（平方）となるに過ぎず，人間の骨格は，増大した体積とそれに比例する体重を支えきれないからである。もし，現在とかけ離れたような大きさになるには，象のように太い足を持つ異なった形態を必要とするであろう。組織もまた，同じである。

組織への平方・立方の原理の適用は，組織構成員を「面積」に相当する外部構成員（販売，購買，渉外等の担当者）と「体積」に相当する内部構成員（生産，労務，研究開発等の担当者）に分け，両者の均衡を規模拡大に対応させて実現することである。この均衡は，面積の平方根と体積の立方根をそれぞれ横軸と縦軸にとって，各規模での値を示す点が直線的に経過する形で示される。図 3-6 はその例である。

図 3-6 組織成長の平方・立方原理による分析

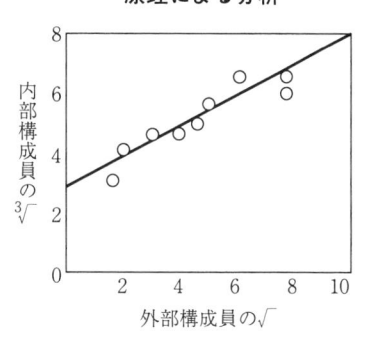

縦軸：内部構成員の $\sqrt[3]{}$
横軸：外部構成員の $\sqrt{}$

Haire（1959）自身は，4 社についてこの分析を試みた。その結果は，次の通りであった。

（1） 相関係数は 0.95～0.99 であり，4 社ともほぼ直線的に経過し，均衡を維持した。

（2） 直線の勾配は，0.50～0.97 と多様であった。彼は，この理由について特に言及していないが，それは，業種，受注か見込みかのような生産様式，個別生産か大量生産かのような生産技術等の相違によるものであろう。

（3） 直線は，原点からではなく，Y 軸上のある値から始まっている。これは，当初，外部構成員が皆無で，内部構成員のみで出発したことを意味する。この点も補足すれば，完全な下請け，全製品の商社依存販売などの場合は，この状態に近似するであろう。

以上のことは，組織成長が一定の均衡保持の状態で展開されない限り，失敗に終わることを示唆している。しかし，Haire の分析方法は，組織構成員の区分に困難があり，比喩ないし類推（analogy）の域を出ていない。

なお，組織成長による形態変化の様相は，数量的裏づけをもたないとはいえ，すでに以前から考察されていた。その典型は，第 5 章で説明する組織形態の変遷である。

3.7 ライン・スタッフの均衡：組織成長の構造均衡モデル（2）

　Baker = Davis (1954) は，米国の製造業211社について，規模の変化がライン（直接部門）・スタッフ（間接部門）の関連に与える影響を調査し，「ライン機能の担当者が1次関数的に成長するにつれ，スタッフのそれは幾何学的に成長する」との結論を出した。また，Haire (1959) は，両機能の担当者の構成比が組織の存続年数とともに変化する状況を調査した。その結果，当初ライン100％で出発した組織は，成長とともにスタッフを必要とするようになり，スタッフの比率が高まって行くが，この傾向は，ライン対スタッフが50対50もしくは75対25のいずれかの型で安定するとの知見を得た。いずれの型になるかは，業種，生産様式，生産技術等の相違によるものと思われる。

　ラインとスタッフの区分を使用した構造均衡モデルのもっとも精緻なものは，DeSpelder (1959) の研究である。彼の研究は，生産（現場）従業員数を独立変数とし，スタッフ機能（22種類に細分）およびライン管理機能（販売とトップに2分）のそれぞれの担当者の絶対数とその比率を従属変数とし，その間の相関を数学的に分析するものである。分析対象は，自動車部品製造業155社である。分析結果の全貌を紹介する余裕はないが，いま，細分前のスタッフ機能全体に関する部分だけを示すと，分析データは表3-3のように，それをまとめたものが図3-7のようになる。この図は，経営組織の成長によって，スタッフがある安定した比率を取るに至ることを示している。彼は同様の作業を2種のライン機能とスタッフの各細分化された諸機能について行った後，次のように知見をまとめている。

　（1）2種のライン機能（トップと販売）の担当者数，および会計，技術，設備保守，生産管理，購買，治工具の6種のスタッフ機能担当者の数は，生産従業員（独立変数）の増大（成長）につれ，それぞれ逓減的に成長する。

　（2）人事，管財，資材在庫，複合（複数スタッフ機能の担当者）の4種のスタッフ機能担当者数は，生産従業員数の増大につれ，それぞれ比例的に成長

3 経営組織の成長モデル 45

表 3-3 間接（スタッフ）従業員総数

直接(生産)従業員数 (X)	各クラスの中央値 (X_m)	会社数 (N)	(総)間接(スタッフ)従業員数の平均数 (Y)	(Y_c)	直接(生産)従業員数に対する間接(スタッフ)従業員総数の比率 (Y/X_m)	(Y_c/X_m)
5-25	15	14	1.98	0.00	0.13	0.00
26-50	38	19	13.68	3.99	0.36	0.11
51-75	63	22	25.45	20.07	0.40	0.32
76-100	88	15	38.76	36.07	0.44	0.41
101-149	125	13	50.69	59.58	0.41	0.48
150-250	200	21	88.23	106.64	0.44	0.53
251-399	325	14	193.12	183.32	0.59	0.56
400-700	550	15	271.57	315.77	0.49	0.57
701-1299	1000	12	597.67	559.19	0.60	0.56
1300-2400	1850	7	933.53	940.93	0.50	0.51

注：推計方程式は，$Y_c = -20.63 + 0.6505X - 0.00007068X^2$，$p^2 = 0.995$，$p = 0.998$，$\sigma_{ys} = 20.7$
p は相関係数，σ は標準偏差。

図 3-7 間接（スタッフ）従業員総数

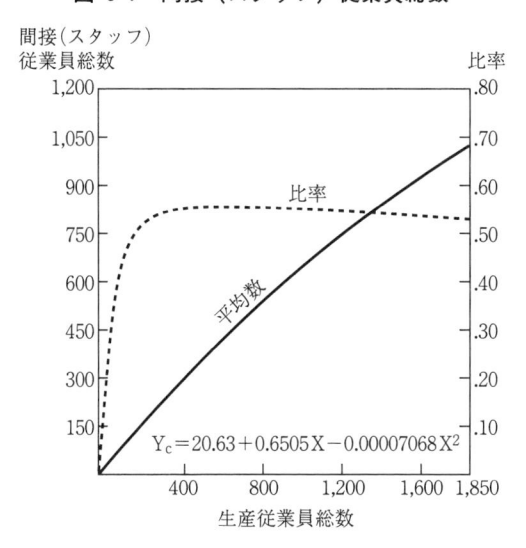

する。

（3） 輸送, 財務, 販売促進, 販売管理, 秘書, 組織, PR, 法務, 経済調査, 税務の10種のスタッフ機能担当者数については, 統計的に有意な傾向を認めることはできなかった。

DeSpelder の研究は, 方法の面でも知見の面でも非常に示唆に富む優れたものであるが, この研究の性格に留意する必要がある。すなわちこの研究は, 一時点における規模を異にした多数経営組織間の「横断的」分析 (cross-section analysis) である。このような研究を, また静学的分析ともいう。しかし, 真の成長分析は, 特定組織の成長を経時的に追跡する「縦断的」分析, すなわち動学的分析でなければならない。ここに, この研究の限界がある。

3.8 組織成長の鬼火モデル

鬼火モデル (will-o'-the-wisp model) とは, 達成されそうになった時には消滅してしまうような, 一種の幻の理想を追い求める動的過程として, 成長をとらえる理論である。幻の理想が, 雨の墓地に現れる鬼火（きつね火）のように, そこに近づくと跡形もない状態になることに似ているので, この名がつけられた。この理論の典型であり, しばしば成長研究に用いられて評価の高いのが, Penrose (1980) の企業成長論である。

彼女によれば, 企業（経営組織）には, 常に未利用経営資源が存在する。その理由は, 経営資源にはすべてある種の不可分性があり, たとえば, 0.5 人というような人間は雇用できないからである。すべての経営資源の完全利用を可能にする組合せは, それらの不可分単位の最小公倍数としてとらえられる。このあたりの発想は, 3.2 で言及した Florence(1972)の倍数の原理, および Maxcy = Silberston (1959) の適正規模論に通じるものがある。

一部の未利用経営資源について, その完全利用を目指すバランスを追求すると, 新経営資源の獲得が必要になり, 別の新しい未利用経営資源が発生する。経営資源の種類は, 細分すれば非常に多数に上るから, このようなバランス追

求の試みは次々と反復され，そのゴールは鬼火のように絶えず遠のいて，けっして達成されることはない。そのような過程の所産として，成長が実現することになる。

もちろん，新経営資源を獲得してまで未利用経営資源を活用するには，それを可能にする誘因ないし環境状況が存在しなければならない。それは，需要の伸長，技術の変化・進歩，発明，発見等である。それと同時に，競争，特許権，経営資源のコスト高など，成長への障害が存在することを忘れてはならない。

彼女の理論は，企業理論として企業全体の成長を論じたものであるが，その論理展開は，経営組織についてほぼそのまま妥当する。特に，未利用経営資源の中で余剰経営者能力を重視していることと，成長が知識学習の継続によって規定される，としている点に注目する必要がある。なぜなら，前者は組織の中心的調整者である経営者に注目することによって，成長が究極的に人間の問題であることを示し，後者は組織学習の問題につながるからである。

3.9 組織学習

組織学習（organizational learning）とは，組織が学習によって継続的な変化をとげる長期的な動的過程をいう。安藤(2001)によれば，組織学習の研究には，①組織が組織学習を通じて優れた組織ルーティンを確立し，それによって淘汰の波を勝ち抜くことに焦点を置く立場，②組織が不適切になった既存の知識・価値を棄却（unlearning）し，より妥当性の高いものに代置することに焦点を置く立場，及び③組織構成員の役割を重視し，組織学習が組織文化に深くかかわることに焦点を置く立場，の3系統があるとしている。これらはいずれも，組織の側から組織学習を捉えているが，学習が個人の行為であることに注目して，組織構成員の側から考察する伝統的立場も存在する。

いずれの側から接近するにせよ，組織学習が組織変容をもたらすことは明らかであるが，現在の組織学習の研究は学習過程の分析に留まっていて，学習の成果が組織の成長にまで高まる様相をモデルにまとめ上げるに至っていない。

第2部
経営組織の構造―戦略・組織の適合

4 組織構造の設計原理

4.1 組織構造の意義と次元

　第1章で述べたように，組織構造（organizational structure）とは，組織構成員の諸活動に整合性を与える連結様式である。それは，活動の内容に整合性を与えるための課業分担のシステム（分業もしくは専門化のシステム）と，各活動に時間的・空間的整合性と活力を与えるための伝達システムの合成されたものである。平易にいえば，前者は仕事分担の仕組みであり，後者は権限・責任を中心にした，タイミングと進度を合わせるための連絡の仕組みである。このような組織構造は，まず類型（form, type, pattern）として把握され，続いて各種の次元（dimension）を使用して分析されるようになった。

　類型としての組織構造を，組織形態という。それは，職位（position）もしくは部門（department）を単位として課業を確定し，権限と責任の公式化された伝達システムでそれらを連結させた，組織構造の静態的・形式的・解剖学的表現である。それを示すものが，組織図（organization chart）である。組織形態には，基本形態から発展形態に至る多くの種類があるが，それらについては，次章で説明する。

　組織構造の次元（dimension）は，構造の特質を表す要因である。各種次元の組合せによって組織構造を分析し，さらにはその成果を応用して組織構造の設計に寄与しようとする接近が，1960年代に出現した。たとえば，この接近の先駆となった英国バーミンガムのアストン大学のグループ（Pugh, 1976：Pugh = Hinings, 1976 など）は，次のような6種の指標（indicator）を組織構造の次元として，アストン研究と呼ばれる組織分析を行った。

（1）　専門化：組織内の分業の精粗の程度
（2）　標準化：組織内の意思決定手続きの規則化の程度

（3）　公式化：組織内の伝達や規則の文書化の程度
（4）　集権化：意思決定が行われる階層の高さ
（5）　形態特性：組織図に示される課業分担構造の型
（6）　伝統主義：組織における慣習への依存度，柔軟性

　諸種の次元は，初期には単に定性的に組織構造の特徴を表すために用いられたが，次第に定量的に測定され，組織構造を計量化して把握する方向で使用されるようになった。その測定も，質問への回答を点数化するような主観的測定法から，現実の組織現象を一定の操作によって測定する客観的測定法へと，変化してきた。これらの事例は，第13章で組織の国際比較との関連で紹介する。

　いずれにせよ，いかなる組織構造をとるかは，組織戦略の根幹である。この問題の基礎になるのが，組織構造の設計原理としての組織原則である。以下，その主要なものを説明する。

4.2　課業分担の設計原理

4.2.1　専門化の原則

　協働の反面は分業 (division of labor) である。それは，単純協業と専門化された分業に2大別される。単純協業は，複数人が同質の課業を並行的に分担して遂行する方式であり，量的効果しかないから，分業としては低度である。数人で一つの大きな石を押す作業は，この例である。これに対し，高度な分業は専門化を前提にし，通常それを単に分業という。

　専門化 (specialization) とは，自己完結性のない相互依存する課業を分担する協働方式である。各課業は，それ自体では完結せず，相互に補完して初めて有意な結果を生み出すことができる。洋服の仕立てを，生地の裁断，縫合，仕上げに3分して分担すると専門化になるが，三つの課業は，いずれもそれだけでは完結しない。専門化はまた，特殊化ともいう。専門化は，得意とする知識・能力の集中利用，反復による学習，特殊化した手段と方法の使用により，大きな効果をあげることができる。分業が孤立した個人の単純合計よりも大きな効果

（シナジー効果）をあげることができるのは，このためである。

専門化には，課業の設定方法によって多くの種類がある。製品別，顧客別，地域別，工程別，技能別，生産要素別，職能別などがそれであるが，職能別はもっとも普遍性の高い基礎的な専門化である。専門化はまた，それを個人について行うか，部門について行うかにより，人の専門化と部門の専門化に区別できる。組織構造では，部門の専門化が重要であり，職能別専門化を基礎にした職能別部門組織（職能部門制）と，製品別専門化を基礎にした製品別部門組織とは，組織形態の中でもっとも重要な地位を占めている。

専門化について注意すべきことは，ただ専門化すれば良いのではなく，当該組織の置かれている状況に適合した専門化の種類を選択することである。それは，特定の専門化を選択したり，各種の専門化の組合せを作ったりする組織戦略の問題になる。

集団主義の伝統の強い日本の経営組織では，課業の設定も集団（部門）を単位にする傾向が支配的である。このようなタイプの組織を，部門主義組織(group oriented organization) と呼ぶ。これに対して，個人主義の文化の国では，課業設定は，個々人について行われる。このようなタイプの組織を，職位主義組織(position oriented organization) という。部門主義組織では，個々人の仕事の分担は，集団（部門）内部で行われ，したがって，分担は対外的には非公式なものとなる。また，このような分担方式は，仕事の遂行過程で，頻繁な打合せ，会議等の特別な伝達方式を必要とすることになる。

4.2.2 職務権限の原則

組織構成員個々人について，換言すれば組織の各職位 (position) について特定化された課業を，特に職務 (job) という。職務権限の原則は，このような意味における職務を，重複や間隙を生じないように明確に規定するとともに，各職位には，その職務に照応した権限・責任・説明義務が与えられなければならないとする。

権限 (authority) は，職務を正当に遂行することのできる公式の権力 (power)

であり，職務の内容に応じて，決定権，命令権，監督権，承認権，許可権，審査権，実施権などから構成される。管理職位では指揮・監督が職務内容に含まれるから，対人指揮権（命令権など）と対物処理権（支出決定権など）の両者があるが，作業職位には対人指揮権はない。

責任(responsibility)は，職務を遂行しなければならない義務(duty)をいう。説明義務(accountability)は，関係者に対して自己の職務遂行に関する情報を提供し，伝達を密にして，協働の実を高めるべき特性をいう。情報は，事前の意図(方針など)，途中の経過，事後の結果のすべてに及び，その伝達は，上司に対する報告はもとより，関係者すべてに及ぶものとされる。具体的な関係者の範囲と情報の内容は，職務の内容によって決まる。

権限・責任・説明義務の3者は，図4-1のように，職務を中核として3面等価の状態でなければならない。たとえば，権限と責任の大きさは同等でなければならず，権限のみを行使して責任を負わないような状態は不合理であり，不当である。したがって，権限の大きな職位(例：社長)は責任も重く，説明義務は組織の内外にわたる広範なもの(従業員，株主，取引先，地域社会など)となる。これに対して，権限の小さな下位階層の職位(例：作業職)では，責任は軽く，説明義務は上司に対する報告のみに限定される。

図 4-1 職務権限の原則
（3面等価関係）

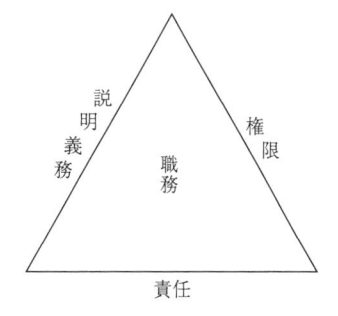

なお，対人関係を重視する日本の組織では，権限・責任・説明義務のすべてを，対人関係に即して理解する傾向がある。権限は，他人に対する指揮・監督を中心に，責任は，指揮・監督する上司に対する義務として，説明義務は伝達すべき相手との関係において，それぞれ理解される。したがって，しばしば，部下を持たない「一般従業員には権限がない」というような表現が行われる。しかし，職務権限の原則からすれば，一般従業員にも，実施権，実施責任，実

施説明義務が均衡した状態で存在するのである。

このような実態から明らかなように，職務権限の原則は，本来，職位主義組織の設計原理である。この原則からすると，部門主義組織は，権限・責任・説明義務の所在が不明確である，ということになる。

4.2.3 例外の原則

課業には，日常反復されるために行動プログラムの標準化が進んでいる定型的事項（programmed or routine work）と，単発的・突発的・断続的であるために行動プログラムが用意されていない非定型的事項（nonprogrammed work）とがある。後者はまた，例外事項（exception）ともいう。前者の典型は，大量生産の生産現場における繰り返し作業であり，後者のそれは，経営者レベルにおける戦略的諸問題である。両者の間には，さまざまな程度の例外性（常規性）を伴った中間的課業が存在する。

例外の原則は，課業の割当てを行う際に，上級者には例外事項の処理に専念させ，定型的事項を下級者に委譲すべきことを説いたものである。このような課業の配分を最上層から順次反復して行けば，例外性のもっとも大きな戦略的諸問題はトップの経営者によって，常規性のもっとも大きな反復的日常業務は最下層によって，それぞれ分担されることになる。

日本の部門主義組織では，例外事項の分担や処理は，この原則の通りにはなっていない。部門の一つ（総務部）に，例外事項（「その他いずれにも属せざる事項」などと表現される）の処理がまず回され，そこで処理できないような事項だけが，上層部に持ち上げられる。例外の原則は，例外事項を組織の垂直軸（階層）で処理すべきであるとしているが，日本の組織では，まず組織の水平軸（特定部門）で処理し，さらに例外性の高いものだけが，そこから経営者に持ち上げられて処理されることになる。このような迂回的処理のために，対応が遅くなったり，経営者が重大な例外事項（不祥事等）の発生を知らないというような欠陥が発生する。

4.3 伝達システムの設計原理

4.3.1 管理範囲の原則

　管理範囲（span of control）とは，1人の上級者が直接かつ有効に管理することのできる部下の人数をいう。仮にこのような管理範囲が一律に10人であるとして，生産現場の作業者総数が1,000人であるとすれば，作業管理者100人（1,000÷10）とその上に中間管理者10人（100÷10）を置くことによって，経営者は初めて全体を有効に統率することができることになる。この場合，この組織は，経営者，中間管理者，現場管理者，および作業者の4階層構造を形成することになる。このことから，管理範囲の有限性が，組織の規模拡大にともなう階層化の契機になることがわかる。

　Davis, R. C. (1951) は，このような管理範囲と組織構造の関係をモデル化した。いま，作業者総数 E，作業者管理範囲（作業組織の管理範囲）A，管理者管理範囲（管理組織の管理範囲）R，階層数（頂点を除く）N，管理者総数 T とすると，次の関係が成立する（詳細は森本，1970を参照）。

$$E = A \cdot R^{N-1}$$

$$N = \frac{\log E - \log A}{\log R} + 1$$

$$T = \frac{E}{A}\left(1 + \frac{1}{R} + \frac{1}{R^2} + \cdots + \frac{1}{R^{N-1}}\right)$$

　このモデルの含意の要点は，①管理範囲が小さければ階層数が増えて組織のピラミッドが高くなり，②逆に管理範囲が大きければ階層数が減ってピラミッドは低くなること，③階層を低くしようと思えば，管理範囲を大きくしなければならないこと，及び要するに，④管理範囲の大きさと階層の数とは逆相関する，ということである。

　以上により，多少はあっても，階層化は規模拡大の必然的所産であることが明らかになった。しかし，階層化は，新しい問題を引き起こす。それは，上下

を結ぶ伝達システムが延伸することによる，伝達の遅鈍化と不正確化である。この問題は，特に大規模組織で深刻になるから，そこではコンピュータ化した情報システムを使用するなど，伝達の内容と方法について特別の配慮をする必要が出てくる。組織の問題としては，規模に対応する階層数を極力少なくし，フラットな構造を実現することが必要である。そのためには，有効性を損なわずに，管理範囲を拡大しなければならない。

　管理範囲には，それぞれの上司・部下の関連状況（課業内容，各自の能力等）によって決まる適正な大きさ（例：10人）がある。これを，適正管理範囲という。フラットな構造の実現は，このような適正管理範囲を大きくすること（例：10人→15人）によって実現されなければならない。具体的には，上司・部下双方の能力向上とそれを基礎にした適正配置，伝達の効率化，および分権化もしくは権限委譲による伝達の量と時間の節減である。こうした努力の裏づけのある適正管理範囲の拡大と，裏づけのない見せかけの管理範囲の拡大（例：10人→15人＝過大管理範囲）とを，混同してはならない。同一の現象（管理範囲15人）でも，二つの場合の実態は，まったく異なるのである。

4.3.2　命令一元性の原則

　この原則は，組織の秩序を維持するために，すべての組織構成員がただ1人の直近上級者からの命令によって行動すべきである，と説くものである。図4-2において，A以外の全員は，命令一元性の状態にある。しかし，このような組織構造においても，実際に，たとえばAが直接C_4に命令したり，B_1がC_3に直接命令したりすれば，この原則に反することになる。AやB_1は，C_4やC_3よりも上級者ではあるが，直接の指揮監督者ではなく，上のような命令行為は，組織の秩序を乱すことになるからである。

　命令一元性を機械的に順守すると，二つの問題が生じる。第1は，命令者は部下の活動のすべてに命令できる万能型管理者である必要があ

図 4-2　命令一元性の組織
（直系式）

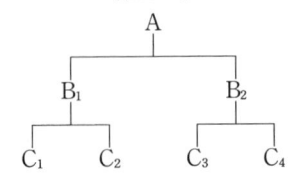

```
            A
          /   \
         B₁    B₂
        / \   / \
       C₁ C₂ C₃ C₄
```

るため，管理者の専門化を妨げることになる，という問題である。第2章で述べたように，管理過程論の祖 Fayol (1916) は，組織の秩序を重視して命令一元性の原則を主張したが，科学的管理の祖 Taylor (1911) は，専門化を重視して，多元的管理を主張した(第5章参照)。彼は最初から，命令一元性を否定していたのである。

第2の問題は，組織行動の硬直化の危険あるいは繁文縟礼（規則・手続きに縛られて煩わしいこと）の弊害である。たとえば，図4-2で，C_1（技師）と C_4（経理）が機械の購入について協議を要する場合，原則に忠実であろうとすれば，直接協議は許されず，$C_1 \rightarrow B_1 \rightarrow A \rightarrow B_2 \rightarrow C_4$ の回路により協議をもちかけ，その逆の回路により反応を待たなければならない。このような手続きを大規模組織であらゆる事項について行えば，組織の有効性はいちじるしく低下する。

命令一元性の原則の提唱者 Fayol も，この問題を認識していたから，この原則の趣旨を損なわないような条件をつけて，C_1 と C_4 のような関係者の直接接触を認める「かけ橋」の必要をあわせて述べざるをえなかった。その条件とは，次の二つである。

（1） 事前許諾：C_1 と C_4 は，事前に各自の命令権者である B_1 と B_2 の許可をもらい，接触の権限を与えてもらう。

（2） 事後報告：C_1 と C_4 は，接触による処理の結果を，それぞれ B_1 と B_2 に報告する。

これらのうち，事前許諾について，事柄の内容がCレベルで処理するには重要過ぎる場合，Bは許可を与えず，自ら処理する。この場合にも，Aに対して事前許諾を求めることは同じである。このようにすれば，階層が多い場合，問題の重要性に応じた適当なレベルで処理が行われることになる。しかし，現実の組織では，いちいちこのような条件を適用することはない。想定される重要性に対応した処理の権限を，前以て職務権限規程などに規則化し，それに対応する手続き規程に従って機械的に処理する。それから逸脱する例外事項につい

てのみ，例外の原則との関連でこれらの条件を適用するのである。

4.4 設計原理への批判

　組織構造の設計原理としての組織原則は，主として管理過程論によって提唱され，展開されたが，その内容や有用性については，多くの批判がある。その中で，もっとも広範にしかも徹底した批判を行ったのは，行動科学的組織論者Simon (1976) であった。その要点を述べよう。

　彼が取り上げたのは，専門化の原則，管理範囲の原則，命令一元性の原則，および部門化の原則の4者であるが，彼自身もいう通り，最後の部門化の原則は，専門化の原則に含まれるから，ここではそれ以外の3者についての論議に集約する。

　専門化の原則では，前述したように，製品別，職能別などさまざまな基準をあげているが，Simon (1976) によれば，これらは相互に競合する性格をもっていて，いずれかを採用すれば他のものは採用できない。そこで重要なことは，単に専門化するのではなくて，特定の状況では特定の基準で専門化しなければならない，ということである。ところが，専門化の原則の主張者は，専門化の必要や重要性を強調し，その種類を羅列するのみで，競合する諸基準間の選択原理について，なんら言及していない。本来ならば，このような選択原理こそが，専門化の原則になるべきである。

　Simon (1976) によれば，管理範囲の原則の目指すところは，1人の上司が管理する部下の数を少数に限定し，厳格で行き届いた管理をすることによって，組織有効性を高めようとすることである。このように部下の数を限定すれば，前述のモデルからわかるように，階層数が増大し，伝達の遅鈍化と不正確化によって，組織有効性が低下する。この点は，管理過程論者によっても認識されており，管理範囲の原則とは別に，階層の少ない「フラット」な組織が望ましいとされている。

　このように管理過程論は，管理範囲の限定とフラットな組織という背反する

主張をしていて，両者を調整する最適点がどこにあるのかについて，何らの手掛かりも与えていない。組織原則は，このような手掛かりを与えるものでなければならない。

命令一元性の原則の最大の欠点は，専門化の原則と両立しえないことにある。しかも，実際問題として，専門化の方がはるかに優越した地位を与えられている。さらに，命令一元性の原則は，上級者の一方的な決定と命令が組織秩序の鍵であると見ているが，これも実態にそぐわない。各組織構成員は，自己の活動内容に関する意思決定の相当部分を上司に委ね，上司による高度に熟練した意思決定の結果を，命令という形の伝達によって受け取り，そのまま実行している。しかもこのような上級者の熟練（権威）の利用は，1人の上司に限定する必要はない。助言や指示の形で，多元的に利用しているのが実態である。かくて，命令一元性の原則は，現実と遊離し，妥当性を失っている。

Simonによれば，全体として組織原則論の欠陥の第1は，相互に矛盾し両立し得ない内容を並立して主張していることである。第2は，その矛盾する内容をいかに調整するか，いずれに優先度を与えるかについての原理を，なんら示していないことである。そして第3は，単なる経験則を規範として主張しているにとどまり，科学的検証を欠いていることである。

以上のようなSimon(1976)の組織原則批判は，部分的には若干の誤解もあるが，全体としては問題の核心を鋭くえぐり出していて，説得力に富んでいる。これをどのように消化するかが，組織構造の設計課題になる。

4.5 設計原理から組織戦略へ

組織原則は，多くの批判にさらされながらも，そのすべてが無意味になったわけではない。むしろ，その内容は批判を受けて精錬化され，現代的組織論の中に取り込まれている。その精錬化の要点は，次のようである。

第1は，経験則からの脱却である。その代表例は，管理範囲の原則である。当初，この原則は，提唱者の経験則として，妥当な人数が規範的に提示（例：

Fayol は作業者管理範囲 10～30 人，管理者管理範囲 2～5 人とした）されていたが，その後，個別状況に即して適正管理範囲を決定する科学的測定法が開発され，状況の変数として組織構造を設計することが可能となっている（この点の詳細は，森本，1970 参照）。

　第 2 は，解釈の重点変更である。その代表例は，命令一元性の原則である。当初この原則は，文字通り 1 人の直近上級者による命令に依拠して下級者が行動すべきことを説き，そのためには一元的伝達システムが望ましいとするものであった。しかし，その非現実性のゆえに，「かけ橋」を認めざるをえなかったことは，前述の通りである。その後，Simon の批判にあるような伝達システムの多元的活用がむしろ必要であると認識されるようになり，この原則は，組織が秩序を必要とするとの原点を象徴するものと理解され，内容の機械的適用は棚上げされて，柔軟な解釈が行われるようになる。

　その結果，秩序の必要性は組織構成員の統合論へと高められ，それとの関連で，伝達システムの問題は各種の多元的伝達システムをもつ発展した組織構造（組織形態）を積極的に肯定するようになる。その鍵は，命令の含意の変化である。当初は，上級者の持つ不可侵権限の発動としての命令と，それに対する部下の絶対的服従によって，組織の秩序が成立すると考えられていた。しかし次第に，Simon の批判にもうかがわれるように，部下の信頼・支持・受容と，それに配慮した上級者の慎重な意思決定により，命令は統合的合意を根底にふまえたサイン（合図）に過ぎないと考えられるようになる。これらのことは，命令だけでなく，権限や責任の概念も変わることを意味している。これらの要点は，組織の秩序さらには統合は，組織構成員の主体的相互作用によって生まれるものであり，上からの一片の命令によって実現するものではない，ということである（これらの詳細については，第 10 章の組織活性化を参照）。

　第 3 は，これまでの 2 点を含む総合的帰結であるが，諸原則の個別適用による組織構造の設計から，諸原則を変数（関連要因）とする組織戦略への進展である。管理過程論は，各原則について独立的にそれぞれの必要性と妥当性を主

張した。そのことが，相互矛盾を生むという批判の原因になっている。現代的組織論では，矛盾を含む諸原則を，特定の具体的状況の中でいかに取捨選択・調整し，総合するか，を問題にする。それは，組織戦略の問題である。

　組織戦略，特にその中心になる組織構造設計では，いくつもの矛盾・対立する設計原理のセットを抱えている。秩序化と専門化，管理範囲と階層，集権と分権（拘束と自由）は，それらの代表的なものである。これらセットは，組織戦略を策定する際の変数であり，経営者は特定の状況の中で，組織目的を達成するために，各変数にある値や優先順位を与えながら一定の組合せを作り，組織構造を設計する。

　組織戦略の変数の内容は，本章4.1で言及した組織構造の次元にも現れている。すなわち，各組織原則によって説かれた内容は，前出のアストン・グループの組織構造次元に，なんらかの形で含まれていることに注意されたい。組織戦略の具体的内容は，本書の各所で述べられるであろう。

5 組織構造の形態

5.1 組織単位と組織形態

　組織構造を形成する単位を，組織単位（organizational unit）という。組織単位には，通常，職位（position）と部門（department）の両者が使用されるが，部門についてはさらに部・課・係のように大小の単位を設定することが可能である。職位は組織構成員個々人が占める組織内の公式単位であり，社長・課長・販売員等はすべて具体的職位の例である。そこで，適正に組織された組織内には，職位の数に相当する組織構成員が存在することになる。前章で述べたように，組織には部門主義組織と職位主義組織の二つのタイプがある。前者の公式組織単位は部門（もっとも代表的な最小単位は「課」）であり，後者のそれは職位である。前者にも職位はあるが，部門の代表者という性格が強く，後者のそれのように個々が組織単位になっているという意味合いは，ほとんどないかきわめて薄い。

　組織単位の連結様式を示す標準化した類型を，組織形態（organizational form）という。それは，組織単位について課業を規定し，権限と責任の公式伝達システムでそれらを連結した状態を示す静態的モデルであり，組織の解剖学的表現である。それは，組織図（organization chart）によって示される。

　組織形態には，それをどのような組織単位によって把握し，表現するかによって，2種のものがある。第1は，職位の連結様式として組織形態を把握・表現する方法であり，個人主義の強い米国では，このような職位主義組織形態が基本である。これに対して，部門の連結様式として組織形態を把握・表現する方法があり，集団主義の強い日本では，このような部門主義組織形態が基本である。このことは，すでに前章で述べた。しかし，組織形態という観点から見れば，この区分は，かなり相対的・伝統的なものであり，米国の組織でも，複数

の職位の集合をもって大小の部門とし，部門を組織単位として組織形態を問題にするのは，広く普通に行われている方法である。これに対して日本では，伝統的に職位の概念は希薄であり，現代でも，経営者・管理者については職位の概念を使用し，それが定着しているが，作業者各人について職位を意識し，組織の全体を職位の集合的連結とする観念は，なおほとんど見られない。これらの事情から，組織図では，日米ともに職位主義と部門主義の両者による組織形態の表現が使用されている。組織図を職位主義で画くか，部門主義で画くかの使い分けの具体的理由は，表示しようとする組織の範囲と使用できる図面のスペースの関連という技術的なものであることが多い。

各種の組織形態は，単に羅列的に並存しているのではなく，歴史的な経緯の中から発展的に出現してきたのである。換言すれば，各種の組織形態の間には，発展の論理がうかがわれるのである。このような観点から各種組織形態を分類・整理すると，図5-1のようになる。この図の枠組みを説明しよう。

まず縦軸である。伝統的には上下関係すなわち縦の連結を重視し，その視点から組織の構造化を行う列（column，縦列）形態が，支配的地位を占めてきた。

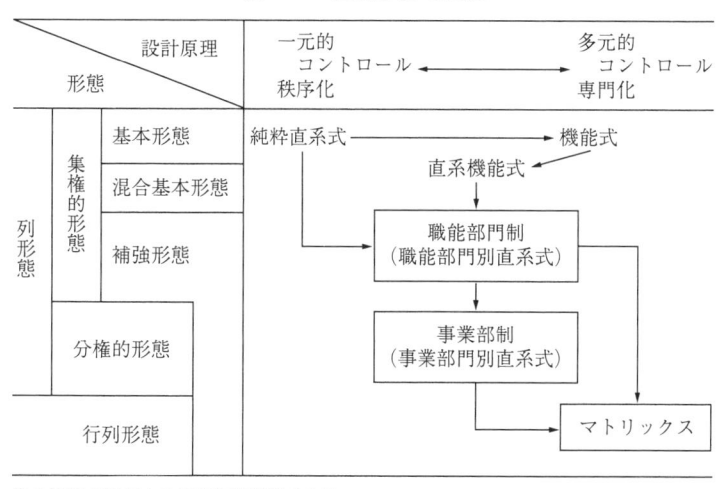

図 5-1　組織形態の発展

形態	設計原理	一元的コントロール秩序化	← →	多元的コントロール専門化
列形態	集権的形態	基本形態	純粋直系式 →	機能式
		混合基本形態		直系機能式
		補強形態		職能部門制（職能部門別直系式）
	分権的形態			事業部制（事業部門別直系式）
	行列形態			マトリックス

注：枠内が実在する代表組織形態である．

1960年頃から，行列（matrix，横と縦）の2軸による構造化が現れるようになった。列形態にも，権限が比較的上層部に集中している集権的形態と，権限が比較的下層部に分散されている分権的形態がある。この場合，注意すべきことは，集権（centralization）と分権（decentralization）とが相対的区分であり，程度の差の問題であるということである。すべての権限を最上層に集中すれば，分業は成立しないし，すべての権限を分散すれば，組織の解体になるからである（職務権限の原則を想起すること）。

列形態は，集権的形態から分権的形態の方へと発展してきた。その理由は，規模の拡大に伴う組織の機動性確保という技術的要請と，創意の発揮，意欲の向上，参加による民主化などの人間的要請の高まり，の両者に求められる。

近代的企業の経営組織では，まず基本形態の直系式が採用されたが，生産が技術的に高度化するにつれ専門化の必要が高まり，それをカバーするために，もう一つの基本形態である機能式が提唱されるようになった。しかし，これも欠陥を露呈した。そこで，これら二つの形態の長所を混合する試みが行われ（混合基本形態），次いで欠陥を補正するシステムによって強化した補強形態が現れる。それら補強システムには，いくつかのものがあるが，いずれもあらゆる組織形態で採用可能である。大規模組織では，いかに補強を加えても，やがて列形態ではもはや対応できなくなる段階になり，行列形態へと移行するようになる。

次に横軸に移る。組織構造の設計原理の基本は，秩序化と専門化である。この両者は背反関係にあるから，両極に位置し，それらを折衷あるいは混合する中間段階が存在する。秩序化は，命令一元性の原則に忠実な一元的コントロール（一元的管理）によって確保され，専門化の重視は，多元的コントロール（多元的管理）にならざるをえない。そのいずれを選ぶか，あるいはそれぞれにどの程度の優先度をもたせるかによって，組織形態は異なってくる。

以下，図5-1の各種組織形態について，順次説明を加えよう。

5.2 基本形態

5.2.1 純粋直系式：基本形態（1）

図5-2のように，命令一元性の原則を貫徹させた組織形態を，直系式（組織）という。直系式の長所は，組織の秩序・規律の維持が容易なことであり，短所は，専門化が徹底できないことである。

直系式のうち，各階層の組織単位が水平的に単純協業（同質課業の分担）の関係にあるものを純粋直系式（pure line organization），分業（専門化した異質課業の分担）の関係にあるものを部門別直系式（departmentalized line organization）という。現実の直系式は，すべて全体としては部門別直系式であり，その一部に純粋直系式が組み込まれている場合がある。たとえば，この図において，Aは製造部，Bは販売部で，販売部には多数の販売員がいるために，管理範囲によって販売部を2課に分け，同一製品をそれぞれ販売しているとしよう。この場合，この組織全体は部門別直系式であるが，販売部の部分だけを見ると，純粋直系式になっている。この例では，組織の第1次区分（部のレベルの分担）に職能別を使用しているが，このような直系式を職能部門別直系式または職能部門制（組織）といい，現在使用されている主要な組織形態の一つになっている。この他，製品別，地域別など専門化について述べた諸基準を用いることが

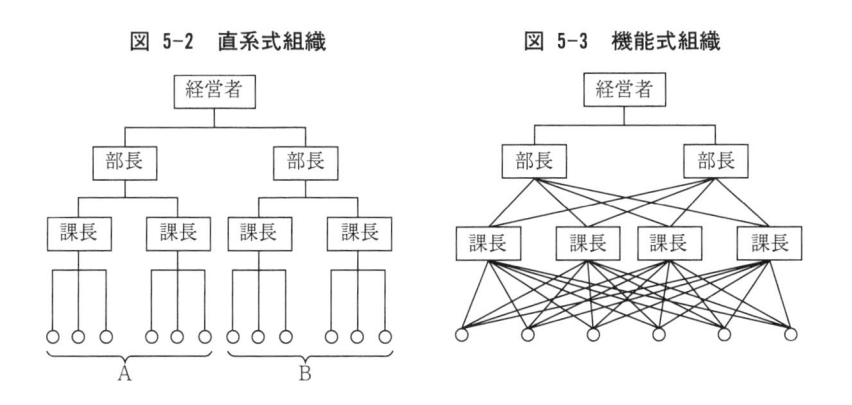

図 5-2　直系式組織　　　　図 5-3　機能式組織

可能である。職能部門制については，改めて説明する。

5.2.2　機能式：基本形態（2）

図5-3のように，各階層の組織単位は，水平的に専門化し，各管理者は専門的に限定された課業についてのみ指揮・監督するような組織を，機能式組織(functional organization)という。その長所は，専門化を徹底できることであり，その短所は，多元的コントロールのため組織の秩序・規律の維持が困難になることである。これら機能式の長所と短所は，直系式のそれらと逆の関係になる。

機能式の提唱者は，科学的管理の祖 Taylor (1911) であった。彼は，工場内の作業管理組織について，それまでの（純粋）直系式では，複雑化してきた機械制生産の必要とする作業管理者の機能を発揮できないとし，それに代えて，図5-4のような機能式職長制度(functional foremanship)を採用した。そこでは，従来の職長の課業を8個に分解し，別々の職長に分担させるようになっている。8人のうち4人は作業現場で直接に作業者を指揮・監督し，残り4人は，間接的に文書等によって指揮・監督する。各職長の課業の要点は，次の通りである。

着手職長：作業の準備を指揮・監督する

指導職長：作業そのものを指揮・監督する

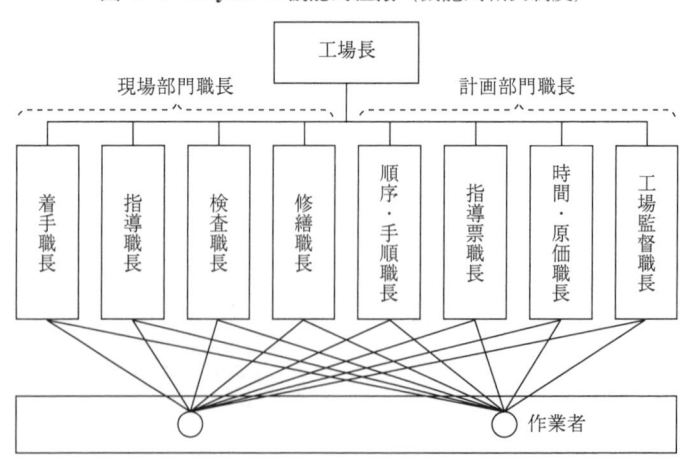

図 5-4　Taylor の機能式組織 （機能式職長制度）

検査職長：作業結果の品質について指揮・監督する

修繕職長：機械の保全について指揮・監督する

順序・手順職長：作業の手順を計画し，指示する

指導票職長：作業内容を指導票にまとめ，伝達する

時間・原価職長：作業の時間と原価を統制する

工場監督職長：作業者の規律を維持する（人事管理）

機能式は，現実にはその短所が原因となって失敗に終わり，現在では，そのままの形では使用されない。

5.2.3 直系機能式：混合基本形態

直系式と機能式の双方の長所を発揮しようとして，両者を混合した組織形態が試みられた。これが，直系機能式組織（line and functional organization）である。混合の代表的方法は，規律が重視される作業組織を直系式とし，専門化の必要なその上部の管理組織を機能式とする構造を採用するものである。しかし，実際には両者の短所のみが現れて，失敗に終わった。

5.3 スタッフ：基本形態の補強（1）

単純な混合の失敗により，直系式を主軸にしながら，その短所である専門化の不徹底をカバーするために，種々の補強（形態）が使用されるようになる。その中でもっとも重要なものはスタッフ(staff, 原意は杖，支え，頼り)であるが，その他に，委員会制度（committee system），プロジェクト・チーム（project team）などがある。スタッフについては，すでに第3章に現れていたが，ここで体系的にとりまとめ，その後で残りのものを順次説明する。

スタッフの概念・機能・形態は，ラインの概念・機能・形態とセットで，軍隊組織から導入された。軍隊組織におけるラインは，戦線部隊（line troops，戦線に展開する戦闘部隊）と指揮命令系統という二つの意味がある。前述の直系式と機能式は，後者の意味に注目した形態である。これら二つの意味のラインを経営組織に置き換えると，前者は，直接的生産活動に従事する作業者群，もし

くはそれらの機能・課業を，後者は，前者につながる指揮命令系統上に位置している経営者および各層の管理者，もしくはそれらの機能・課業を，それぞれ指すことになる。これらの全体が，ラインになる。それは，直接部門と俗称することもある。

　軍隊組織におけるスタッフは，ラインの二つの意味に対応している。すなわち，戦線部隊を後方から支援する輜重・兵站 (logistics)・補給のような補助部隊(staff troops)と，各級のライン指揮官を補佐する幕僚・参謀，の両者である。これらを経営組織に置き換えると，運搬，保管（倉庫），補給，保全（機械・設備の生産能力の維持と保守），安全，衛生，廃棄物処理のような直接的生産活動に対する促進的補助活動(service staff)，もしくはそのための組織単位，およびラインの経営者・管理者の意思決定を専門家の立場から援助する活動（management staff），もしくはそのための組織単位になる。これらの全体が，スタッ

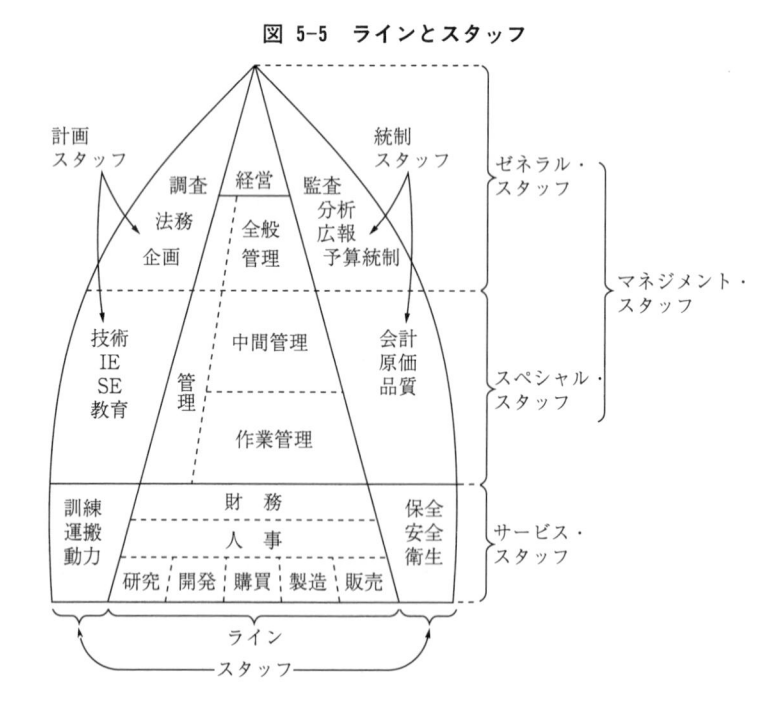

図 5-5　ラインとスタッフ

フになる。それを，間接部門と俗称することもある。ただし，経営組織では，サービス・スタッフをサービス職能とかサービス部門と呼び，マネジメント・スタッフを単にスタッフとするのが，むしろ普通である。

マネジメント・スタッフは，何を支援するかにより，ゼネラル・スタッフ（general staff）とスペシャル・スタッフ（special staff）に2分される。前者は，経営管理の全般に関係するラインすなわち経営者（経営機能）と全般管理者（業務執行の全体について指揮監督する機能）を支援し，後者は，中間管理者以下

図 5-6　分権化の5タイプ

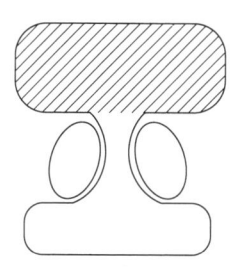

タイプA：
垂直的・水平的集権化

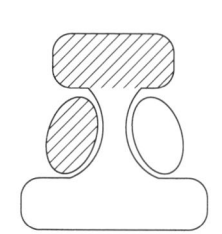

タイプB：
限定的な水平的分権化
（選択的）

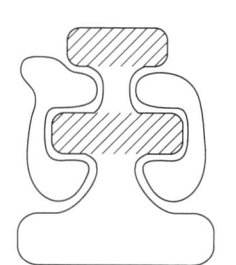

タイプC：
限定的な垂直的分権化
（平行的）

タイプD：
選択的な垂直的・
水平的分権化

タイプE：
垂直的・水平的分権化

注：斜線部の誇張した大きさは，意思決定における特殊な権力を示すもので，人数の大きさを示すものでない．
出所：Mintzberg（1983）p.115．

の日常的業務執行管理を，特定の専門分野から支援する。

マネジメント・スタッフの本質は，経営管理専門情報の提供にあるが，その情報が経営活動の準備・設計に関するものであるか，経営活動の維持・評価に関するものであるかによって，計画スタッフ（planning staff）と統制スタッフ（control staff）に2分される。この区分は，管理過程論の表現を使用すれば，計画・組織・命令・調整・統制のマネジメント・サイクルの前半（事前）と後半（事後）に対する支援になる。

以上のようなラインとスタッフの関係と主要な内容を，製造業の経営組織について示すと，図5-5のようになる。これまでの説明で明らかであるが，ラインの支援を任務とするスタッフには，公式の権限（決定権，指揮監督権）はない。しかし，現実には，その専門的知識・能力を基盤にした影響力（他人の行動を左右する力＝権力）をもつことがしばしばある。このような現実と，上述した集権と分権の関係を，図5-5を誇張したような形で図示したものに，図5-6がある。その内容の詳細は省略するが，およその状況は理解できよう。

5.4 委員会制度とプロジェクト・チーム：基本形態の補強（2）

委員会制度(committee system)は，関係者の衆知を集めて，意思決定，協議，調整，連絡などを行う会議形式の組織である。取締役会（board of directors）のように，ラインの組織単位として使用されることもあるが，これはむしろ最高組織単位が必要とする特殊事情による例外的なものであり，普通はあらゆる組織形態の各階層において補強として使用される。

プロジェクト・チーム（project team）は，研究開発，企画など，特定課題（project）を達成し，あるいは解決するための，チーム形式の時限的組織単位である。それは，必要な数と専門分野の専門家をチーム・メンバーとし，課題の達成・解決または断念とともに解散する。プロジェクト・チームの運営の特色は，課題や目的は明確に規定するが，その達成方法については大幅な自由裁量を認めることである。そのゆえに，このチームは，弾力的・柔構造組織とされ

るのである。

　プロジェクト・チームの責任者を，プロジェクト・マネジャー（project manager）と言う。プロジェクト・マネジャー以外のメンバーは，プロジェクトの進行とともに交替することがある。たとえば，製品開発プロジェクトで，当初は応用研究専門家や技術者が中心となり，技術的に見通しがついた段階で，研究者を外して製造担当者やマーケティングの専門家を加えるなどである。

　プロジェクト・チームの類語に，タスク・フォース（task force）がある。両者は同一であるとの解釈と，タスク・フォースの方が狭義で，定常的で厳密度の高い課業のための専任者による臨時的組織であるとの説がある。しかし，いずれにせよ，時限的組織単位であることに変わりはない。

　これまで述べた補強の機能や組織は，あらゆる組織において使用することが可能である。特に大規模組織では，これらすべてを組み合わせて利用している。

5.5　職能部門制

　経営活動の全体を，投入から産出の流れもしくは生産過程として捕え，この生産過程を形成する部分過程の機能を，日本語では特に職能という。英語のfunctionは，一般的には機能と訳すが，その特別の場合（製造と販売のように時間的に前後して過程を構成する機能）を「職能」と称するのである。職能の具体的内容は，業種を問わず共通するものと，業種によって異なるものとがある。前者は，財務（finance）と人事（personnel affairs）であり，後者は，たとえば商業では仕入・保管・販売の3職能，銀行業では受信（預金受入れ）・為替・与信（貸付け）の3職能，経営学が代表的業種としている製造業では，研究・開発・購買・製造・販売の5職能とするなどである。図5-5のラインの内容には，このような5職能が示してある。ただし，職能区分にはいろいろな説がある。しかし，製造業について，購買，製造，販売を最小限の内容とすることについては，まず異論はない。なお，これらの職能は，いずれも第1次区分であり，必要に応じて，第2次，第3次……と細分化を反復する。製造業の製

図 5-7 職能部門制組織

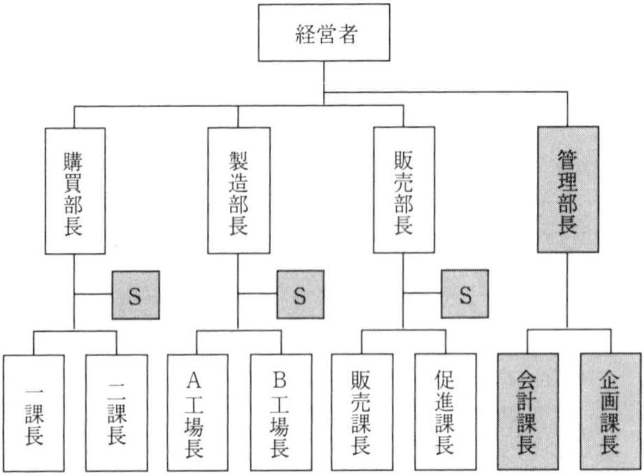

```
                    経営者
   ┌─────────┬─────────┬─────────┬─────────┐
  購買部長   製造部長  販売部長  管理部長
    [S]       [S]       [S]
  ┌──┬──┐  ┌──┬──┐  ┌──┬──┐  ┌──┬──┐
 一  二   A   B   販  促   会  企
 課  課  工  工  売  進   計  画
 長  長  場  場  課  課   課  課
         長  長  長  長   長  長
```

注：白い職位はライン，黒い職位はスタッフ．

造職能は，細分化される代表的なものである。細分化は，個人の職務が確定するところまで，反復して行われる。

前述したように，職能別直系式ないし職能部門制は，第1次分化による組織単位の設定を，職能別基準で行うものである。これにスタッフを補強した図5-7のような組織形態は，一般にライン・アンド・スタッフ組織とも呼ばれて，現代の代表的形態の一つになっている。それは，直系式によって規律・秩序を維持しながら，部門間分業とスタッフによって，専門化の利点を付加しようとする型である。この形態では，製造部と販売部の間のような職能間の調整は，最終的に経営者層から下に委譲することができないから，集権的組織にならざるをえない。

中小規模の経営組織では職能部門制が多いが，大規模経営組織でも単一事業（電力，ガス，鉄鋼等）の場合には，ライン・アンド・スタッフ組織を基本とするのが普通である。

5.6 事業部制

事業部(division)とは，次の二つの条件を備えた組織単位をいう。それらは，① 第1次組織区分に製品別，地域別，顧客別のような，独自の生産過程と市場をもつ自己完結性の高い基準を用いて部門化した組織単位であること，② 利益責任をもつ経営単位としてみずから利益を生み出す利益単位（profit center）になっていること，である。事業部はあたかも企業内企業のようなもので，その責任者である事業部長には，自己の製品等について利益責任を実現するための包括的裁量権が与えられるから，高い自主性があり，そのゆえに事業部制(divisional system)は，分権的組織形態とみなされる。製品別事業部制の基本は，図5-8のように示される。

事業部制を採用している企業の経営者は，各製品等に関する日常業務から解放され，本社ゼネラル・スタッフを駆使して，全社的な戦略・組織計画・資源配分，新製品・事業の開発，後継経営者育成（事業部長はそのための最適の場になる），事業部の業績評価に専念することになる。他方，事業部長の自主性は，

図 5-8 事業部制組織

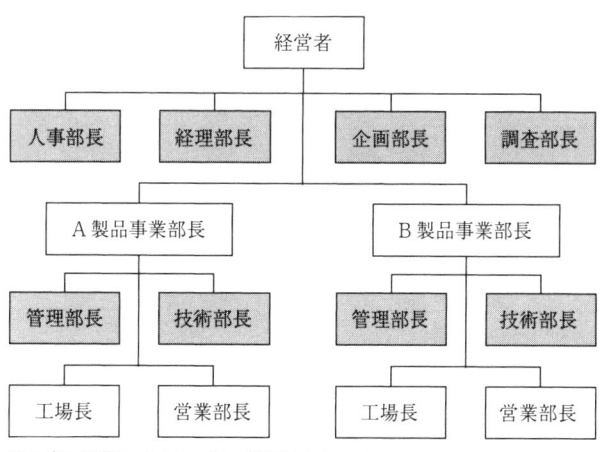

注：白い職位はライン，黒い職位はスタッフ．

忌避宣言権 (right of nullification) によって保証される。それは，同一社内の他事業部の製品・部品・サービスであっても，外部購入より自己にとって不利であれば忌避できること，また自己の製品・部品・サービスをどこに提供 (販売) するかは自由であり，同一社内の他事業部にとらわれることなく，自己にとってもっとも有利な内外の相手に販売することができる権利である。このために各事業部間の取引は，独立企業間の場合と同様に交渉によって行われるが，その取引については市場が介在しないから，振替価格 (transfer price) を使用して処理する。振替価格の内容には，① 市場価格の準用，② 当事者の協議によってまとまった交渉価格，③ 本社の決めた手続きによる計算価格，の3種があるが，事業部制の趣旨からすれば，望ましさは ①→③ の順になる。

　電機，化学，自動車，食品等，多数の製品や事業をかかえている大規模・多角化企業では，事業部制が普及している。事業部制をとる，ある電器メーカー

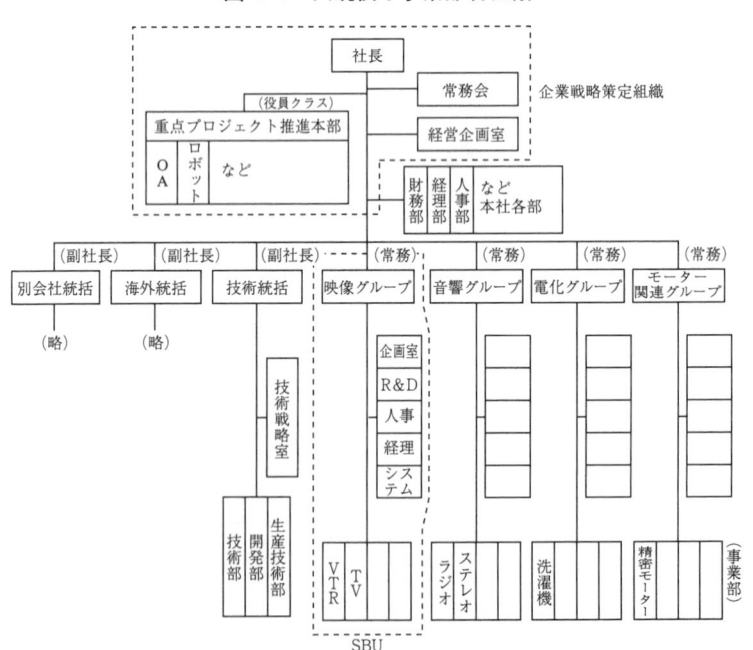

図 5-9　大規模な事業部制組織

のある時期の組織は，大要図5-9のようになっていた。この組織では，事業部の数が非常に多かったので，管理範囲の制約から，それらを直接本社の下に置くことができず，類似事業部を集合させた組織単位（事業グループ，企業によっては事業本部と称する）を設ける事業グループ制をとっている。なお，この組織では，各事業グループをSBU（strategic business unit）としている。それは，事業戦略（business strategy）の策定を委譲されている組織単位である。事業戦略は，本社が策定する企業戦略（corporate strategy，製品市場戦略）を受けて，特定の製品市場について策定される競争戦略である（第7章参照）。

5.7 マトリックス組織

縦と横の二つの権限・責任の軸によって，格子状の分業関係を形成する組織である。縦軸と横軸にそれぞれ何を使用するかは，特に決まっていないが，職能別，製品別，地域別などが多く用いられ，特異なものとしてプロジェクトを使用するものもある。図5-10の例では，縦軸が職能別，横軸が事業別になっている。

図 5-10　Dow-Corning 社のマトリックス組織（Galbraith-Kazanjian, 1986）

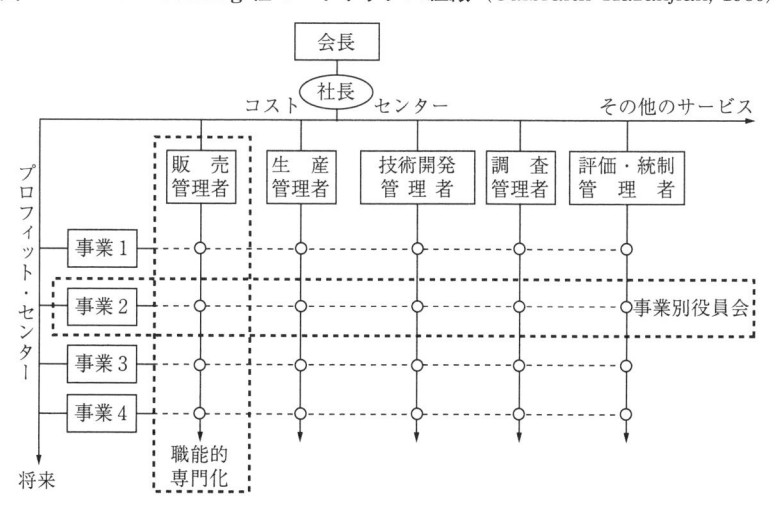

マトリックス組織(matrix organization)は，1960年代の米国宇宙産業に始まったといわれている。このような組織が必要になった背景としては，環境のニーズが多様でしかも急速に変化するようになり，課業や技術が複雑になり，従来の1軸によるコントロールでは柔軟かつ敏速に対処できなくなったという事情がある。このような事情からすれば，将来は2次元にとどまらず，多次元マトリックスに進むという説もある。

マトリックス組織の最大の問題は，組織秩序の維持である。換言すれば，二つの異なる軸を同時的に統合する可能性が非常に低いのではないかという点にある。これ以外にも，疑問や批判は数多くある。Davis = Lawrence (1977) は，マトリックス組織につきまとう病理として，次の諸点をあげている。

（1）（二つの軸の）権力争い
（2）無秩序
（3）集団的意思決定との混同
（4）経済危機による崩壊（不況時の廃止が多い）
（5）管理費の膨張
（6）意思決定の遅延と閉鎖化
（7）全社レベルでの失敗と下位階層での活用
（8）組織の重層化(マトリックスの中にさらにマトリックスを生じる現象)

これらは，ほぼすべてその通りであろう。しかし，それにもかかわらず，この形態の推進者は，状況の変化と複雑化がこの形態によらなければ克服できないことを強調し，多次元管理の効果に期待する。この点で重要なことは，この組織形態が一種の組織革命であり，従来の通念を放棄して新しい協働のあり方を求めなければならない，ということである。その要点は，両軸の管理者が権限を分割保有ではなく共同保有しているということ，両軸の交点上に位置している各組織単位（事業所，個人等）が，内容の異なる2元的コントロールの下で，成熟した組織単位としてそれらを統合しつつ主体的に問題解決型行動を展開すべきであるということ，の2点である。これらは，組織風土(organizational climate）ないし第 12 章で詳述する組織文化（organizational culture）を，命令・服従型（刺激・反応型）から自主調整・創造型（認知・判断型）に切り替える必要を物語っている。

　あらゆる革新には問題がつきまとう。それを克服した者のみが，革新による勝者になりうることを想起するべきである。最初から問題点にのみ固執することは，企業者性や挑戦の精神の放棄である。推進者たちは，このように主張するのである。

6 組織構造の現実と新動向

6.1 組織構造の原理と現実

　前の2章で,組織構造に関する諸原理を説明し,それに準拠しながら,各種の組織形態を発展的に考察してきた。そこで述べた組織構造の諸原理と諸形態は,現実に内在する一般的普遍性をもっているが,見方を変えれば,経営組織における現実の姿そのものではない。現実の経営組織では,それらが置かれている経済的・社会文化的状況により,原理や形態の適用が影響され,その意味では,それぞれが特殊な個性を帯びている。そのために,組織環境のコンティンジェントな属性を前面に押し出し,言い換えれば普遍性に加重される条件性を考慮に入れて,組織構造の現実形態を考察することが必要になる。以下この章では,具体的には,日本における組織構造の実態と新しい動向について考察する。

　組織形態の日本的現実については,これまでも断片的に言及してきた。その骨子は,組織構造に職位主義組織と部門主義組織とがあり,日本のそれは後者であるという点である。このことの説明を,ここでさらに詳細に展開する。

　また,組織形態の主要なものが職能部門制と事業部制であることも,すでに指摘した。このこと自体は,日本においても妥当する。しかし,職能部門制はともかく,日本の経営組織における事業部制は,本来の事業部制とはかなりかけ離れた実態になっている。そのことの説明をするとともに,近年,本来の事業部制に向かう動向が顕著になっていること,すなわち,日本においても,職能部門制のような集権的構造から事業部制を典型とする分権的構造へと移行する,発展の原理に即した改革を行わなければならない段階になったことを指摘する。さらに,このような動向の延長線上に現れている,いくつかの新しい組織形態の出現またはその可能性に及んで行きたい。

6.2 日本型組織：部門主義組織

　米国に代表される個人主義文化の国の組織は，個人の協働システムであり，個人の組織人格は，各人が公式に明確化された職務とそれに基づく職位をもつことによって確立されている。このような組織を職位主義組織と呼ぶことは，すでに述べた通りである。日本ではどうか。観念的には，同様に個人の協働システムであるが，組織内での具体的個人は，上のような形で組織人格を確立しておらず，没我，無私，連帯責任，会社人間などの用語に象徴されるように，組織の中に埋没してきたし，また，そうすることが望ましいとされてきた。このような特質を，組織構造面から考察してみよう。

　日本の経営組織の分業システムを規定する垂直的・水平的基準は，伝統的に職制（規程）と業務分掌規程である。職制（規程）は，部長・課長等の「長」役職（これらを職制と総称する）について，その職責を定めたものであるが，その規定内容は，「課長は課員を指揮監督して，課の分掌（所管）事項を遂行する」のような包括的記述にとどまっている。「課長」を「部長」に「課員」を「部員」に置き換えると，そのまま部長の職責規定になる。他方，業務分掌規程は，部・課等の組織単位について分担事項を定めたものであるが，その規定内容は，「一（ひとつ），○○に関する事項」のような記述の列挙になっている。ここで重要なことは，「関する」の解釈が非常な伸縮性をもつことである。ともあれ，このような二つの規程が，公式の業務分担を定めたものとなるが，それは，図6-1のように示される。

図 6-1　部門主義組織の構造

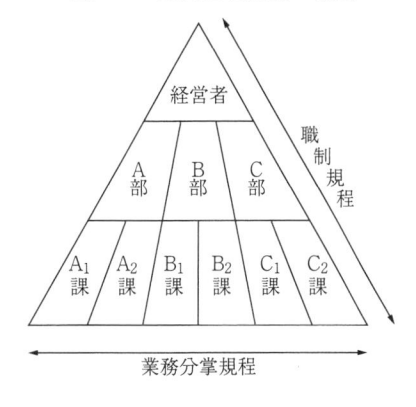

　この図に示される組織の最大の特色は，公式の最小業務分担単位が個人ではなくて，一定の単位組織になっていることである。この公式の最小業務分

担単位(単位組織)は，伝統的に「課」であるのが普通である。したがって，全体組織は，このような単位組織である課の連合体(coalition)である。単位組織内部の業務分担は，その長の指揮監督の下で構成員の参加を得て定められる。そこで，この単位組織内部の業務分担は，当該単位の外部に対しては非公式のものであるから，対外的には全員の連帯責任となり，「長」がその代表者となって，対外的全責任を負うことになる。

単位組織の内部業務分担は，構成員の経験と能力(これらの総称が「年功」である)を勘案して行われる。経験豊かな高能力者には困難で負担の大きな課業が，未経験の低能力者には軽易で負担の小さな課業が配分される。このことは，課業分担の不均衡を生じるが，あたかも大小さまざまな石が巧妙に組み合わされて強固な石垣を形成するように，「和」を基調とした人間関係による相互補完という運営の妙を通じて，組織としては弾力的でしかも凝集度の高い有機的システム(organic system)となっている。同じ比喩を用いれば，部門主義組織の石垣型に対し，職位主義組織は，標準化された職務をもつ職位を積み上げたブロック型というべきものになっている。それは，各担当者の職務を明確に規定し，それらの相互関係を定型化する機械的システム(mechanistic system)であり，その本質は官僚制(bureaucracy)である。なお，部門主義組織の課業分担の不均衡は，経験・能力の変化に応じた分担の組替えや異動・昇進によって，長期的に均衡化されることになる。

単位組織の性格は，「イエ」のそれに近似している。たとえば，単位組織の長は，イエの家父長と同様に，対外的には単位を代表する権限のすべてをもち，権限の反面として全責任を負う。また，対内的には，指揮監督の全権を掌握し，その反面として構成員を庇護・育成する義務を負っている。前者の対外面の象徴は，部門主義組織の基幹的意思決定システムである稟議(経営者に対し決済を仰ぐ仕組み)を発議できる権限である。稟議書は，単位組織の構成員によって作成されることが多いが，その発議は，単位組織の代表者(長)の名(ハンコ)においてでなければ行うことができない。後者の対内面を円滑に遂行する

ために，単位組織の長は，「和」を重視する集団維持を軸にしたリーダーシップの発揮を期待される。

このように見てくると，部門主義組織は，協調性のような集団帰属性の高い人間を歓迎する採用，年功序列を尊重する賃金や処遇，職場内教育訓練(on-the-job training, OJT)を重視する教育訓練などと結び付いて，日本型経営の諸特質を構成している点にも，注意する必要がある。

経営組織（全体組織）は部門という単位組織の連合体である，と述べた。しかし，この場合の連合は，たんなる横並びの結合ではない。単位組織という最小部門が，より大きな部門に内包され，そこで再び「イエ」の特質が発揮されるという状況が積み上げられて，全体組織が形成されているのである。したがって，全体組織は，企業（会社）レベルでまとまることもあるし，場合によってはそれを超えて，企業の集団・系列レベルに至ることもある。いずれにせよ，このような「部門」の重層システムとして組織が形成されているところに，部門主義組織（日本の経営組織）の特質がある。

このような部門重層型連合体としての組織では，各組織構成員は，まず単位組織に帰属し，2次的に上位部門に帰属するという関係を反復して，全体組織に帰属する。部門間には葛藤（conflict）がつきまとうが，関係者は「根回し」によってそれを調整し，上位部門の見地から葛藤を止揚して，帰属関係の統合を確保するよう努力する。そこには，重層的な集団主義が働いている。

前述したように，単位組織の典型は「課」である。その責任者・代表者である課長は，全体組織内で権限と責任を公的にもつ役職者の最低職位として認知されている。換言すれば，課長の地位は，権力を与えられる役職者の序列の入口に相当する。このような評価は，たんに個々の組織内に留まるものではなく，各経営組織が部長―課長という類似した職制システムをとるために，課長は，一定の裁量権をもつ地位 (status) の下限として，社会的にも評価され，認知されるのである。

以上述べたような，部門主義組織の特質は，個人主義の浸透，能力主義処遇

への転換,業績主義の報酬,多様な人材の必要,国際化の進展などの環境変化によって,次第に適応力を喪失し,変革を迫られている。その方向は,職位主義組織の特質を取り入れることにはなるが,完全に職位主義組織になるわけではない。なぜなら,職位主義組織にも,多くの欠陥があるからである。そこで,新しいタイプの組織を探求する革新が必要となるのである。

6.3 疑似事業部制とカンパニー制

日本の経営組織でも,事業部制はかなり以前から採用されてきた。しかし,その実態は,真の意味での事業部制になっていないものがほとんどである。具体的にいえば,前述した事業部の二つの条件,すなわち①自主性の高い組織単位と,②利益単位のうち,②の利益単位になっておらず,したがって①の条件だけを備えた単なる製品別組織単位を事業部と称しているのである。あるいは,事業部の利益計算はしているが,それを本来の趣旨に即して活用していない不完全事業部制である。このようになった最大の理由は,利益単位とすれば,それに伴う結果責任を,事業部長の人事考課,従業員の給与・賞与等に反映させなければならなくなるが,そうしたやり方は,日本の慣行である年功主義人事や平等主義賃金などに反するからである。このようにして,日本では,疑似事業部制 (quasi divisional system) が広く行われることになった。

しかし,環境の変化による競争の激化や国際化の進展は,このようなぬるま湯的疑似事業部制を許容しなくなった。そこで本来の事業部制への移行が行われるのであるが,事業部制の名称はすでに使用されていて,組織改革としての新鮮味に乏しい。そのために考え出された日本的呼称が「カンパニー制」にほかならない。その含意は,これも前述した事業部制の特質,すなわち事業部＝「企業内企業」＝会社内会社にある。なお,企業によっては,「社内資本金制度」「アソシエーテッド・カンパニー制」「部門別事業会社制」「社内分社制」などと称しているが,共通呼称として「カンパニー制」がほぼ定着したといって良い。

日本で最初にカンパニー制を採用したのは,ソニー(株)であった。同社は,

6 組織構造の現実と新動向 83

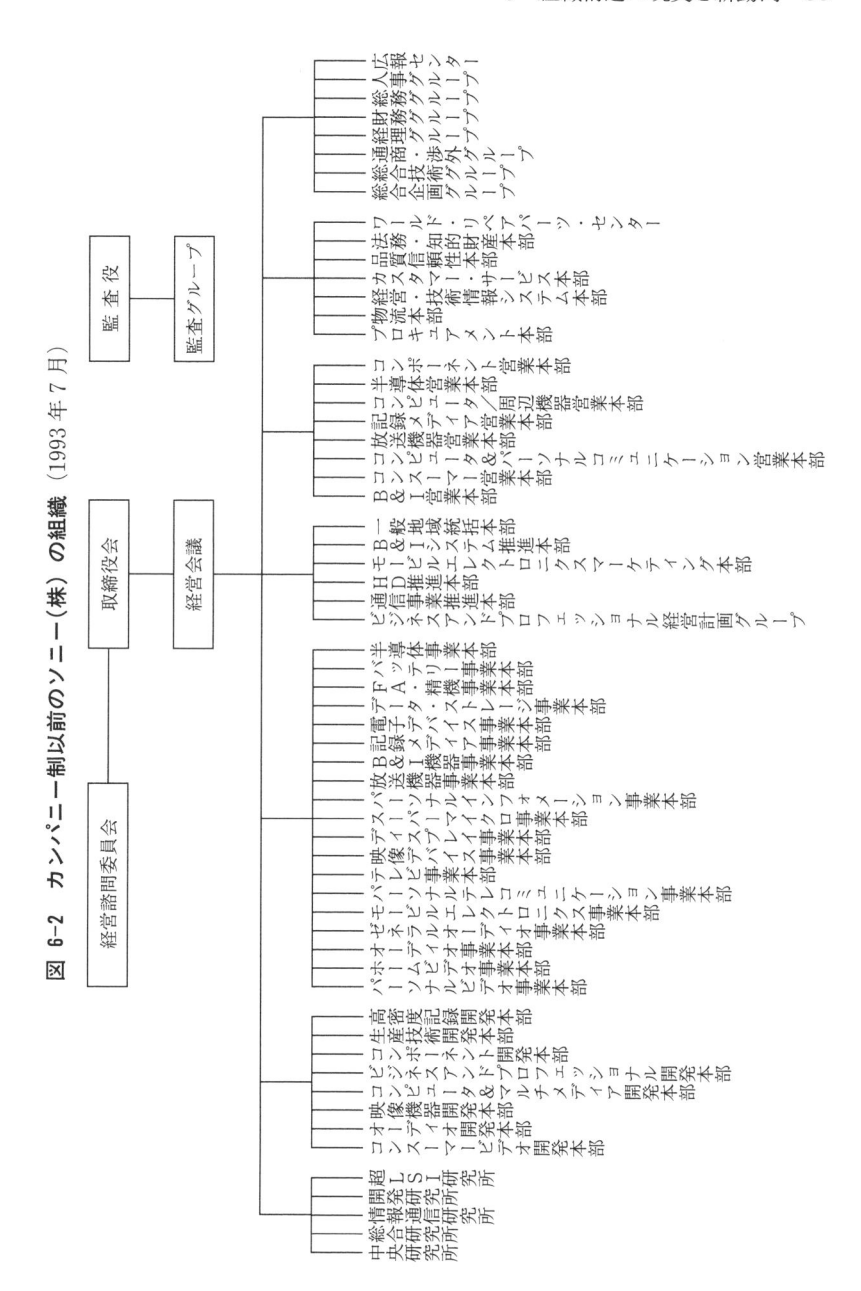

図6-2 カンパニー制以前のソニー(株)の組織(1993年7月)

経営諮問委員会

取締役会
経営会議

監査役
監査グループ

- 中央研究所
- 総合情報研究所
- 超LSI研究所
- 総合通信研究所
- 情報通信研究所

- コア技術開発本部
  - ビデオ映像メディア開発本部
  - コア映像機器開発本部
  - スマートビデオ開発本部
  - メタン&ロード開発本部
  - 記録メディア開発本部
  - 高密度技術開発本部
  - 生産技術開発本部

- ホームAVカンパニー
  - パーソナルビデオ事業本部
  - ホームビデオ事業本部
  - テレビ事業本部
  - オーディオ事業本部
  - モバイルエレクトロニクス事業本部
  - ディスプレイ事業本部

- 半導体&デバイスカンパニー
  - 電子デバイス事業本部
  - 記録メディア&エナジー事業本部
  - 放送・業務用機器事業本部
  - 精密・マイクロ機器事業本部
  - データシステム事業本部
  - FA事業本部
  - 半導体事業部

- 通信・ITカンパニー
  - DD&I 事業推進本部
  - モバイル推進本部
  - B to B 推進本部
  - 地域統括本部
  - 一般スタッフ
  - エレクトロニクスマーケティング本部
  - プロダクトマーケティング本部
  - コミュニケーション本部
  - 経営企画グループ

- ブロードキャスト&プロフェッショナル
  - BB放送&業務用営業本部
  - コンピュータ周辺機器営業本部
  - 記録メディア&エナジー営業本部
  - 半導体営業本部

- 物流本部
- 経理本部
- マーケティング本部
- カスタマーサービス本部
- 情報システム本部
- 品質本部
- 法務・知的財産本部
- 広報本部

- 人事本部
- 総務本部
- 財務本部
- 経理本部
- 企画管理本部
- 総合技術本部
- 総合渉外本部
- 広報ゲゲブ

1983年に本部制を採用し，全社を開発・事業・営業に3大分する大職能部門制をとり，それぞれ職能の内部を製品別に編成するシステムを採用していた。その状況は，図6-2のようであるが，組織形態的には，経営者の管理範囲が明らかに過大で，調整能力を超えるものがあると思われる。事実，事業本部や営業本部の細分化が行き過ぎて，市場の動きに追随できず，商品開発力が弱体化しつつあったという。

1994年，それまでのシステムを改めて，図6-3のような8カンパニー制(5グループカンパニーと3ディビジョンカンパニー）とした。グループカンパニーは，一定以上の売上規模をもち，かつ事業基盤が確立している事業ユニットであり，ディビジョンカンパニーは，売上は小さいが今後の成長が期待できる事業ユニットである。それぞれのカンパニーには，プレジデントが置かれ，社内資本金を持って損益計算を行い，利益責任を負っている。カンパニーが本来の

図 6-3　ソニー(株)のカンパニー制
（第1次，1994年4月）

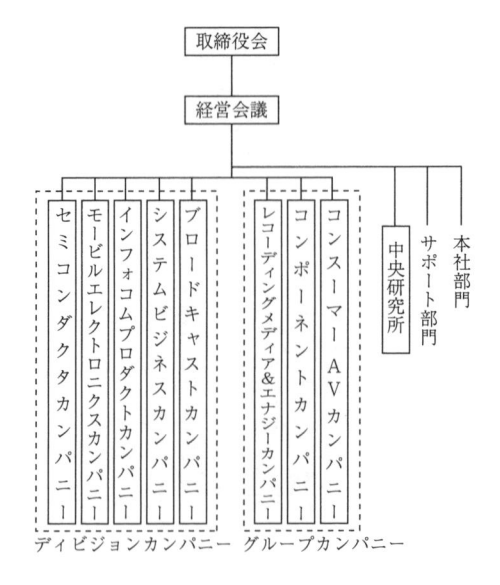

取締役会
経営会議

ディビジョンカンパニー
- セミコンダクタカンパニー
- モービルエレクトロニクスカンパニー
- インフォコムプロダクトカンパニー
- システムビジネスカンパニー
- ブロードキャストカンパニー

グループカンパニー
- レコーディングメディア＆エナジーカンパニー
- コンポーネントカンパニー
- コンスーマーAVカンパニー

中央研究所
サポート部門
本社部門

図 6-4　ソニー(株)のカンパニー制（第2次，1996年4月）

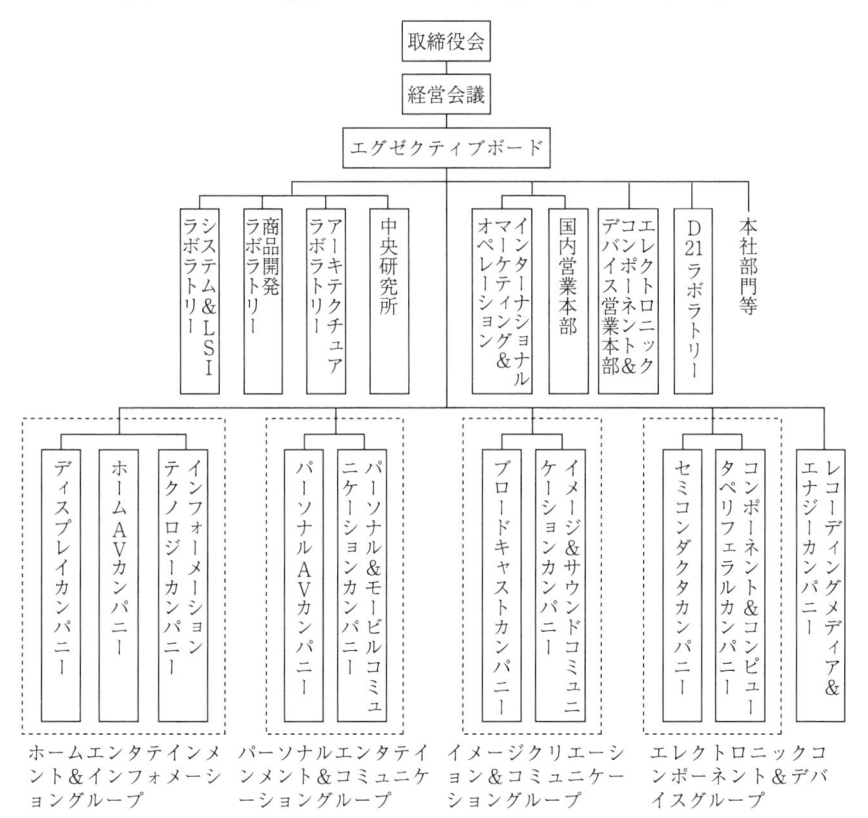

```
                          取締役会
                            │
                          経営会議
                            │
                       エグゼクティブボード
```

エグゼクティブボード直下：
- システム＆LSIラボラトリー
- 商品開発ラボラトリー
- アーキテクチュアラボラトリー
- 中央研究所
- インターナショナルマーケティング＆オペレーション
- 国内営業本部
- エレクトロニックコンポーネント＆デバイス営業本部
- D21ラボラトリー
- 本社部門等

ホームエンタテインメント＆インフォメーショングループ
- ディスプレイカンパニー
- ホームAVカンパニー
- インフォメーションテクノロジーカンパニー

パーソナルエンタテインメント＆コミュニケーショングループ
- パーソナルAVカンパニー
- パーソナル＆モービルコミュニケーションカンパニー

イメージクリエーション＆コミュニケーショングループ
- ブロードキャストカンパニー
- イメージ＆サウンドコミュニケーションカンパニー

エレクトロニックコンポーネント＆デバイスグループ
- セミコンダクタカンパニー
- コンポーネント＆ペリフェラルカンパニー
- レコーディングメディア＆エナジーカンパニー

事業部に，プレジデントが本来の事業部長に相当する職位であることは，いうまでもない。この改革によって，約580の部以上の部門組織は約450に削減され，それに対応して階層が減ってフラットな組織になった。さらに同社は，改革を手直しして，1996年に，図6-4のような第2次カンパニー制へ移行した。具体的には，最大規模であったコンスーマーAVカンパニーをディスプレイカンパニー，ホームAVカンパニー（音響・映像事業），パーソナルAVカンパニーに3分し，インフォーメーションテクノロジーカンパニー（通信とコンピュータの融合事業）を付け加えた。また，商品開発と営業部門を各カンパニーか

ら分離し,本社部門として一元的に管理することとした。この点は,カンパニーの自立性の縮小であり,本社機能の強化である。そして,商品開発については,これまでの中央研究所に加え,本社直轄のコーポレート・ラボラトリーとして,アーキテクチュアラボラトリー,商品開発ラボラトリー,システム&LSIラボラトリーの3研究所を新設した。

なお,このような組織改革に関連して,その後ソニー(株)は,本社経営者機関の改革も実施しているが,これについては,第14章を参照されたい。

このようなカンパニー制は,ソニー(株)のほか,三菱化学(株),(株)ダイエー,武田薬品工業(株),日立造船(株)などでも採用され,1990年代後半になって日本で急速に広まった。それはすなわち,本来の事業部制がようやく定着する傾向にある,あるいは採用しなければならない段階に来た,ということにほかならない。

6.4 分社制形態と持株会社利用形態

カンパニー制をさらに一歩進めて,その趣旨を徹底させるために各カンパニー(事業部)を法的に独立させ,法的分離・実質一体の組織集団を形成すると,分社制 (subsidiary company system) になる。しかし,「分社制」についても,日本の実態は,事業部制の場合と同様に,「疑似的分社制」と「真の分社制」があることに注意しなければならない。両者を区別する本質的要因は,「分社」が法的に別の会社になっているか否かにある。法的に別の会社になっていない疑似的分社制を,「社内分社制」ということがあるが,それがカンパニー制の別称であることは,前節で指摘した通りである。そこで以下では,単に「分社制」というときには,一定の組織単位を法的に分離するが,経営的には一体として活動する組織を指すことにする。

社内分社制は,カンパニー制と同一のものであるが,この呼称を使用した組織変革の事例を紹介して,その同一性を示すことにしよう。

1997年4月,松下電器産業(株)は,社内分社制を採用した。同社は,以前か

ら多数の事業部をもち，事業部制組織の代表的事例とされてきたが，多数の事業部を本社が直接管理することには，管理範囲の原則からして，当然に難点があった。そのために同社は，事業部の上級管理単位として，さまざまな試みを反復してきた。1986年の事業本部制，1991年の3部門制（事業本部の上に三つの部門を設けた），1994年の社長直轄（部門と事業本部の2階層を廃止し，多数の事業部を社長に直結するフラット化）がそれである。しかし，社長直轄によって上の難点が再現することは，自明である。この段階で事業部の数は，51に達していたからである。

このような事情から，四つの社内分社で構成するシステムが採用されることになったのである。その骨子は，図6-5のように示される。一部の事業部は，本社直轄に残されているが，4社内分社で全体の生産高の90％程度をカバーしているから，全社が社内分社制に移行したといって良い。各社内分社には（社内）社長が置かれ，事業分野ごとに経営責任を負い，技術や市場の変化に対応して，従来の事業部の枠を超えた大型投資や大胆な技術融合ができるようになっている。

図6-5 松下電器産業（株）の社内分社制（1997年4月）

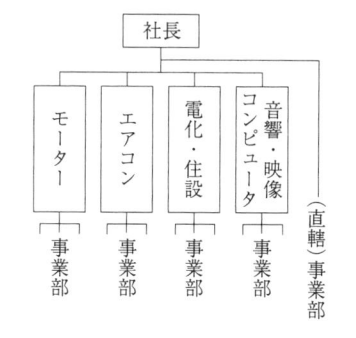

```
              社長
   ┌────┬────┬────┬────┬────┐
  モーター エアコン 電化・住設 音響・映像・コンピュータ
   │    │    │    │    │
  事業部 事業部 事業部 事業部 （直轄）事業部
```

このような社内分社制が，カンパニー制と実質的に同一であることは，明らかであろう。ただし，このような社内分社制が，その当時から急速に話題となってきたカンパニー制や分社制の動向に沿うものであるだけでなく，これもその当時から検討に入っていた持株会社を視野に入れていたことは確実であり，持株会社の解禁によってそれに対応した，以下に述べるような形態に移行する含みをもっていることを，見逃すべきでない。

1997年6月，独占禁止法が改正され，従来同法第9条によって禁止されてきた純粋持株会社（pure holding company）が，同年12月17日に解禁になった。

それ自体は法律問題であるが，これにより組織形態にも新しい可能性が開かれることになった。持株会社には，何らかの事業を営みながら他の会社の株式を所有する事業持株会社と，もっぱら他の会社の株式を所有するだけの純粋持株会社の2種がある。日本では，前者はこれまでも認められていて，株式の持ち合いなどに活用されてきたが，今回解禁されたのは，純粋持株会社である。

　純粋持株会社を頂点とし，傘下に複数の会社を置くような持株支配・一体経営の企業集団組織形態を形成することによって，傘下会社の売買を行う米国の場合ほどではないにしても，リストラの推進，新事業の育成・強化のような，産業構造の変化に対応する機動的経営と，経営効率の向上が大幅に可能になる。

　これが持株会社解禁の狙いであった。解禁後，持株会社はその意図通り利用されるようになったが，その典型的事例は，図6-6に示すNTTグループである。日本電信電話株式会社（NTT）は純粋持株会社として，地域別の固定電話事業，移動電話事業，海外を含む遠距離通信事業を営む子会社を統括し，電話サービスの確実な提供を図るとともに，次世代電話など電気通信の基盤的開発の推進とその成果の普及に努める機能を果たす。回線提供を含む固定電話事業は，関東・信越以北の東日本と静岡・北陸以西の西日本に分割され，地域を越えたも

図 6-6　NTTグループの組織
（2001年5月現在）

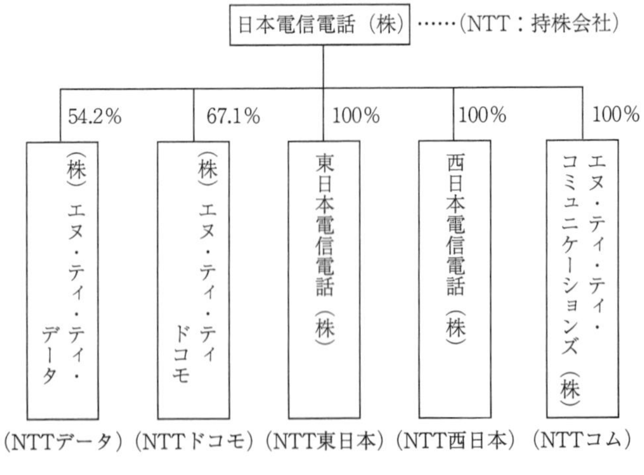

日本電信電話（株）……（NTT：持株会社）

54.2%	67.1%	100%	100%	100%
（株）エヌ・ティ・ティ・データ	（株）エヌ・ティ・ティ・ドコモ	東日本電信電話（株）	西日本電信電話（株）	エヌ・ティ・ティ・コミュニケーションズ（株）
（NTTデータ）	（NTTドコモ）	（NTT東日本）	（NTT西日本）	（NTTコム）

のは通称 NTT コムとして，それぞれ非上場の完全子会社として経営される。移動（携帯，PHS）電話やデータの通信事業は，自由化の関係で完全子会社としてではなく，支配権をもつ上場子会社として経営されている。

事業部制，分社制，および持株会社利用形態の間には，組織単位の自主性が

図 6-7　各種新形態の相互関係（同一企業の変容を仮定）

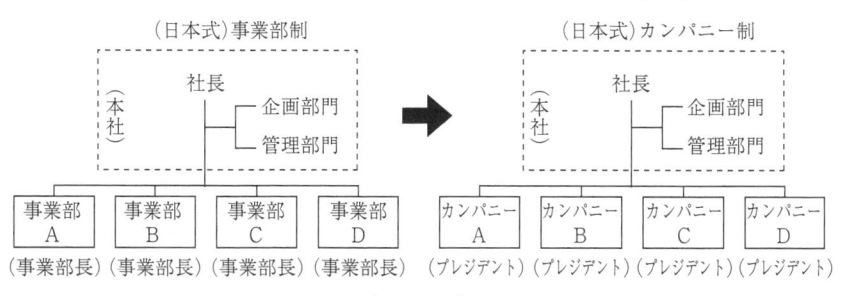

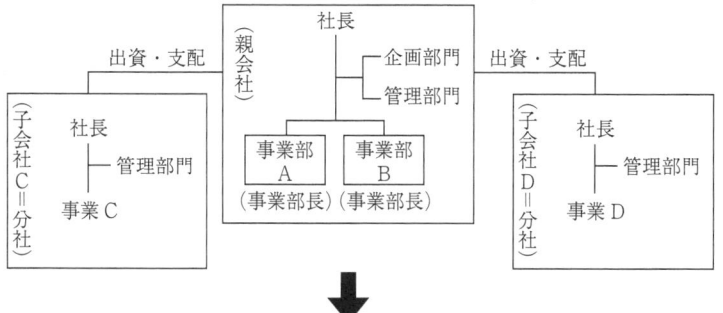

（日本式）事業部制

（本社）
社長
├企画部門
└管理部門

事業部A（事業部長）　事業部B（事業部長）　事業部C（事業部長）　事業部D（事業部長）

（日本式）カンパニー制

（本社）
社長
├企画部門
└管理部門

カンパニーA（プレジデント）　カンパニーB（プレジデント）　カンパニーC（プレジデント）　カンパニーD（プレジデント）

分社化（一部を事業部として残置すると仮定）

（親会社）
社長
├企画部門
└管理部門

事業部A（事業部長）　事業部B（事業部長）

出資・支配

（子会社C＝分社）
社長
└管理部門
事業C

出資・支配

（子会社D＝分社）
社長
└管理部門
事業D

（純粋）持株会社による事業会社統轄

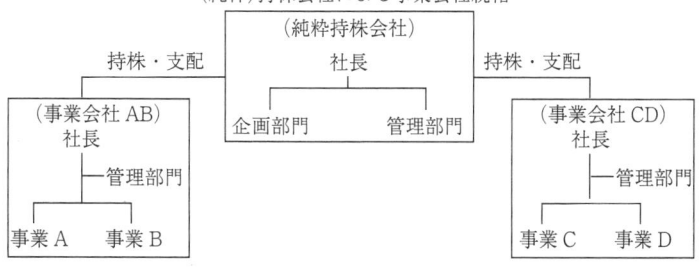

（純粋持株会社）
社長
├企画部門　　管理部門

持株・支配

（事業会社AB）
社長
└管理部門
事業A　事業B

持株・支配

（事業会社CD）
社長
└管理部門
事業C　事業D

次第に大きくなるという意味での発展動向が見られる。日本企業の場合では，同じことが疑似事業部制，カンパニー制ないし社内分社制，分社制，および（純粋）持株会社利用形態の間の発展傾向ということになる。それらを関連づけるようにモデルとして図示すると，図6-7のようになる。このような流れの中で，分社制は，原理的には，事業持株会社と純粋持株会社のいずれとも組合せ可能である。しかし，まだ分社制以降の流れが一般化していない現状では，どのような形態に落ち着くのか断定は困難である。

6.5 プロジェクト組織の動向：組織の弾力化

日本の経営組織は，表6-1が示しているように，プロジェクト・チームをかなり以前から導入し，既に相当の期間が経過している。その若干の具体的事例は，表6-2のようであるが，それが多用される分野を一般的にまとめると，新製品開発，新規事業進出調査，マーケティング，経営合理化，などであり，問題が組織の全体に及び，環境変化に適応するための経営戦略に関連するものが中心になる。

しかし日本の経営組織の中には，このような戦略的課題への対応という全社的レベル以外に，業務的課題への対応という部門的レベルで，プロジェクト・チームを活用する事例もある。その典型は，エンジニアリング企業に見られる。そこでは，プラントやダムのような建設工事（プロジェクト）を受注すると，その設計，機器の製造・外注，付帯工事発注，現地の工事や据付け，試運転，

表 6-1 プロジェクト・チームの導入状況 （関西生産性本部，1981）

資本金 \ 導入時期	1970年以前	71～75年	76～80年	不　　明	計
10億円以上50億円未満	55(18.7)	60(20.4)	37(12.6)		152(51.7)
50億円以上100億円未満	35(11.9)	14(4.8)	6(2.0)	1(0.3)	56(19.0)
100億円以上	47(16.0)	29(9.9)	9(3.1)	1(0.3)	86(29.3)
計	137(46.6)	103(35.0)	52(17.7)	2(0.7)	294(100.0)

注：数字は社数，カッコ内は％.

表 6-2 日本企業のプロジェクト・チーム形成のケース

目　的	企　業　名	形成・実行期日
経営戦略・事業開発関連		
経営戦略の策定	トヨタ自動車	95. 4.
新規事業の育成	ソニー	95.10.
経営体質の強化	ソニー	95.10.
規制緩和に対応した新規事業の開発	住友商事	93. 1.
地域開発・新規顧客開発	日揮	88.10.
短中長期的な経営基盤の強化	トヨタ自動車	93. 6.
リストラ・リエンジ関連		
外注費の削減，各種経費の大幅カット	日本ユニシス	93. 6.
経営体制の抜本的見直し	パイオニア	94. 1.
全社的な業務改善，新規事業の開拓	豊田工機	94. 4.
全社的問題の改善	三陽商会	93. 6.
管理部門の業務効率化の推進	川崎製鉄	93. 9.
製品企画から製造，出荷までの期間の大幅短縮	セイコー・グループ3社	95. 4.
製品別のコンカレント・エンジニアリング	シャープ	93. 1.
組織改革関連		
企画提案能力の強化のための組織改革	大成建設	86. 4.
4本部それぞれで発生する非日常的業務の解決	ヤマト運輸	93. 9.
研究開発関連		
新薬開発スピード化	鐘紡	91.12.
産業廃棄物の再資源化技術の開発	三菱重工	92. 5.
技術者の視野を広げ，全社的な商品開発力の強化	村田製作所	93.11.
新技術開発	神戸製鋼所	94. 6.
商品開発関連		
家庭用商品の開発	日清製粉	89.10.
トイレタリー分野での新製品開発	花王	92. 9.
新製品開発	本田技研工業	87.
ソーラーカー・レース用の車開発	本田技研工業	90.
戦略商品(マルチメディア商品)の開発	日立製作所	93. 8.
家電新商品の開発	日立製作所	94. 9.
新商品開発	資生堂	94. 4.
新商品開発	三和銀行	92. 6.
戦略商品関連の技術開発	ソニー	95. 8.
新商品開発	キッコーマン	95. 5.
マーケティング関連		
マーケティングの革新	花王	92. 9.
商品構成の見直し・新製品開発	ミズノ	92. 3.
総合力の結集による提案型ビジネスの強化	三菱商事	94. 4.

出所：林 (1997) 12頁.

引渡しに至る業務を，特定のチームに担当させる。それはまさに，プロジェクト・チームである。このようなチームは，フル・ターンキー方式（full turnkey base, 鍵を回せば設備が稼働する状態で引き渡す，付帯工事つきの建設プロジェクト契約)に典型的に見られるように，プロジェクトの完成まで数年にわたって継続するものも少なくなく，構成人員はプロジェクトの進展に応じて変化するが，規模もかなり大きいのが普通である。

このようなチームは，恒常的組織に近い性格を帯びることになるが，少なくとも次の二つの点で，恒常的組織と異なっている。

（1） プロジェクトの完成によって解散することが，事前に決まっている時限的組織である。

（2） チームの構成員は，プロジェクト・マネジャーを除き，プロジェクトの進行とともに入れ換えられ，固定的でない。

これらは，組織の弾力性ないし柔軟性を高め，環境適応能力を向上させる。

6.6 マトリックス組織の動向：組織の多元化

Davis = Lawrence(1977)によれば，マトリックス組織にも次のような発展段階があるという。

（1） 短期的複合：職能部門制にそれを横断するプロジェクト・チームを複合させた形態である。

（2） 恒久的複合：新製品開発のためのプロジェクト・チームが成功した場合，それを製品別組織に格上げし，縦軸は職能別，横軸は製品別という格子を形成した形態である。

（3） 成熟したマトリックス組織：二つの軸は完全に対等になり，職能別，製品別，地域別等の諸基準を自由に両軸の内容にした形態である。

（4） マトリックスの次にくる形態：マトリックス組織もまた歴史的発展の所産であり，それ自体ライフサイクルをもっている。組織は，マトリックス的な行動様式，システム，スタイル，風土を保ちながら，やがてそれから離れて，

表 6-3　マトリックス組織の採用状況　(関西生産性本部, 1981)

従業員数	採否 採用			非採用			回答会社	無回答会社
	全社的	一部	小計	計画中	当面考えない	小計		
1,000人未満	2(0.5)	4(1.0)	6(1.5)	1(0.3)	96(24.0)	97(24.3)	103(25.8)	4
1,000人以上 2,000人未満	1(0.3)	5(1.3)	6(1.5)	7(1.8)	88(22.0)	95(23.8)	101(25.3)	4
2,000人以上 5,000人未満	3(0.8)	10(2.5)	13(3.3)	8(2.0)	86(21.5)	94(23.5)	107(26.8)	4
5,000人以上	2(0.5)	13(3.3)	15(3.8)	3(0.8)	71(17.8)	74(18.5)	89(22.3)	3
全体	8(2.0)	33(8.0)	40(10.0)	19(4.8)	341(85.3)	360(90.0)	400(100.0)	15

注：数字は社数，カッコ内は回答会社数400社に対する％．

別の構造（おそらく多次元的構造）へと移って行くであろう．

　このようなDavis = Lawrenceの発展段階を参照するまでもなく，日本では，マトリックス組織の普及はきわめて低調である．この形態が言いはやされた当時の統計（表6-3）によっても，その採用は微々たるものであり，その後は，調査の対象にもならないほどだからである．それでも，「短期的複合」と「恒久的複合」の段階に相当する事例は，皆無というわけではない．

　短期的複合は，不完全マトリックス組織と言い換えることができよう．その日本における典型例としては，前節で述べたエンジニアリング企業の組織がある．そこでは，恒久的な職能別部門（縦軸：財務，人事，技術ないしエンジニアリング，製造，資材など）と，受注したプラントやダム建設など（プロジェクト）ごとに設定されるプロジェクト・チーム（横軸）が交差しているからである．このような組織の概要は，図6-8のように示される．この場合，個々のチームは，職能別部門とプロジェクト完成による解散までの期間は複合するが，受注とその完成の推移に応じて，チームが設置と廃止を反復する状態を通観すれば，職能別部門制とプロジェクト・チームとは，常に複合していることになり，実質的に恒久的複合に近づいて行くことになる．

　恒久的複合は，マトリックス組織のもっとも普通の状態であるが，日本でこの形態に達している組織は，まだ存在していないといえる．非常に不完全なが

図 6-8　エンジニアリング企業における不完全マトリックス組織

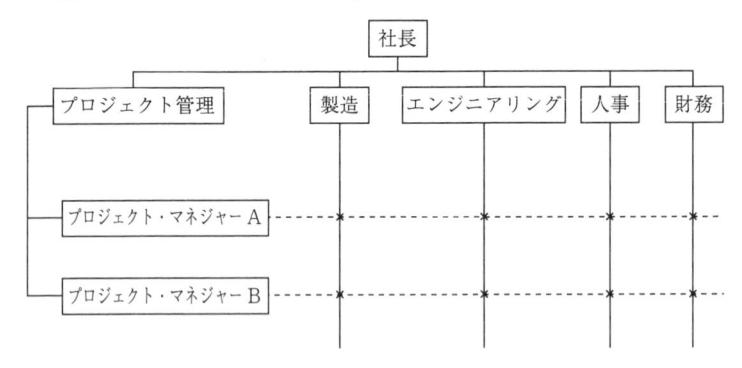

```
                    社長
     ┌───────┬──────┬────────┬─────┬─────┐
  プロジェクト管理  製造  エンジニアリング  人事  財務
     │        │      │         │     │
     ├─ プロジェクト・マネジャーA ─×──────×─────────×─────×─────×
     │        │      │         │     │
     └─ プロジェクト・マネジャーB ─×──────×─────────×─────×─────×
```

らこの形態に近いものをあえてあげれば，第8章で言及するグローバル企業の組織が，事業別と地域別のコントロールを併用する方向にあることであろう。

　以上のこれまでのこの章の内容をまとめると，日本の経営組織においても，自主化，弾力化，多元化の動向が，基本的な発展方向として看取できる。ただし，疑似的形態から真の形態に移行するなど，その動きには迂回的傾向が顕著であり，この点で，しばしば指摘される意思決定が遅いという日本企業の欠陥が，組織の環境適応にも現れているといわざるをえない。

7 経営戦略と組織構造

7.1 経営戦略の意義

経営組織の環境適応は,基本的に,経営目的の変更か環境状況の変更の二つのいずれかの方法によって行われる。これらを補足説明しよう。

(1) 経営目的の変更:環境状況の変化に適合するよう経営目的の内容を,全面的にか,部分的にか,変更または修正し,それによって環境に適合する。簡単な例は,売上高から利益に目的を変えることである。

(2) 環境状況の変更:経営目的は不変のまま,内外環境状況に働きかけ,それを自己に有利に変更することによって,目的を達成する。簡単な例は,広告によって需要を喚起して顧客を吸引することである。

ここでは,後者に焦点を絞る。この場合,環境のどの部分に働きかけるかが問題である。漫然と環境に働きかけることは,資源の浪費になるからである。そのために環境を構成する諸要因を次の2群に識別し,整理する。

(1) 戦略的要因(strategic factors):経営目的達成上,全体状況を左右する鍵となっている機会要因(チャンス:例,新しい発明)または隘路要因(ボトルネック:例,競争者の出現)。

(2) 補完的要因(complementary factors):戦略的要因以外のすべての環境要因。

戦略的要因を自己に有利に変革させるための手段選択の基本原理を,戦略(strategy)という。それは,行動のための意思決定の基本的ルールといってもよい。経営行動に関しても戦略が必要であり,それを経営戦略という。

このような戦略について,次の点に留意しておく必要がある。第1は,戦略の逐次更新の必要である。戦略の遂行や環境自体の変化により,戦略的要因と補完的要因の内容は入れ代わるから,それに対応して戦略も更新されなければ

ならない。第2は，戦略の相互作用性である。経営戦略は競争に深く関係するから，競争相手の戦略とのかね合いで，内容を変えて行かなければならない。つまり，戦略は，ゲームの様相を帯びるのである。第3は，戦略内容の多様性である。経営目的の多様化と環境の激動化は，戦略的要因の多元化を生み出す。このことは，戦略的要因の緊急度や深刻さに応じた優先順位づけ，カバーする活動範囲などによって，戦略内容を体系化する必要を生じる。もっとも広く使用されている経営戦略の体系は，次のような三つの戦略による階層体系である。

（1） 企業戦略（corporate strategy）：企業が全体としてどのようなドメイン（domain：事業分野）で活動すべきかを，独自能力と競争優位性に配慮し，時間軸に関連させて設計する。内容の中心を簡略に表現して，製品・市場戦略ということが多い。専業戦略とか多角化戦略は，企業戦略の代表的なものである。

（2） 事業戦略（business strategy）：選択されたドメインでいかに競争するか，の戦略である。端的にいえば，競争戦略である。

（3） 機能別戦略（functional strategy）：上の二つの戦略を遂行するために必要な資源の調達と有効利用に関する戦略である。財務戦略，研究開発戦略，生産戦略などである。

なお，単に経営戦略という場合，(1)の企業戦略すなわち製品・市場戦略だけを指していることが少なくない。ここでも，以下では特にことわらない限り，このように使用する。

7.2 戦略・組織の適合：「組織は戦略に従う」

Chandler（1962）は，米国の大企業70社の経営史的研究を行い，経営戦略と組織構造の関連を分析した結果，「組織構造は経営戦略に従う」という命題を主張した。

彼によれば，各種の組織形態は，各企業の異なる成長方式から生まれる。企業の成長を計画し実行すること，換言すれば，企業の長期的・基本的な経営目的を決定し，それら諸目的を遂行するために必要な行動様式を採択し，諸資源

を割り当てることが，戦略である。成長によって拡大された活動と資源を管理するために案出された組織の仕組みが，構造 (structure) である。かくて，組織構造は，戦略に従って作られ，きわめて複雑な組織は，いくつかの基本的戦略の結合から生まれると見なされる。

具体的には，成長とともに戦略と組織構造は次のような展開をたどる。企業は最初，工場，店舗，倉庫のような単一現業組織から出発し，それらは一つの事業（業種）を一つの場所で営み，製造，販売，保管等のいずれかの単一職能に特化している。このような企業は，まず量的拡大戦略をとるが，この段階では，一地域で単一職能（例：製造）を複数の現業部門で効率的に遂行させるための管理部門が必要である。次に地理的分散戦略がとられ，依然として単一職能（例：製造）であるが，複数の地方現業単位（例：工場，事業所）が開設され，それらを管理し統合するために，部門構造と本部 (headquarter) が必要になる。米国では，鉄道業，鉱山業などが，すでに 1850 年頃から地理的分散戦略による部門構造・本部制の展開を示している。

次の発展戦略は，垂直統合戦略である。たとえば，成功した製造企業が，販売（営業所）と保管（倉庫）を自らの傘下に置くなどである。一般化すれば，二つ以上の時間的な前後関係で相互依存する機能（このような機能を特に職能と呼ぶ：第 5 章参照）を一つの経営組織に取り込むことである。そこでは，職能部門制組織 (multidepartmental structure) とそれを統括する本社 (central office) が必要になる。鉄鋼会社が鉱山会社を買収するような後進的統合 (backward integration：川上統合ともいう) と，製造会社が販売店を組織する前進的統合 (forward integration：川下統合ともいう) の 2 方向がある。米国における垂直統合による職能部門制の先駆は，1890 年頃の鉄鋼業や電機産業である。

最後の発展戦略は，多角化戦略である。企業は既存製品・事業の成熟・衰退等の理由から，既存経営資源の有効活用のために新しい製品・事業に進出する。複数の製品・事業について経営資源の戦略的配分と効率的運用を調整するためには，事業部制組織とそれを統括する総合本社 (general office) が適している。

図 7-1 Chandler（1962）の戦略・組織の適合関係展開

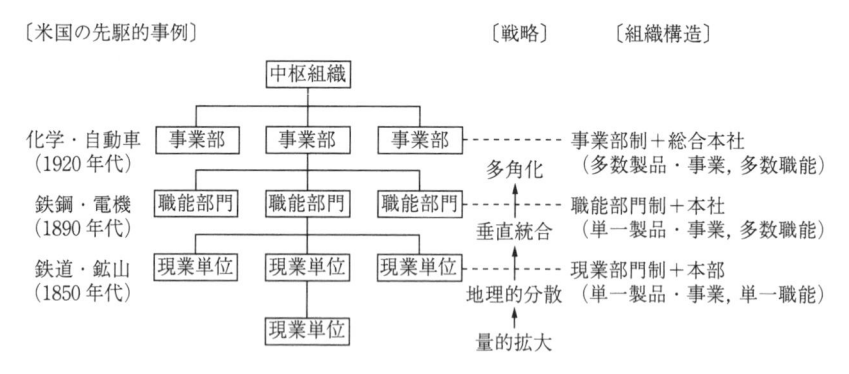

〔米国の先駆的事例〕　　　　　　　　　　　　　〔戦略〕　〔組織構造〕

化学・自動車（1920年代）：事業部制＋総合本社（多数製品・事業，多数職能）　← 多角化
鉄鋼・電機（1890年代）：職能部門制＋本社（単一製品・事業，多数職能）　← 垂直統合
鉄道・鉱山（1850年代）：現業部門制＋本部（単一製品・事業，単一職能）　← 地理的分散
　　　　　　　　　　　　　　　　　　　　　　　　　← 量的拡大

米国では，1920年代の化学と自動車の産業に，多角化戦略による事業部制の先駆を見ることができる。以上の経過をまとめると，図7-1のようになる。

Chandler（1962）が全体として強調しようとしたのは，次の2点である。

（1） 人口，所得，技術等の環境要因の変化は，経営戦略の変更を要請する。新しい経営戦略の創出に失敗した企業，およびそれに適合した組織構造を採択できなかった企業は，衰退した。

（2） 経営者が経営戦略の策定という革新的問題に目を向けられるか否かは，彼の能力や視野（vision）のほか，現行組織が関係する。現業活動への関与が大きすぎる場合，換言すれば例外の原則を守らない場合，革新への対応力は低下する。そこで，経営者を革新に専念させるような組織構造が必要になる。

このようなChandlerの戦略・組織適合命題は，組織成長の細胞分裂モデルに歴史的事実を盛り込んだものと見なすことができる。すなわち，部分組織（現業単位，職能部門，事業部）の水平的展開が，順次，上級管理組織を生み出し，組織はまず水平的に，次いで垂直的上層へという発展を反復することを，いろいろな産業に共通する普遍的事実として確認したのである。それはまた，企業がある段階に到達すれば，特定の戦略が必要になり，そのことが組織構造の変容を必然的に求めるようになる，という意味では，組織成長の変容モデルの実証でもあると見なされる。

図 7-2 経営戦略と組織構造の適合の諸モデル

Chandler, A. D. Jr., 1962	Scott, B. R., 1971	Salter, M., 1970
量的拡大戦略 単一職能部門＋管理部門	【stage 1】 単一製品拡大化戦略 単一職能部門	【stage 1】 単一製品拡大化戦略 単一職能部門
地理的分散戦略 部門構造＋本部		
垂直統合戦略 職能部門制＋本社	【stage 2】 単一製品垂直統合戦略 職能部門制	【stage 2】 単一製品垂直統合戦略 職能部門制
製品多角化戦略 事業部制＋総合本社	【stage 3】 製品多角化戦略 事業部制	【stage 3】 製品多角化戦略 地域別事業部制
		【stage 4】 製品多角化戦略 製品別事業部制

注：Chandler (1962) および Galbraith＝Kazanjian (1986) の記述より作成．

　Chandler (1962) 以後，戦略・組織の適合関係を発展的に整理する同様の試みが行われた。それらのうち，Scott, B. R. (1971) と Salter (1970) のモデルを Chandler のモデルと対照させて見ると，図 7-2 に見るように，多少の表現の相違はあるが，基本的に Chandler と同じであることがうかがえる。

7.3　戦略・組織の適合と経済的業績

　戦略・組織の適合は，単に適合させることに意味があるのではなく，それによって経営組織の有効性，具体的には組織目的の達成を実現しなければならない。この点に注目した Rumelt (1974) は，戦略と組織が適合している企業は高い業績を上げ，それらが不適合の企業は低い業績しか上げられない，との仮説を立て，その検証を行った。そのためにまず，次のように操作性の高い基準を使用して，経営戦略を最終的に 9 種類に区分した。

　（1）　単一事業 (single business)：総売上高の 95% 以上を単一事業（製品）が占めている。

（2） 主力事業（dominant business）：総売上高の70〜95％を主力事業（製品）が占めている。

① 主力事業・垂直統合型（vertical integrated）：垂直率が0.7以上である。

② 主力事業・集約型（dominant constrained）：非主力事業は主力事業と共通の技術ないし流通経路をもっている。

③ 主力事業・連動型（dominant linked）：非主力事業は主力事業となんらかのつながりをもっている。

④ 主力事業・無関連型（dominant unrelated）：非主力事業と主力事業はなんらのつながりもない。

（3） 関連事業（related business）：総売上高の30〜70％が基幹事業（製品）によっている。

① 関連事業・集約型（related constrained）：各事業は共通の技術ないし流通経路をもっている。

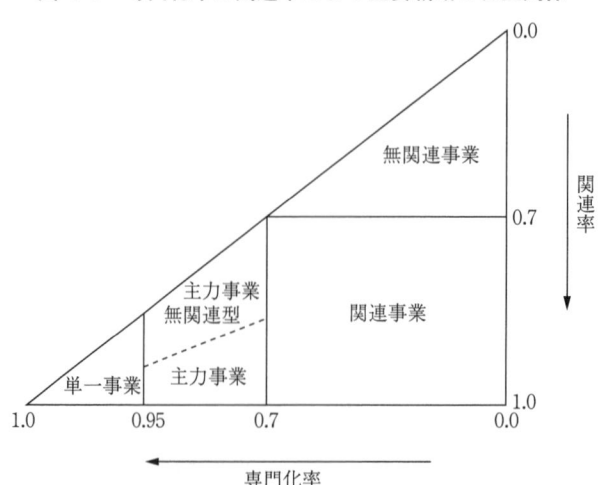

図 7-3　専門化率と関連率による主要戦略の相互関係

出所：Rumelt (1974) p.31.

②関連事業・連動型（related linked）：各事業はなんらかのつながりをもっている。
（4）無関連事業（unrelated business）
①無関連事業・消極型（unrelated passive）：買収に消極的なもの。
②取得型コングロマリット（acquisitive conglomerate）：積極的に買収するもの。

これらの分類に使用されている主要な戦略の相互関係は，図7-3のように示される。また，そこに現れている垂直率，専門化率，および関連率の計算は，それぞれ次のように行われる。

$$\text{垂直率}(VR) = (\text{垂直統合している生産活動の副産物・中間製品・最終製品売上高}) \div (\text{総売上高})$$

$$\text{専門化率}(SR) = (\text{最大単一事業の売上高}) \div (\text{総売上高})$$

$$\text{関連率}(RR) = (\text{最大単一関連事業群の売上高}) \div (\text{総売上高})$$

Rumelt (1974) はまた，組織構造の種類として，次のような5種をあげている。
（1） 職能別部門組織（職能部門制）
（2） 副次的事業部を備えた職能別部門組織：全体としては職能部門制であるが，一部に事業部制を併用しているもの（例：国内事業＝職能部門制，国外事業＝国際事業部：第8章参照）
（3） 製品別事業部制
（4） 地域別事業部制
（5） 持株会社

以上のように定義された戦略と組織について，それらの相互関係を調査した結果は，表7-1のようになった。また，時代の推移による主要組織構造の採択状況は，図7-4のようになった。これらは，時代の推移，換言すれば企業の発展により，多角化戦略が採用されるようになり，それに対応して，事業部制組織が多くなることを示している。なお，Rumelt (1974) の戦略分類を使用したScott, B. R. (1973) の調査結果（表7-2）もまた，同様の傾向を示している。

表 7-1 上位 500 社における戦略と組織構造（Rumelt, 1974）

年	戦略	各構造の割合				
		職能別	副次的事業別を備えた職能別	製品別事業部制	地域別事業部制	持株会社
1959	単一事業	90.6	5.8	0	3.6	0
	主力事業	36.4	22.4	34.5	4.2	2.5
	主力事業・垂直統合型	41.7	20.8	34.5	3.0	0
	主力事業・集約型	46.1	20.9	25.6	4.3	3.1
	主力事業・連動型＋主力事業―無関連型	0	29.5	56.9	6.8	6.8
	関連事業	20.1	8.3	71.6	0	0
	関連事業・集約型	26.1	9.9	64.0	0	0
	関連事業・連動型	4.0	4.0	92.0	0	0
	無関連事業	0	0	93.3	0	6.7
	無関連事業・消極型	0	0	91.8	0	8.2
	取得型コングロマリット	0	0	100.0	0	0
1969	単一事業	62.3	14.2	14.2	9.3	0
	主力事業	20.7	17.5	60.3	1.5	0
	主力事業・垂直統合型	32.2	22.6	45.2	0	0
	主力事業・集約型	14.2	6.2	73.5	6.2	0
	主力事業・連動型＋主力事業―無関連型	0	17.8	82.2	0	0
	関連事業	2.9	6.6	89.5	1.0	0
	関連事業・集約型	4.1	9.7	86.3	0	0
	関連事業・連動型	1.9	3.7	92.5	1.9	0
	無関連事業	0	2.3	85.3	0	12.4
	無関連事業・消極型	0	5.2	94.8	0	0
	取得型コングロマリット	0	0	77.8	0	22.2

　戦略・組織の適合がどのような経済的業績をもたらすかについては，ここでは，適合企業が高業績を，不適合企業が低業績であることを知れば十分である。その一端は，優良企業500社が適合を示す表7-2にうかがうことができる。

図 7-4　組織構造の推移（Rumelt, 1974）

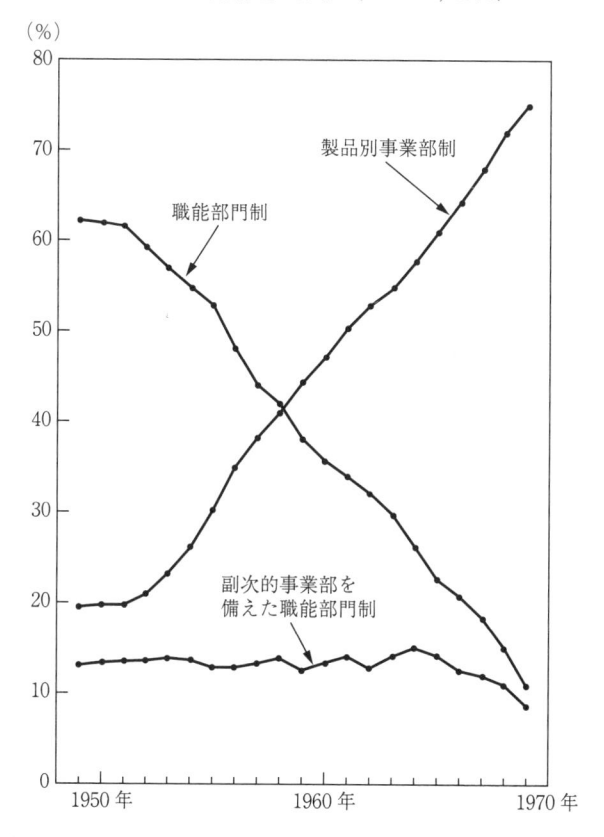

（グラフ：1950年〜1970年の組織構造の推移。職能部門制は約62%から約10%へ減少、製品別事業部制は約20%から約75%へ増加、副次的事業部を備えた職能部門制は約13%前後で推移）

表 7-2　Fortune 500（1967）における戦略と組織構造の関係

戦　略	割合(%)	職能別組織	事業部制組織
単 一 事 業	6	6	0
主 力 事 業	14	5	9
関 連 事 業	60	3	57
無関連事業	20	0	20
計	100%	14%	86%

出所：Scott, B. R. (1973).

7.4 戦略・組織の適合への新しい視点：重心

経済社会の生産の流れを，資源の栽培・採掘（農林水産業，鉱業など）から最終消費に至る形でとらえることができる。この流れを構成する生産段階は，上流から下流に向かって，原材料生産，素材生産，加工生産，製品生産，卸売，小売のようになっている。特定の企業は，このような過程のいずれかを事業展開の軸足にしている。このような軸足を，重心（center of gravity）という。Galbraith = Kazanjian(1986)は，次の3点からこのような重心の重要性を強調する。

（1） 企業は，特定段階の事業に重心を置く。

（2） 初期の成功が，経営理念，思考方法，経営管理システム，組織，活動過程の根幹を形成する。これらの全体を，経営文化（経営風土，社風）という。

（3） 重心が上流（川上）にあるか，下流（川下）にあるかによって，企業は異なる経営文化をもつ。

ここでは，当面，（2）のうちの経営管理システム（その中心は経営戦略である）と組織，およびそれとの関係で（3）に注目しよう。

Galbraith = Kazanjian(1986)は，上流と下流の事業特性を，表7-3のように示している。同一業種（industry）に属すると見られている企業でも，重心の位置により，性格が非常に異なってくる。図7-5は，米国の紙業関連5社の状況を示したものである。斜線部分は，各社の垂直統合範囲を示しているが，幅のもっとも広い部分が各社の重心になる。すなわち，Weyerhaeuserは原料材生産を，International Paperは製紙を，Container Corporationは原紙加工（fablicator）を，Appletonは紙製品を，P & G（Procter and Gamble）は紙関連消費者製品を，それぞれ重心にしている。上の表からすれば，上流寄りに重心のある企業ではライン中心の組織が適合しているが，下流寄りに重心が移動するに従ってスタッフ組織の比重が高まってくることになる。すなわち，同じ垂直統合戦略をとっても，重心の位置によって適合する組織は異なるのである。

表 7-3 重心の位置による事業特性

上　　流　（川　上）	下　　流　（川　下）
均質商品（commodity） 標準化生産 顧客最大化指向 低コスト 販売によるプッシュ ライン組織 生産過程革新 資本予算 資本集約型 技術的ノウハウ 供給・取引/製造・エンジニアリング	個性商品（proprietary） 注文生産 標的顧客指向 高マージン マーケティングによるプル ライン・アンド・スタッフ組織 製品革新 研究開発/広告予算 人間集約型 マーケティング技能 製品開発/マーケティング

出所：Galbraith = Kazanjian (1986) p.53.

図 7-5 紙業関連 5 社の垂直統合と重心

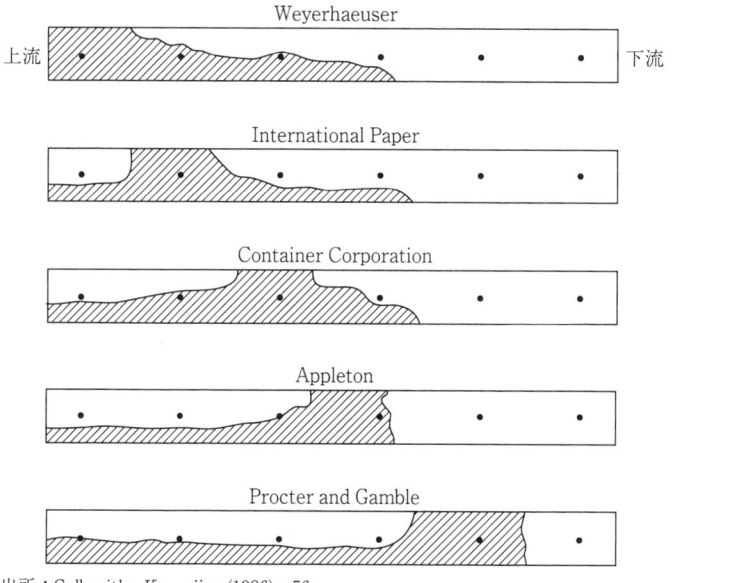

出所：Galbraith = Kazanjian (1986) p.56.

図 7-6　ALCOA 社の副産物多角化

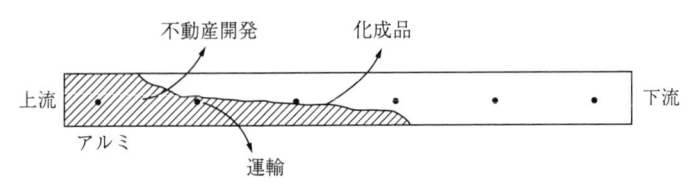

出所：Galbraith = Kazanjian (1986) p.57.

　多角化戦略に重心概念を重ねると，一層精緻な分析が可能になる。Galbraith = Kazanjian は，多角化戦略をさらに四つのタイプに分けて，次のように分析している。第1は，付加的収益・利益源泉を探求する副産物多角化（by-product diversification）である。たとえば，図7-6の ALCOA（Aluminum Co. of America）は，アルミを原点（重心）とし，不動産開発，運輸，化成品に多角化した。それらは，それぞれ市場を異にするから，分権的に管理される。

　第2は，中核事業から関連事業へ多角化する関連多角化（related D.）である。これにはさらに，(1) 重心を移動させないで多角化するものと，(2) 重心を移動させて多角化するものとがある。(1)が固有の関連多角化であり，(2)を特に中間多角化（intermediate D.）と呼んで，別に扱う。関連多角化の典型は 前出のP＆G であり，図7-7のように示される。同社は，石鹸を原点（重心）とし，① ショートニング（パイなどをさくさくさせる脂肪）・食油，② 製菓用配合食材，③ 歯磨き剤，④ 薬品，⑤ コーヒー，⑥ 清涼飲料，⑦ 紙製品と多角化した。この多角化の特色を見ると，③ までは類似技術（生産シナジー）と共通原材料（集中購買＝購買シナジー）によるが，④ 以降は，生産や技術の関連性は低い。しかし，全分野とも共通の流通経路と販売促進が使用できる（販売シナジー）。要するに，原点から遠くなるほど，関連度は低下する。また，各事業の垂直統合度は様々である。以上の特質から，各事業はブランド・マネジャーにより管理されるシステムがとられることになる。

　第3は，中間多角化である。これは，Rumelt (1974) の区分の関連事業・連動型に相当する。それは，幾分か関連する事業を，いくつかの重心によって経

図 7-7 P & G 社の多角化

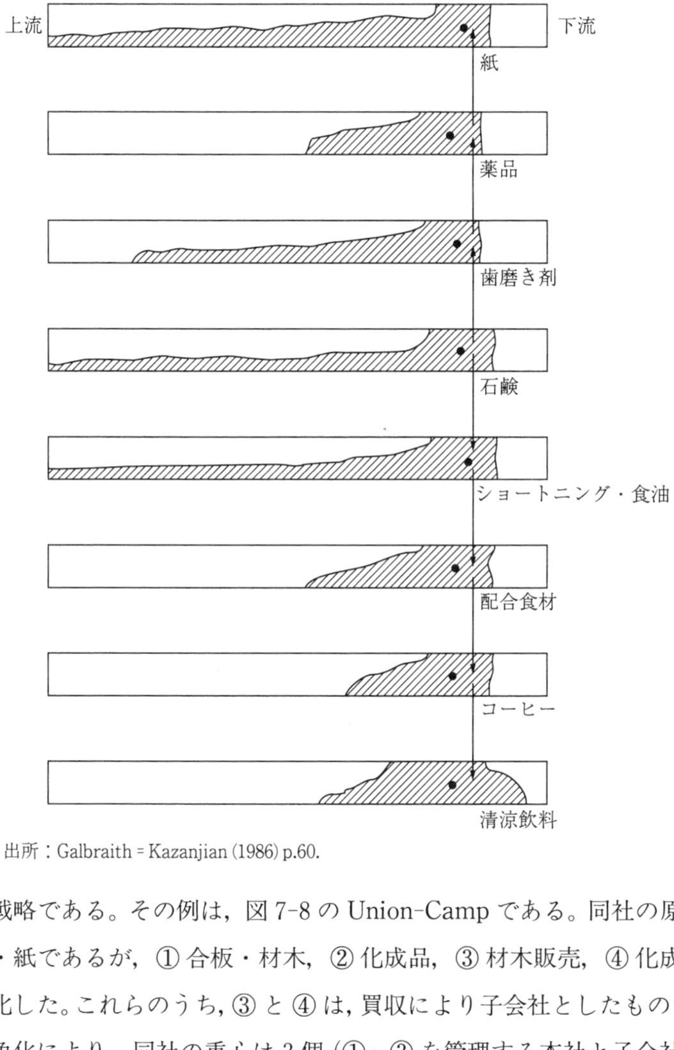

上流 ─────────────────●─ 下流
　　　　　　　　　　　紙

　　　　　　　　　　　●
　　　　　　　　　　薬品

　　　　　　　　　　　●
　　　　　　　　　歯磨き剤

　　　　　　　　　　　●
　　　　　　　　　　石鹸

　　　　　　　　　　　●
　　　　　　　ショートニング・食油

　　　　　　　　　　　●
　　　　　　　　　配合食材

　　　　　　　　　　　●
　　　　　　　　　コーヒー

　　　　　　　　　　　●
　　　　　　　　　清涼飲料

出所：Galbraith = Kazanjian (1986) p.60.

営する戦略である。その例は，図 7-8 の Union-Camp である。同社の原点は，パルプ・紙であるが，①合板・材木，②化成品，③材木販売，④化成品販売と多角化した。これらのうち，③と④は，買収により子会社としたものである。この多角化により，同社の重心は 3 個（①～③を管理する本社と子会社 2 個）となり，しかも上流と下流に分散することとなった。そこで同社の組織は，事業部制と子会社から構成される混合組織となるのである。

　最後は，無関連多角化（unrelated D.）である。それは，事業の買収・売却を

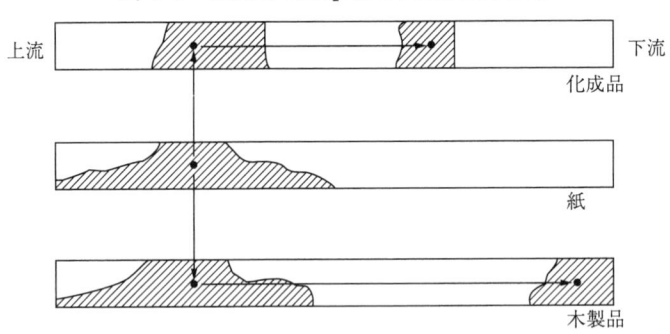

図 7-8　Union-Camp 社の戦略的重心移動

上流　　　　　　　　　　　　　　　　　下流
　　　　　　　　　　　　　　　　　　化成品

　　　　　　　　　　　　　　　　　　紙

　　　　　　　　　　　　　　　　　　木製品

出所：Galbraith = Kazanjian (1986) p.64.

多用して，事業分野にこだわらず関連性のない複数事業分野に展開する戦略である。たとえば，American Can は，重心1個で本社による集権的事業部制をとり，金属容器，金属材料，プラスチック，紙容器を生産していたが，紙容器事業を売却し，小売と金融サービス事業を買収して，既存中核事業（金属容器＝重心①）と買収した2事業（重心②＝小売と③＝金融サービス）を経営する分権的組織に変容した。これにより，本社は，1,500人から300人に縮小した。

　以上にみるように，重心概念の導入は，特に戦略の理解に深みを加え，戦略・組織の適合が多様であることを示唆したのである。

7.5　戦略・組織の適合の多様性

　Chandler (1962) に始まる戦略・組織の適合論は，有益なモデルを種々提供したが，ステージ1からステージ2へのように，発展・成長に即した方向性を追求するのみで，撤退・縮小のような問題は，少なくとも表面に現れていない。しかし，環境状況によっては，撤退や縮小が適正な適合策であり，そうすることが長期的に見た場合の企業の存続・成長につながる場合も少なくない。そのような，撤退戦略や縮小戦略とそれに適合した組織の変革という問題を包含したモデルこそが，真の戦略・組織適合モデルになるはずである。

7 経営戦略と組織構造　109

図 7-9　Galbraith-Kazanjian の総合的発展段階モデル

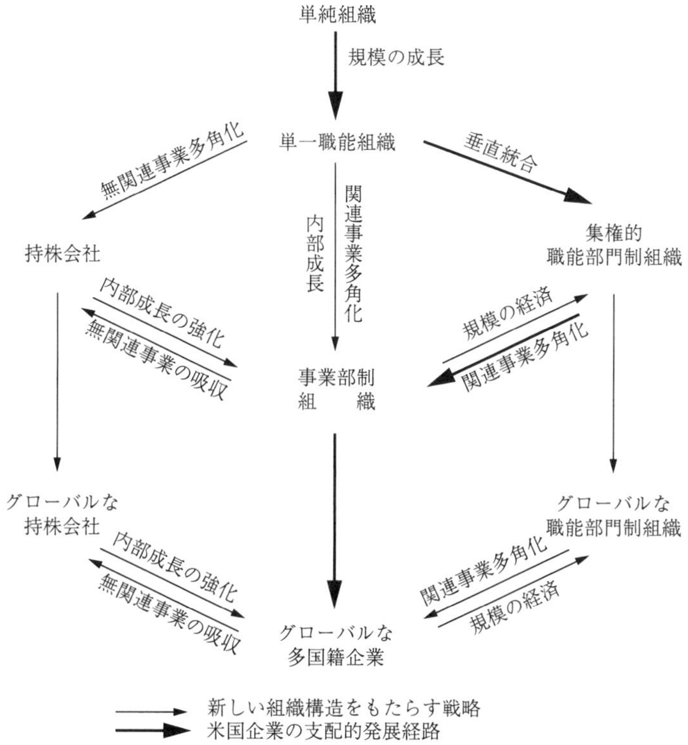

```
                        単純組織
                           │ 規模の成長
                           ▼
        無関連事業多角化    単一職能組織    垂直統合
      ┌─────────────       │関        ─────────┐
      ▼                    │連              集権的
   持株会社              内│事            職能部門制組織
      │ ▲ 内部成長の強化   部│業           ▲  │
      │ │                 成│多   規模の経済 │  │
      │ │ 無関連事業の吸収 長│角           │  │関連事業多角化
      │ │                   │化 ◀─────────┘  │
      ▼ │                   ▼                   ▼
                          事業部制
                          組　　織
                             │
                             ▼
   グローバルな                              グローバルな
   持株会社                                 職能部門制組織
      ▲ 内部成長の強化      関連事業多角化      ▲
      │                                         │
      │ 無関連事業の吸収       規模の経済        │
      ▼                                         ▼
                         グローバルな
                         多国籍企業
```

─────▶　新しい組織構造をもたらす戦略
━━━━▶　米国企業の支配的発展経路

出所：Galbraith = Kazanjian (1986) p.139.

　このような方向に沿うモデルとして，Galbraith = Kazanjian（1986）の図7-9のような総合的段階モデルをあげることができよう。このモデルは，一国内の事業活動に関する戦略・組織の適合だけでなく，次章で扱う国際化戦略とそれに関する戦略・組織の適合を含んだ，グローバル・モデルになっている。さらに彼らは，このモデルにおける事態の展開の一般的基準を，図7-10のように示している。そこには，より高次の戦略・組織の適合を追求するか，それを断念するかが示されているが，その最終的判断は，経営者の政治的過程に委ねられるとしている。

図 7-10 戦略, 組織構造および業績の関係

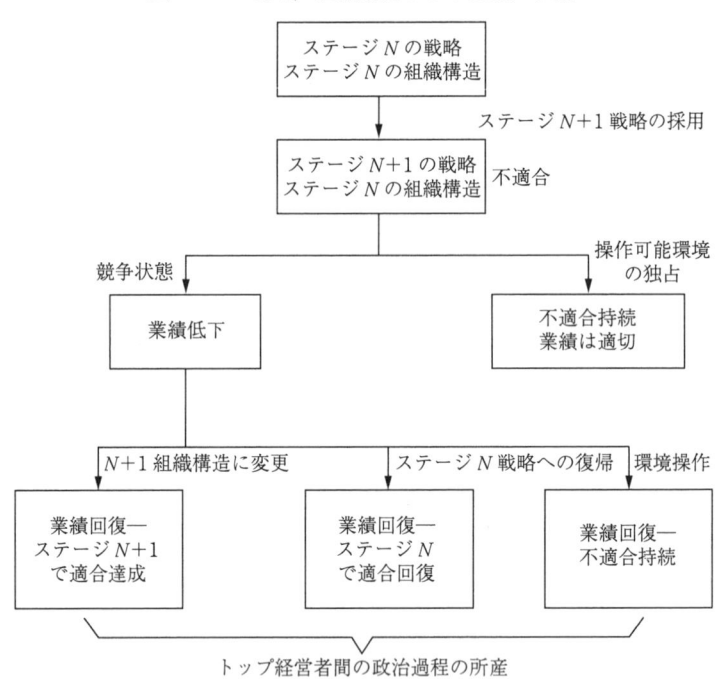

```
        ┌──────────────┐
        │ ステージNの戦略 │
        │ ステージNの組織構造│
        └──────┬───────┘
               │ ステージN+1戦略の採用
               ▼
        ┌──────────────┐    不適合
        │ステージN+1の戦略│
        │ステージNの組織構造│
        └──────┬───────┘
      競争状態 │        操作可能環境の独占
        ┌─────┴─────┐
        ▼           ▼
    ┌────────┐  ┌──────────┐
    │ 業績低下 │  │ 不適合持続 │
    │        │  │ 業績は適切 │
    └────┬───┘  └──────────┘
  N+1組織 │ ステージN戦略  環境操作
  構造に変更│ への復帰
  ┌──────┼──────┬──────┐
  ▼      ▼      ▼
┌──────┐┌──────┐┌──────┐
│業績回復─││業績回復─││業績回復─│
│ステージN+1│ステージN ││不適合持続│
│で適合達成││で適合回復││       │
└──────┘└──────┘└──────┘
```

　　　　トップ経営者間の政治過程の所産

出所：Galbraith = Kazanjian (1986) p.143.

8 経営の国際化戦略と組織構造

8.1 経営の国際化と組織問題

　経済の国際化を個別企業のレベルで見れば，経営の国際化になる。それは，経営活動が国境を越えて展開されることによって生じる経営構造と経営行動の創発・変容の過程である。このような経営の国際化が創発される動機は，経営資源の国際的格差(例：賃金格差)，市場への直接接近(例：まず輸出，次いで現地生産)，貿易障害(例：関税障壁)の超克，製品ライフサイクルの国際シフト(例：先進国の成熟製品を途上国に移転し，途上国での生産・販売に移行する）などである。

　経営の国際化の展開は，貿易（輸出）に始まり，直接投資（現地経営）へと進む。また，その地域的範囲は，少数の限定的国家・地域への進出活動から，多数国家・地域にまたがる活動へ，さらに全世界的な活動へと進む。これにより，企業は，1国企業から多国籍企業（multinational enterprise）になり，さらには世界企業（world enterprise）もしくは超国籍企業（transnational enterprise）になって行く。これらの展開を経営の面から見ると，国内経営，国内経営＋貿易，本国経営＋特定国・地域現地経営，多国籍経営，グローバル経営，という展開としてとらえられる。

　経営の国際化にともなう組織問題には，二つの局面がある。両者は現象面では同時的に共存しているが，問題としては二つに分けた方が，分析する上でも実践する上でも好都合である。

　第1の局面は，経営の国際化に伴う組織構造の適合と変容の問題である。これに含まれる個別の項目としては，組織の国際的編成をどうするかに関する国際的組織戦略，国際的組織をどう運用するかに関する国際的組織管理，多国籍化ないしグローバル化した組織の中枢組織はどうあるべきか，などである。

第2の局面は，経営の国際化に伴う組織の文化的特質の創造と変質の問題である。国際化は，文化の観点からすると，異文化が接触して相互作用し，うまく順応 (adaptation) したり摩擦を起こして葛藤 (conflict) 状態になったりする。二つの文化AとBが接触した場合の文化変容 (acculturation) の基本的様相について，文化論は，乗り換え (deculturation：一方が在来文化を放棄する＝AorB)，借用 (borrowing：両文化の合成・混合＝A＋B)，同化 (assimiration:ABいずれでもない新文化Cの創造) の諸相があるとする。日本企業の経営方式を例にすれば，乗り換えは，母国主義（日本型経営）か現地主義（例：米国型経営）かのいずれかを全面的に採用することであり，借用は，折衷・混合した経営方式を採用することであり，同化は，いずれでもない第3の経営方式 (hybrid management) を創出することである。組織文化全般について，それが国際化によりどうなるのか，どの状態が好ましくかつ有効か，などの問題が第2局面の問題であり，主として組織行動に関係する。

以下本章では，大部分，国際化に関連した組織構造の問題を取り上げ，組織文化関連の問題については，第12章で詳細に考察することとし，この章では，日本型経営の国外移転の有効性に関する問題だけを扱う。

8.2 国際化と戦略・組織の適合：Stopford = Wells モデル

第7章で考察したChandlerの戦略・組織適合命題は，1国内の経営活動を前提とし，時代的には1950年代までしかカバーしていないから，それ以降の激動する環境変化への適応状況が追加されなければならない。その場合の最大の問題は，戦略面では国際化戦略であり，構造面ではマトリックス組織をどのように組み込むかである。Stopford (1968) は，Chandlerを出発点としながら，国際化戦略と組織の適合へとモデルを拡張した。彼はさらにそれをStopford = Wells (1972) において，より充実した普遍的モデルへと発展させた。彼らの研究は，米国企業170社が，1968年末以前に，国際化によりどのような変容を見せたかを分析したものである。その結論は，図8-1のようにまとめて示すこと

8 経営の国際化戦略と組織構造 113

図 8-1 経営戦略と組織構造の適合の諸モデル

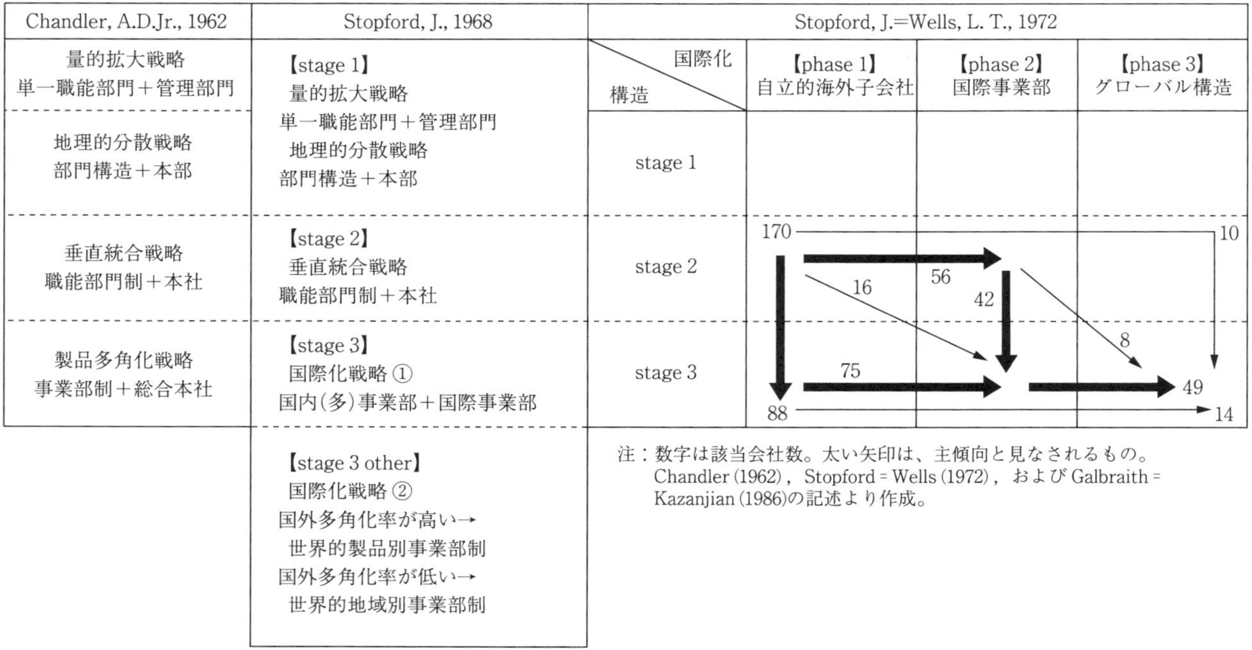

Chandler, A.D.Jr., 1962	Stopford, J., 1968	Stopford, J.=Wells, L. T., 1972			
		構造＼国際化	[phase 1] 自立的海外子会社	[phase 2] 国際事業部	[phase 3] グローバル構造
量的拡大戦略 単一職能部門＋管理部門	[stage 1] 量的拡大戦略 単一職能部門＋管理部門	stage 1			
地理的分散戦略 部門構造＋本部	地理的分散戦略 部門構造＋本部				
垂直統合戦略 職能部門制＋本社	[stage 2] 垂直統合戦略 職能部門制＋本社	stage 2	170	56	8
			16	42	
製品多角化戦略 事業部制＋総合本社	[stage 3] 国際化戦略① 国内(多)事業部＋国際事業部	stage 3	88	75	49 → 14 ↑10
	[stage 3 other] 国際化戦略② 国外多角化率が高い→ 世界的製品別事業部制 国外多角化率が低い→ 世界的地域別事業部制				

注：数字は該当会社数。大い矢印は，主傾向と見なされるもの。Chandler (1962), Stopford＝Wells (1972)，およびGalbraith＝Kazanjian (1986)の記述より作成。

ができる。

　Stopford = Wells(1972)によれば，組織の国際化は，三つのフェーズ(phase, 局面)で進行する。まず，フェーズ1の自立的子会社とは，明確な国際化戦略のないまま，国外子会社を発足させる局面である。この段階の国際化の理由は，前述した国際化の動機のうち，経営資源の国際的格差の利用，製品ライフサイクルの国際的シフト，国外市場の維持・確保などであるが，いずれも防衛的色彩の強い個別的動機によるものであり，通常，財務的関係（例：配当金の本国送金）を除く意思決定と行動については，事実上全権が現地子会社に与えられる。

　国外子会社の成長が急速で，経営資源の蓄積が高まってくると，母国の本社にそれを統制しようとする動きが現れ，国際事業部（international division）が設置されて，フェーズ2へ移行する。170社中60%の企業は，第5社目の国外子会社をもつまでにこの局面に入るが，その移行は，1966年末までには終わっている。国際事業部の機能は，子会社の活動を調整して，個々が自立的に活動している場合よりも全体的に業績を向上させることである。国際事業部は，この機能を有効に遂行するために統率力を高め，集権型の子会社管理をしようとするが，現地事情の多様性や製品の性格からくる制約に逢着する。概して言えば，限定された数の製品系列，あるいは成熟期にあり安定した技術による製品系列を国外生産している企業では，そうでない企業に比べて集権度が高い。

　国際事業部は，ステージ2（職能部門制）でもステージ3（事業部制）でも併設可能であるが，ステージ3の場合の基本構造は，図8-2のようになる。そこでは，国内事業は製品別事業部に組織化され，国外事業は，すべて国際事業部の管理下に置かれている。Stopford = Wellsの調査では，170社中，国内を職能別部門制としながら国際事業部を設置していた企業は38%に過ぎず，その大部分は，その後まもなくステージ3すなわち国内は事業部制，国外は国際事業部というシステムに移行している。

　国際事業部の規模が大きくなると，それを作り出した状況そのものがその解体を促進する。すなわち，国際事業部は，一般に企業内の独立組織とされ，国

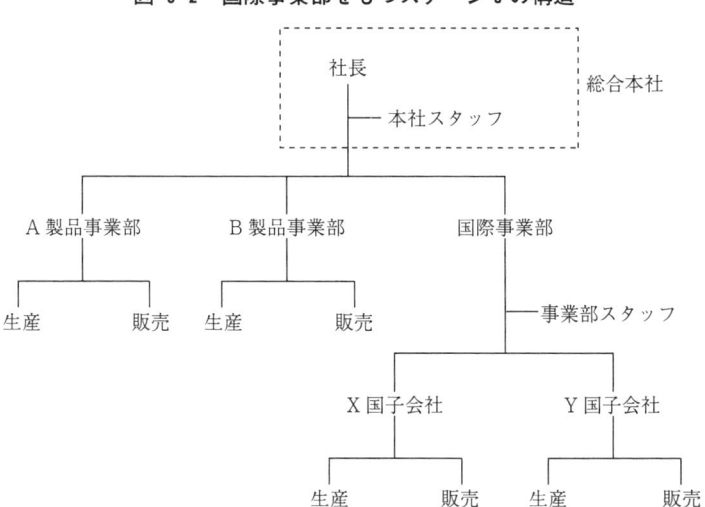

図 8-2 国際事業部をもつステージ 3 の構造

```
                    ┌─────────────────────────────┐
                    │  社長              総合本社   │
                    │    ├── 本社スタッフ           │
                    └─────────────────────────────┘
              ┌──────────────┼──────────────┐
         A製品事業部      B製品事業部      国際事業部
          ┌────┐          ┌────┐           ├── 事業部スタッフ
        生産  販売       生産  販売
                                     ┌──────────┴──────────┐
                                  X国子会社             Y国子会社
                                   ┌───┐                ┌───┐
                                 生産 販売             生産 販売
```

内事業と別個に活動するが，国外事業の規模の拡大は，首尾一貫した国際的視点に立つ戦略の下で国内・国外の諸事業を一元的に管理し，別個に活動するよりも全体的に業績を向上させる必要に迫られるからである。このような事情から，フェーズ3のグローバル構造が出現するのである。

グローバル構造には，次の三つの類型がある。

（1） 世界規模製品別事業部制：製品系列を重視し，国内の製品別事業部に自己の製品系列に関する全世界的な責任をもたせる方式である。

（2） 地域別事業部制：全社を世界地理上の地域（アジア，北米，欧州等）に責任をもつような地域別事業部に編成する方式である。

（3） 混合型：一部の製品系列は世界規模製品別に，残りの製品は地域別に管理する方式である。

これら3類型にはそれぞれ優劣があるが，それは相対的なものであり，簡単に優劣を断定できない。しかし，共通の問題は，いずれも命令一元性の原則に基づく列形態であるため，事業部相互間の障壁が高く，他の事業部に所属する国外子会社との相互調整が困難になることである。この問題を克服するところ

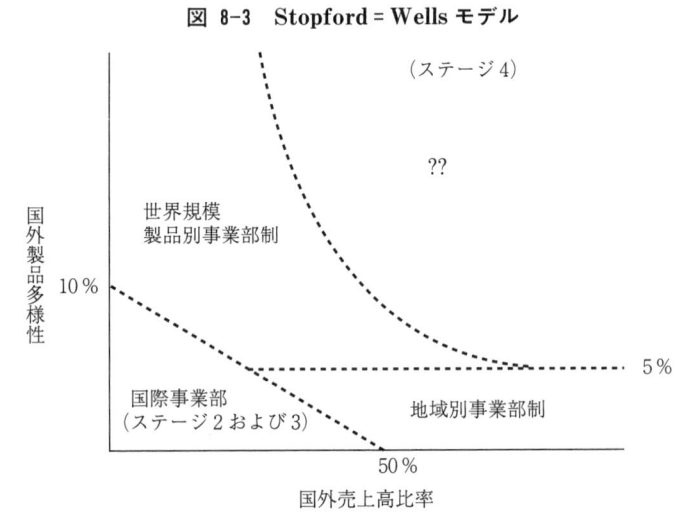

図 8-3　Stopford = Wells モデル

（縦軸）国外製品多様性
（横軸）国外売上高比率

- 10%／50%位置に「国際事業部（ステージ2および3）」
- 左上「世界規模製品別事業部制」
- 右下「地域別事業部制」5%
- 右上「（ステージ4）??」

出所：Galbraith = Kazanjian (1986), p.151, ただし若干補正した。

にフェーズ4が現れるであろうが，その基本は，「グリッド（grid，格子）構造」である．すなわち，事業部にまたがる経営委員会やスタッフ・グループを置く方式，管理者が二元もしくはそれ以上の報告関係をもって活動する新組織などが，その方向を示唆している．

以上のような Stopford = Wells モデルは，国外生産（直接投資）を出発点にしているが，前述の経営国際化の展開を考えれば，フェーズ1の前に，輸出部門（貿易部門）の設置といういわばフェーズ0を設ける必要があろう．また，彼らのモデルは，図8-3のように要約して示すことができるが，この図では，彼らがフェーズ4として示唆している「グリッド構造」は，1960年代にはまだ現実になっていないため，疑問符で示されている．それは基本的にはマトリックス組織であるが，一方の軸を相対的に優先させるような「不完全マトリックス」の提唱であると考えられる．

8.3　Stopford = Wells モデルの補強と修正

　Egelhoff（1990）によれば，Stopford = Wells（1972）モデルが採択している仮説は，以下の3者である。これらは，図8-3の参照によって容易に理解されよう。

　（仮説1）　世界規模製品別事業部制構造をもつ企業は，国際事業部をもち，もしくは地域別事業部制構造をとる企業よりも，国外製品多様性が高い傾向にある。

　（仮説2）　地域別事業部制構造をもつ企業は，国際事業部をもち，もしくは製品別事業部制構造をとる企業よりも，国外売上高比率が高い傾向にある。

　（仮説3）　マトリックス構造および混合構造をもつ企業は，国外製品多様性および国外売上高比率の両者とも，比較的高い水準にある傾向を示している。

　なお，ここにいう国外製品多様性とは，国外で生産・販売している製品がどの程度多様であるかをいう。また，マトリックス構造とは，製品別と地域別の2軸をもった組織構造を，混合構造とは，一部が製品別事業部（PD）を，残りが地域別構造（AD）をとっているような組織を指す。Egelhoff は，これらをそれぞれ「PD×AD」および「PD&AD」と略示する。

　Egelhoff（1990）は，これらの仮説が妥当なものであるかの検証を意図した。その方法は，多国籍化しているいろいろな業種の米国企業24社と欧州企業26社について，面接調査と公刊資料により収集したデータを統計学的に分析することである。これら企業の組織構造は，表8-1のようであり，Stopford = Wells モデルのいずれかの構造をとっていた。これらの企業について，上記の仮説に含まれている国外製品多様性と国外売上高比率に加え，国外生産比率を使用して，それぞれの組織構造との相関を統計学的に分析する。その分析の過程は省略するが，結論として，上記の3仮説のうち，仮説1は妥当性が証明されたが，仮説2と仮説3は証明されなかった。その上で，図8-4に示されるような修正モデルを提案するのである。その要点は，次の通りである。

表 8-1 組織構造と会社の国籍

	米国	欧州	計
国際事業部	6	1	7
地域別事業部	8	2	10
製品別事業部	2	10	12
PD×AD マトリックス		2	2
PD&AD 混合	2	1	3
	18	16	34

注：PD×AD＝製品別事業部と地域別事業部のマトリックス構造
　　PD&AD＝製品別事業部と地域別事業部の混合構造
出所：Egelhoff (1990) p.100.

図 8-4　多国籍企業の戦略・組織関係を示す修正モデル

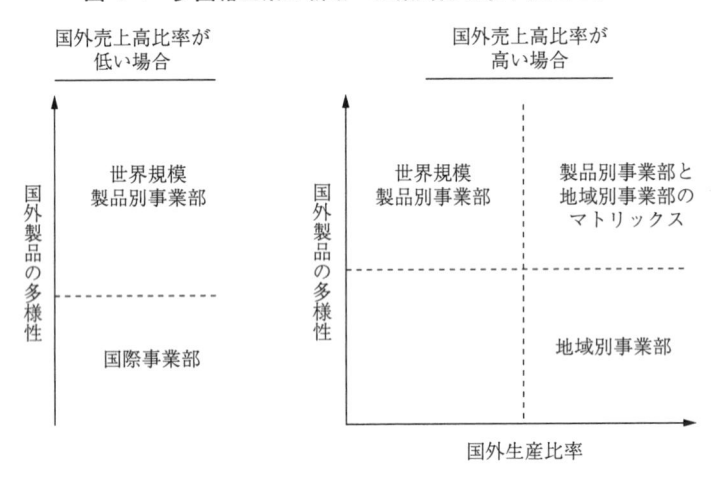

国外売上高比率が低い場合

国外製品の多様性
- 世界規模製品別事業部
- 国際事業部

国外売上高比率が高い場合

国外製品の多様性
- 世界規模製品別事業部 / 製品別事業部と地域別事業部のマトリックス
- 地域別事業部

国外生産比率

出所：Egelhoff(1990) p.111.

（1）国際化の状況を国外売上高比率の低い場合（国際化の初期段階）と，それが高い場合（国際化の本格化段階）に区別する。

（2）国外売上高比率が低い場合には，国外製品多様性のみが組織構造を規定する。すなわち，国外製品多様性が低ければ，国内と国外に分けて，国外経営については国際事業部をとるのが適当である。国外製品多様性が高まれば，

世界規模製品別事業部制構造が適合する。

（3） 国外売上高比率が高まれば，国外製品多様性に加えて国外生産比率が組織構造を規定する。それは次のようになる。

国外製品多様性が低く，国外生産比率が高い場合には，地域別事業部制構造が良い。国外製品多様性が高く，国外生産比率が低い場合には，世界規模製品別事業部制構造が良い。

国外製品多様性と国外生産比率のいずれもが高い場合には，製品別事業部と地域別事業部のマトリックス組織が良い。

このような修正モデルから見ると，1960年代の米国企業の国際化を分析したStopford＝Wellsモデルは，国際化の初期段階，すなわち，国外売上高比率が低い，そしてまた国外生産比率も低い段階のものであることが判明する。前述したように，経営の国際化は，貿易（輸出）から直接投資（現地生産）へと展開するから，国際化が進展すれば，国外売上高比率が問題になるだけでなく，国外生産比率が問題になる。これら両者は，場合によって強く相関するが，いわゆる逆輸入が多いような場合には，相関しないから，両者を併用する意味が出てくるのである。国外製品多様性が一貫して重要性をもつのは，それが業種と戦略に深く結び付いているからであろう。たとえば，自動車メーカーの場合には，国際化しても，国外製品多様性はそれほど高くなることはない。これに対し，もっとも製品に多様性がある総合電機メーカーの場合には，国外製品多様性が戦略によって低く押さえられたり，高くされたりする可能性を十分にもっている。

Egelhoff（1990）の修正モデルは，戦略・組織の適合について，経営の国際化が高度に進展した状況をふまえた新しい知見を導入したといえる。

8.4　グローバル構造と経営戦略

これまでの考察で，現在の国際化組織の先端的形態がフェーズ3のグローバル構造であり，具体的には，世界規模製品別事業部制型，（世界規模）地域別事

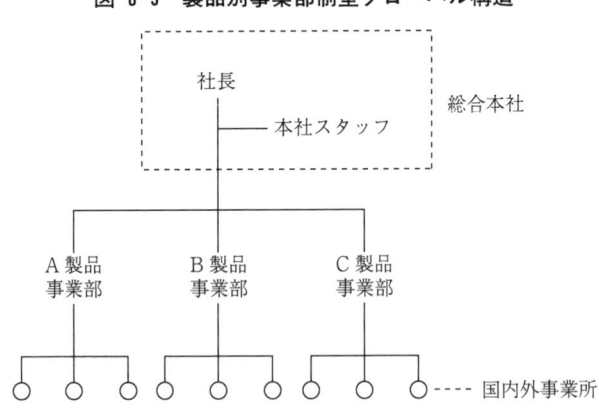

図 8-5　製品別事業部制型グローバル構造

```
        社長                    総合本社
         │── 本社スタッフ
    ┌────┼────┐
  A製品  B製品  C製品
  事業部  事業部  事業部
                          ---- 国内外事業所
```

業部制型，およびこれらの（世界規模）混合型の3者であることが判明した。これらの選択と適用を最終的に左右する基本原理は，各企業の多角化率である。

　グローバル化した電機メーカーのように，多角化の進んだ企業では，第1の製品別事業部制型グローバル構造が採択される（図8-5）。この図では，単純化のために，国内外事業所は特定単数の事業部に所属するように示してあるが，事業所が複数製品を生産・販売しているような場合には，関連する複数の事業部と結ばれることになる。すなわち，事業部と内外事業所の関係は，機能式（第5章参照）に類似するものとなる。これと対照的に，石油精製業のように，基本的に一つの事業しか経営しないような専門化企業では，グローバル化した場合，地域別事業部制型グローバル構造を採用することになる（図8-6）。第3の混合型

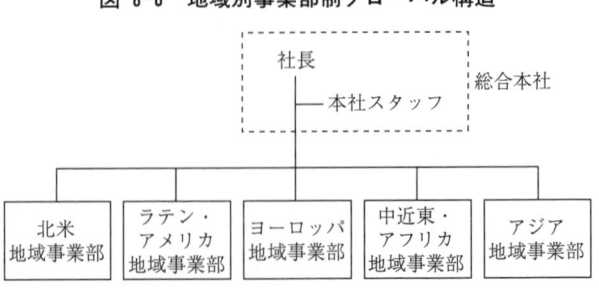

図 8-6　地域別事業部制グローバル構造

```
            社長                総合本社
             │── 本社スタッフ
   ┌─────┬─────┼─────┬─────┐
 北米   ラテン・ ヨーロッパ 中近東・  アジア
 地域   アメリカ  地域    アフリカ  地域
 事業部  地域    事業部   地域    事業部
        事業部           事業部
```

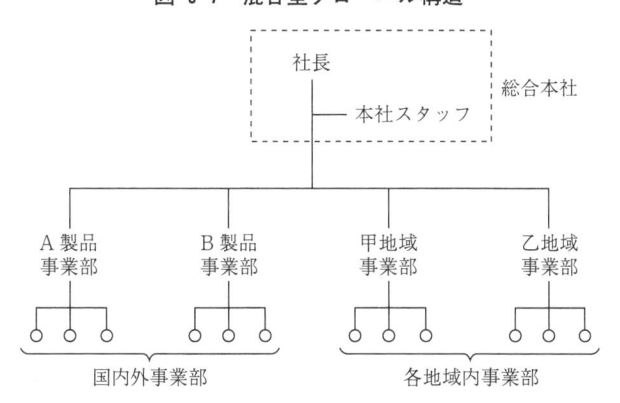

図 8-7 混合型グローバル構造

```
        ┌─────────────────────┐
        │   社長              │ 総合本社
        │    ├─本社スタッフ   │
        └─────────┬───────────┘
    ┌────────┬───┴────┬────────┐
  A製品    B製品   甲地域   乙地域
  事業部   事業部   事業部   事業部
  ○ ○ ○  ○ ○ ○  ○ ○ ○  ○ ○ ○
  ╰──国内外事業部──╯ ╰──各地域内事業部──╯
```

グローバル構造は，たとえば石油の探鉱・採掘・精製と石油化学をあわせてグローバルに経営するような，低度の多角化企業によって利用される (図 8-7)。これら諸構造の採択の様相は，適用範囲がグローバルになっただけで，原理的には前章で述べた 1 国内の経営を前提にした場合と変わらない。

グローバル構造における総合本社の機能内容は，集権的であるか分権的であるかによって異なるが，基本的には 1 国を前提にした既存理論が示しているように，多角化企業では分権的であり，専門化企業では集権的となるのが普通である。換言すれば，専門化企業が多角化するにつれ，グローバル構造は地域別事業部制型から製品別事業部制型へと移行し，それと連動して，母国総合本社は集権的から分権的になって行くのが，変容の基本である。その例を見よう。

米国の多国籍企業 Exxon (旧 Standard Oil Co. of N. J.) は，1927 年，従来の集権的職能部門制 (図 8-1 のステージ 2) から，純粋持株会社としての総合本社 (世界本社) と地域別事業部 (法的には子会社，国内 3 社，カナダ 1 社，ヨーロッパ・グループ 1 社，ラテンアメリカ・グループ 1 社) から構成される地域別事業部制型グローバル構造 (同，フェーズ 3) に移行した。その総合本社の取締役会メンバーは，探鉱，原油採掘，精製，輸送，マーケティングの各職能を分担し，それぞれの専門分野から，世界に散在する各地域別事業部 (現業子会社)

を監督した。つまり，総合本社は集権的中枢組織であった。

　1966年，同社は化学事業の比重の増大に対応し，総合本社と現業子会社の中間に各地域の統括会社を新設し，それを現業子会社の日常業務を管理・調整する地域本部とした。これに対応して，総合本社は，戦略，長期計画，政策立案，業績評価，地域間調整に専念することとなった。この状態は，全体としてはなお地域別事業部制型グローバル構造であるが，以前に比べ分権化は大きく促進されている。

　その後の同社は，石油事業に6個の地域別事業部，化学・鉱業・電気の事業に各1個の製品別事業部，その他の特殊事業（リサーチなど）に5個の事業部をもつ混合型グローバル構造になった。その総合本社は，全社的戦略の策定と各事業部の業績評価に専念することになっているから，世界的中枢組織と呼べるものである。したがって，全体組織は分権的グローバル構造になる。

　この例が示しているように，グローバル構造の総合本社は，集権的から分権的へと変容し，やがて地域本社制（地域統括会社）から世界本社制へと進むようになる。地域本社制の場合には，母国本社が母国地域の経営とグローバル統合・調整の両面を担当するが，グローバル化，特にグローバル多角化がさらに進めば，国籍を超えて，グローバル戦略の策定と推進に専念する世界本社が，母国本社と別に設けられるようになる。上記のExxonはすでにそうなっているし，ソニー(株)の中枢組織改革（第14章参照）や後述する(株)東芝，日産自動車(株)の組織変革の動向は，このような方向への動きを反映していると見ることができる。

　世界本社制における世界本社は，母国に所在する必要はない。それは，グローバルな経営活動にとってもっとも条件（通信，交通，金融，税制，政治，社会等）の良い立地を選択することになる。この段階になると，各地域の経営の自主化と現地化は大幅に高まるが，その反面で，グローバル企業としての一体性ないし独自性（identification, CI）を維持することが，新たな課題になってくる。そのためには，異なる文化をもつ地域で受容されるような普遍性ある共通

の経営理念をもつことが，絶対的に必要である。

8.5 事例研究：（株）東芝の場合

日本企業の場合，国際化の歴史が比較的浅いなど，欧米企業と異なる事情はあるが，国際化による組織構造の変容は，基本的に同じ枠組みをたどることが，たとえば安室(1982)などによって実証されている。ここでは，(株)東芝の場合を見ることにしよう。

国外直接投資を開始する頃，(株)東芝はすでにステージ3(複数製品・事業部制構造・総合本社) の状態にあった。1988年10月までの同社の組織は，図8-8のようであった。この中で，国際協力部は主として国際法規・協約を，国際業務部は主として全社の国際事業の企画・調整を担当していた。ラインでは，産業用エレクトロニクス，電子部品，家電，重電機器の各事業について事業本部と国際事業部が並設され，事業本部長は事業責任を，国際事業部長は国外市場責任を，それぞれ社長に対して負う仕組みになっていた。このような組織は，フェーズ2の初期状態にあると見ることができる。国外現地生産の本格化に対応して，1988年10月，図8-9のような組織に変更された。国際関係のスタッフを統括する国際本部を新設し，国外事務所をこの下に置いた。またライン部門は，次のように製品・事業の規模や業容に応じて4種の型を使い分けた。この状態は，フェーズ2の典型的様相を示すものである。

A型：製品・事業が成長段階にあって技術革新の度合いが高いため，国外市場での競争上の自由を高める必要のある分野。分権型に近いものとし，事業本部の外に国際事業部を置く。産業用エレクトロニクスと電子部品の2事業が，この型をとる。

B型：製品・事業が成熟段階にあるため，内外市場一体で成果をねらう必要のある分野。そのため，集権型とし，事業本部の中に事業部(国内と国外生産)と国際事業部（国外販売）が併存する。家電，エネルギー，電機の3事業が，この型をとる。

図 8-8 東芝の組織概念図 (1988年10月以前)

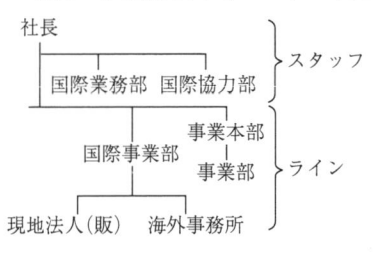

```
社長
 ├─────────────┐
 │    国際業務部 国際協力部  ┐スタッフ
 │         │
 │      事業本部   ┐
 │   国際事業部 │   │ライン
 │         事業部  ┘
 │      │
 現地法人(販) 海外事務所
```

図 8-9 東芝の組織概念図 (1988年10月～1989年4月)

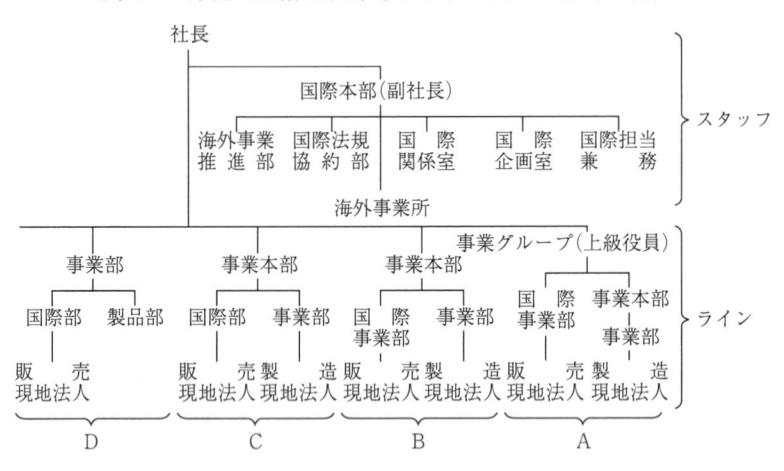

社長
　├── 国際本部(副社長)
　　├ 海外事業推進部
　　├ 国際法規協約部
　　├ 国際関係室
　　├ 国際企画室
　　└ 国際担当兼務　　　　　　　　　　　　　　〕スタッフ

海外事業所

事業部　　　　事業本部　　　　事業本部　　　事業グループ(上級役員)
├国際部 製品部　├国際部 事業部　├国際事業部 事業部　├国際事業部 事業本部 事業部
│販売　　　　　│販売 製造　　　│販売 製造　　　│販売 製造
現地法人　　　　現地法人 現地法人　現地法人 現地法人　現地法人 現地法人
　D　　　　　　　C　　　　　　　B　　　　　　　A
　　　　　　　　　　　　　　　　　　　　　　　　　　　　　　　　〕ライン

図 8-10 東芝の組織概念図 (1989年4月以降)

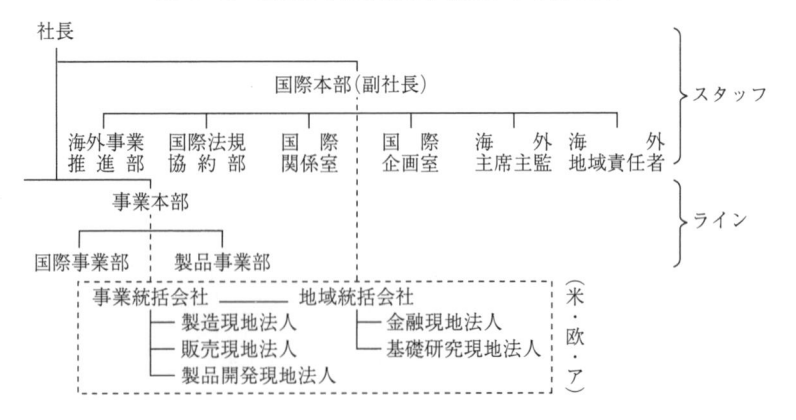

社長
　├── 国際本部(副社長)
　　├ 海外事業推進部
　　├ 国際法規協約部
　　├ 国際関係室
　　├ 国際企画室
　　├ 海外主席主監
　　└ 海外地域責任者　　　〕スタッフ

事業本部
　├ 国際事業部
　└ 製品事業部

事業統括会社 ─── 地域統括会社　　　　　(米・欧・ア)
　├ 製造現地法人　　├ 金融現地法人
　├ 販売現地法人　　└ 基礎研究現地法人
　└ 製品開発現地法人　　　　　　　　　　　〕ライン

C型：理由はB型と同じだが，国外市場の規模が小さいため，国際事業部ではなく国際部としたもの。部品材料事業がこの型である。

D型：理由はB型と同じだが，事業全体の規模がさらに小さいため，製品部と国際部をもつ事業部としたもの。医療用機器事業がこの型である。

国際化の一層の進展に対応して，1989年4月，図8-10の組織に改正された。ライン部門については，事業本部の下に製品事業部と国際事業部を並列させて，内外を一体とした事業責任を負わせるようにした。そのため，国外については，米・欧・アの世界主要3地域に事業・製品ごとの事業統括会社を作り，製造・販売・技術開発の全過程を完結させ，経営責任を負わせるようにした。他方，日本本社のスタッフである国際本部もまた，米・欧・アに地域統括会社と称する出先をもち，経理・人事・法務・財務・基礎研究などの機能をもって，事業統括会社を支援し，地域を横断的に束ねている。このようなグローバル組織は，製品・事業ラインの事業統括会社（経営責任の列形態）とスタッフの地域統括会社（支援という弱い行系列）の複合したものと考えることができ，そのように考えると，前述の国際化モデルでいえば，フェーズ3の製品別事業部制型グローバル構造からフェーズ4のグリッド（マトリックス）構造への移行過程にあると見なすことができる。

1993年10月，同社は15個の事業本部を，市場別に4事業グループに再編した。この改編は，従来の製品・事業別グローバル・ライン構造をさらに市場・地域別に束ね，地域統括スタッフ機構との有機的連携を強化しようとする意図がうかがわれ，上の推論を裏付ける動きに沿う変化と理解することができよう。

以上のように見てくると，(株)東芝もまた前述の普遍的枠組にほぼ則した展開をとげており，国際化がさらに高度になれば，やがて本格的な持株会社による世界本社制に進むことが予想される。

8.6 多国籍企業と「地域本社」

(株)東芝の「地域本社」は，前節図8-10で見た，同社が米欧アに設けた地域

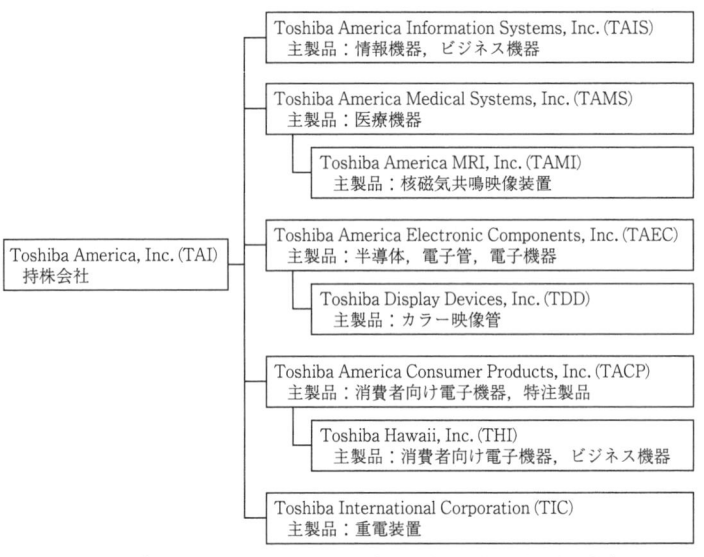

図 8-11　東芝アメリカの機構図（1990年10月1日現在）

```
Toshiba America, Inc.(TAI)
持株会社
├─ Toshiba America Information Systems, Inc.(TAIS)
│   主製品：情報機器，ビジネス機器
├─ Toshiba America Medical Systems, Inc.(TAMS)
│   主製品：医療機器
│   └─ Toshiba America MRI, Inc.(TAMI)
│       主製品：核磁気共鳴映像装置
├─ Toshiba America Electronic Components, Inc.(TAEC)
│   主製品：半導体，電子管，電子機器
│   └─ Toshiba Display Devices, Inc.(TDD)
│       主製品：カラー映像管
├─ Toshiba America Consumer Products, Inc.(TACP)
│   主製品：消費者向け電子機器，特注製品
│   └─ Toshiba Hawaii, Inc.(THI)
│       主製品：消費者向け電子機器，ビジネス機器
└─ Toshiba International Corporation (TIC)
    主製品：重電装置
```

出所：企業研究会『Business Research』812, 1992年2月号。ただし，製品を日本文に訳した。

統括会社である。その内容を，その代表的なものである米国の地域統括会社 Toshiba America Inc.(TAI) について見ることにしよう。この会社の最大の特色は，それが（純粋）持株会社であって，図8-11のように，北米地域の事業統括会社を傘下に置いていることである。地域統括会社は本社スタッフの下にあり，事業統括会社は事業グループの系統にあって経営責任を負っているから，地域統括会社は，形式的には「支配なき所有」を行っていることになる。

そのような地域統括会社の実態的機能を，同社の説明に若干の補足を加えて整理すると，次のような3種になる。

第1は，東芝グループの米国における「代表」「顔」として活動する，窓口・代表・領事館機能である。具体的には，1987年の「東芝機械（株）不正輸出事件」のような政治的問題や地域的トラブルが起こった場合に，本社の現地代表として機能する，あるいは PR (public relations) すなわちステークホルダーとの円滑な関係の維持を担当する，などである。

第2は，事業統括会社に対するスタッフ・サービス提供の機能である。それには，広報・広告，法務，企画，経理（会計，財務，税務），人事（勤労，出向者管理，福利厚生，人種問題，労使関係），地域貢献などがある。それぞれの通常の内容については説明が不要であるが，地域特有の内容から見ると，訴訟社会に対応する法務，地域内事業統括会社の戦略を調整する企画，連結決算と納税に対処する税務，厳しい法規制・現地採用等に対応する勤労，日本人駐在員の入出国・子弟教育問題等を処理する出向者管理，財団を通じた地域貢献などである。これらが，傘下各企業への共通サービスに結びついていることは，いうまでもない。なお，これらスタッフ機能のほか，一部の資材調達というライン機能も行っている。

第3は，事業統括会社をモニターする機能である。問題を指摘し，助言を与え，経営の効率化に寄与する。

これらの内容を見ればわかるが，日本の本社が直接カバーすることが困難な地域特有の問題，しかし経営責任を直接負っているそれぞれの事業統括会社が行うには広範すぎる問題，これらをまとめて担当するところに「地域本社」としての地域統括会社の必要性と存在理由がある。

図 8-12 日産自動車のグローバル展開

地域別販売拠点数 （1990年3月末現在）

	北米	欧州	東南アジア	中南米	中近東	大洋州	アフリカ	合計
仕向国数	2	21	16	40	17	14	39	149
ディストリビューター数	6	21	19	48	17	20	39	170
ディーラー数	1,302	3,438	422	407	116	334	363	6,382

海外ディストリビューター 149ヵ国 170社 → 海外ディーラー 6,382社 → 顧客

日産本社 → 完成車輸出 → 海外生産拠点 21ヵ国 24社 ← 海外部品メーカー
日産本社 → 海外生産用部品輸出

主要生産拠点と生産台数 （1989暦年）

	米国日産製造	英国日産製造	モトールイベリカ	豪州日産製造	メキシコ日産	海外生産台数合計
乗用車	115,584	77,282	—	52,357	86,749	371,835
商用車	123,056	—	85,879	—	33,941	264,389
合計	238,640	77,282	85,879	52,357	120,690	636,224

出所：『ダイヤモンド・ハーバード・ビジネス』1991年10・11月号。

(株)東芝は，製品・事業の多様性の高いグローバル構造であったが，それが低い場合の「地域本社」はどうなるであろうか。そのような範疇に属する自動車産業の事例として，日産自動車(株)の場合を見よう。若干前のデータであるが，同社の事業のグローバルな展開内容は，図8-12のようである。これらを経営する基本は，北米，欧州，および日本を拠点とする3極体制であり，明らかに地域別グローバル構造である。このうち，北米と欧州には「地域本社」として地域統括会社を設け，日本国内とその他の地域(台湾，東南アジア，豪州等)は日本の本社が管理している。すなわち，日本本社は，世界本社と「地域本社」の機能をあわせ担当している状態である。したがって，全体としては，完全な世界本社を頂点とする体制の一歩手前の段階にある。

　北米と欧州の地域統括会社の概要は，表8-1のようになっている。その中の北米日産会社 (Nissan North America) の組織は，図8-13のようであり，それが必要なスタッフを備え，かつ自ら経営責任を負う持株会社であることがわかる。北米の場合，傘下の子会社は，ほぼ100％日産出資のものばかりである(欧州や東南アジアでは現地資本の比率の高い販売会社が多い)から，地域統括に日本本社のグローバル戦略を浸透させやすい利点がある。そのため，現業子会社の日本人出向者は，数も少なく，アドバイザーの役割に留まっている。問題点としては，形式上，研究開発拠点である日産リサーチ＆ディベロップメント会社 (Nissan Research & Development, Inc., NRD) が傘下にあるが，それをグローバル視野で活用しようとする日本本社のNRDに対するコントロールが強く，研究開発・生産・販売を包括的に地域統括するとの建前との関係が微妙になっていることである。

　以上の二つの地域本社の事例は，製品多様性の高い場合（東芝）と低い場合（日産)であった。原理的には，国際化の展開により，前者は製品別グローバル構造をとり，後者は地域別グローバル構造になるが，さらに経営のグローバル化が高度になれば，地域本社制を経て，世界本社制に進むはずであった。二つの事例はほぼこの原理に即して，現状ではほとんど同一の地域統括会社による

8 経営の国際化戦略と組織構造 129

表 8-2 日産自動車の地域統括会社 (1991年3月現在)

		北米		欧州		その他の地域
統括拠点		北米日産会社[1990.1]		欧州日産会社(オランダ)[1989.4]		なし(日産本社海外部門)
統括地域		米国, カナダ, メキシコ		欧州		
従業員数 うち経営幹部		日本人28 外国人34 日本人14 外国人 7		日本人53 外国人169 日本人10 外国人 4		
統括会社	従業員数	日本人	外国人	日本人	外国人	
	総数	28	34	53	169	
	うちDirector以上	14	7	10	4	
現地法人(傘下)	総数 うち管理職	12社 { 293 114	17,939 (データなし)	15社 { 252 109	11,466 (データなし)	
主な研究開発地点		NRD [1983.7] (日産リサーチ&ディベロプメント会社) NDI [1979.4] (日産デザインインターナショナル社) ATC [1986.4] (アリゾナ・テストセンター社)		NETC [1988.5] (ニッサンヨーロピアン・テクノロジー・センター社) NETC(B) [1989.7] (ニッサン・ヨーロピアン・テクノロジー・センター(ブリュッセル)社)		なし
主な生産拠点 ( )内は国産化率		米国日産自動車製造会社(65%)[1980.7] メキシコ日産(70%)[1961.9]		英国日産自動車製造会社(80%)[1964.4] 日産モトールイベリカ(80%)[1980.1]		豪州日産自動車製造(85%)[1976.3]
主な販売拠点		米国日産自動車会社[1960.9] カナダ日産自動車会社[1965.1] メキシコ日産[1961.9]		ドイツ日産自動車会社[1973.6] スイス日産自動車会社[1985.1] オランダ日産自動車会社[1982.3]		豪州日産自動車会社[1966.5] サイアム日産(タイ)[1962.8] 裕隆汽車製造(台湾)[1953.9]
主なファイナンス拠点		日産アメリカ会融会社[1988.10] 米国日産販売金融会社[1961.11]		日産欧州金融会社[1987.7] 日産オランダ金融会社[1987.8]		豪州日産販売金融会社[1974.2]

資料:『ダイヤモンド・ハーバード・ビジネス』1991年10・11月号の2表より作成.

図 8-13　北米日産会社（Nissan North America）の機構図
（1991 年 3 月現在）

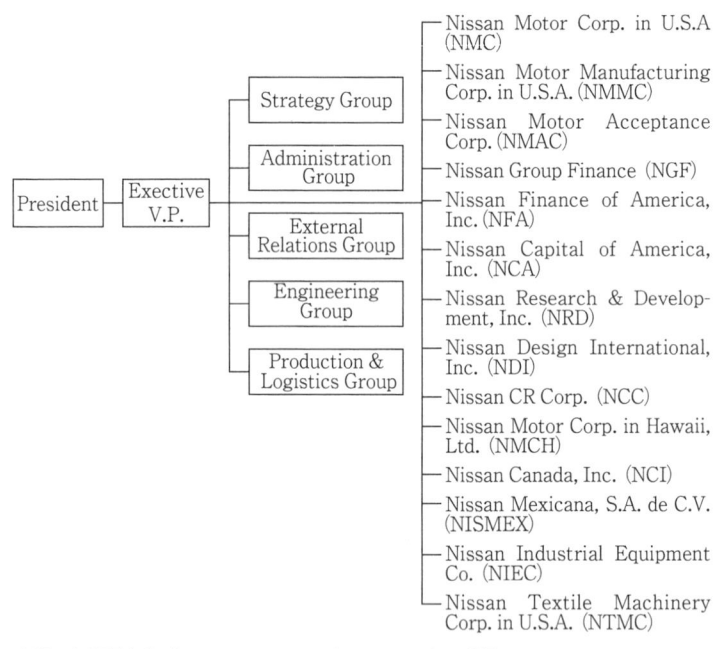

```
President ─ Exective V.P. ─┬─ Strategy Group
                           ├─ Administration Group
                           ├─ External Relations Group
                           ├─ Engineering Group
                           └─ Production & Logistics Group
```

- Nissan Motor Corp. in U.S.A (NMC)
- Nissan Motor Manufacturing Corp. in U.S.A. (NMMC)
- Nissan Motor Acceptance Corp. (NMAC)
- Nissan Group Finance (NGF)
- Nissan Finance of America, Inc. (NFA)
- Nissan Capital of America, Inc. (NCA)
- Nissan Research & Development, Inc. (NRD)
- Nissan Design International, Inc. (NDI)
- Nissan CR Corp. (NCC)
- Nissan Motor Corp. in Hawaii, Ltd. (NMCH)
- Nissan Canada, Inc. (NCI)
- Nissan Mexicana, S.A. de C.V. (NISMEX)
- Nissan Industrial Equipment Co. (NIEC)
- Nissan Textile Machinery Corp. in U.S.A. (NTMC)

出所：企業研究会『Business Research』812, 1992 年 2 月号。

経営システムをとっていることが明らかになった。両者の唯一の相違点は，地域統括会社が，経営責任を直接負っているか否かにある。(株)東芝の場合には，形式的には，地域統括会社に経営責任はないが，実質的には経営指導の役割を負っており，その意味で両者の間には，ほとんど差はない。そのために上のような結論になるのである。

それでは，地域本社としての地域統括会社の一般的な目的と機能は，どのように考えれば良いであろうか。企業研究会の調査（1989 年，調査対象 120 社，回答 69 社）によれば，日本の主要な多国籍企業における地域統括会社の設置状況は，表 8-3 の通りである。また，回答（複数回答）に現れた地域統括会社の任務は，表 8-4 の通りである。これらを参考にしつつ，地域統括会社の目的と機能を整理すると，次のようになる。

表 8-3 日本企業の地域統括会社設置状況

回 答 会 社 内 訳				設 置 状 況	
電気機器	13	繊維	6	置いている	25 (36.2%)
自動車	10	食品	5	検討中	17 (24.6%)
化学	12	製薬	4	検討したい	11 (15.9%)
精密	3	非鉄	6	その他	16 (23.2%)
機械	4	鉄鋼	3	計	69 (100.0%)
造船	3	計	69		

出所:企業研究会『日本企業のグローバリゼーション』1989.

表 8-4 地域統括会社の現状と将来の位置づけ

(社数・%)

	現在の役割	将来の役割 (5年先)
持株会社的役割	9(16.1)	9(9.3)
現地での国際財務・税務・人事・広報などのスタッフ的な役割	16(28.6)	29(30.3)
地域子会社間の販売・製造・研究開発などにわたる経営全体の総合調整	24(42.8)	36(37.5)
子会社を総合した現地での新規事業開発の推進母体としての役割	7(12.5)	22(22.9)

出所:企業研究会『日本企業のグローバリゼーション』1989.

まず,地域統括会社を必要とする条件は,国外子会社のグローバルな増加と,それによる事業活動の重複(中間管理組織の必要),必要資金量の増加と経営資源の現地化(カネ・ヒト・情報のためのスタッフやサービスの機能の必要),黒字・赤字会社の併存(連結決算・納税の活用)などであり,これらが,地域統括会社の目的ないし機能の基本になる。機能の内容は,(株)東芝の事例でほとんど尽きているが,次のようになる。

(1) 地域経営戦略:総合的事業経営のための事業の調整
(2) 戦略計画:長期計画・事業計画に即した資源の調達と配分
(3) 対境(対環境)活動:PR,広報,社会貢献,ロビー活動

（4） 財務・税務・会計：資金の調達・運用効率化，連結決算・納税
（5） 人的資源：地域に即した人事・労務・福利厚生・労働組合対策
（6） R&D：技術開発とその活用

8.7 日本型経営の国外移植

　日本企業の国際化が本格化し，現地生産のような直接投資が行われると，日本型経営の移植の可能性が問題になる。たとえば，日本型経営をそのまま米国に持ち込んで(母国主義)，なんらの措置を講ずることなしに米国人従業員に適用すれば，米国型経営になじんできた彼らとの間に，大なり小なりの葛藤を生み出すであろう。本章最初の節で述べた文化論の概念でいうと，彼らが全面的に日本型経営を受容して，文化の乗り換えをすることはあり得ないからである。しかし，これと逆に，日本企業が進出する限り，完全な現地主義(例：米国型経営)をとることもあり得ないであろう。それは，全く別の企業を設立するに等しいからである。

　この間の事情を，経営システム全般に関連させながら示すと，図 8-14 のようになる。日本企業が国外に進出する場合，自己の資本・人材・技術のような経

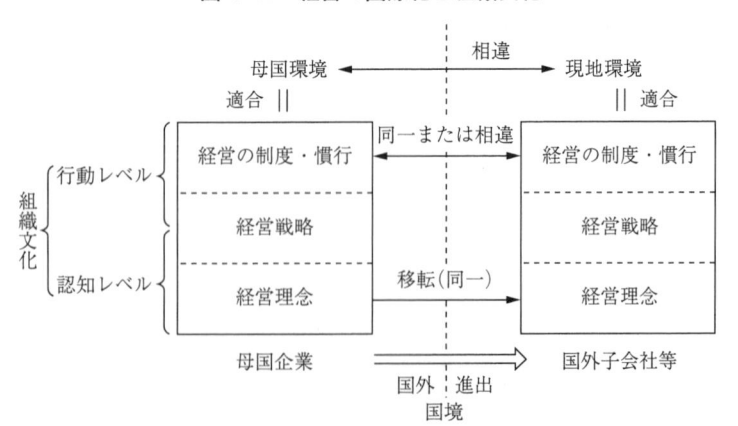

図 8-14 経営の国際化と組織文化

営資源を移植することになるが，もっとも重要なことは，母国企業と現地企業（子会社，事業所等）とが，少なくとも共通の経営理念をもち，それによって行動することである。このような価値・哲学の共有がなければ，それぞれはバラバラの別個の存在になってしまうからである。国際化の難しさは，このように共通の経営理念をそれぞれの経営システムの根底にもちながら，それを具体化するそれぞれの諸制度や諸活動が，それぞれの環境と適合しなければならないことにある。それぞれの環境は，歴史・文化・風土を異にしているから，当然異なっている。日本企業についていえば，日本国内では，長い時間経過の中で，日本型経営は，日本の環境と適合しつつ形成されてきている。しかし，環境の異なる外国では，日本型経営の制度やそれを基礎にした活動は，適合するとは限らない。あるものは適合するかもしれないし，全く適合しないかもしれない。これらのことから，日本型経営の国外への移植の可能性，特にその具体的制度・慣行の移植可能性，あるいはその変容が問題になるのである。それは，前出の文化論の概念で言えば，日本型経営の借用や同化という問題である。

河野（1985）は，諸外国に進出した日本企業の子会社30社以上を調査し，日本型経営の移植の可能性を分析した。その結果，次のようものは移植可能であるとした。

（1）社会の普遍的価値に合致し，また社会の価値の重要な手段となるもの：雇用の安定，人間尊重の制度など。

（2）価値の対立を含んでいるが，（現地の）価値の中核が守られるもの：ブルーカラーとホワイトカラーを区別しない平等主義など。

（3）希求水準が不明なもの：大部屋式事務室など。

これらの反面，次のようなものは移植困難であるとされた。

（1）社会の価値に合致するが，政府や合弁パートナーからの制約のあるもの：部品調達率の指定など。

（2）現地社会の価値の中核にふれるもの：自発的行為の期待など。

（3）希求水準が明瞭なもの：上下の給与格差は日本より大きくすることな

図 8-15 松下電器産業（株）の経営理念

```
          綱領
産業人タルノ本分ニ徹シ　社会
生活ノ改善ト向上ヲ図リ　世界
文化ノ進展ニ寄与センコトヲ期
ス
          信条
向上発展ハ各員ノ和親協力ヲ得
ルニ非サレハ得難シ　各員至誠
ヲ旨トシ一致団結　社務ニ服ス
ルコト

  松下電器の遵守すべき精神
 一．産業報国の精神
 一．公明正大の精神
 一．和親一致の精神
 一．力闘向上の精神
 一．礼節謙譲の精神
 一．順応同化の精神
 一．感謝報恩の精神
```

ど。

（4） 資源の無いもの：優秀な部品生産者の育成や系列化など。

しかし，価値の内容や希求水準の程度は国によって異なるから，移植の可能性は国によって相違するはずである。この点について，彼は，比較可能性をもたせるために，同一日本企業の子会社で異なる国に所在するものを比較した。具体的には，松下電器産業(株)の二つの子会社，すなわちインドネシアのナショナル・ゴーベル社と英国の松下エレクトリック社の比較である。それは，経営上のあらゆる分野に関連する 12 大項目 58 項目にわたっているが，1 例だけを紹介しよう。

両者とも日本の本社と同一の経営理念（図 8-15）を強調し，その浸透に努め，そのための一つの場として，朝礼を行っている。しかし，インドネシアでは，日本と同様に社歌を歌い，スローガンを

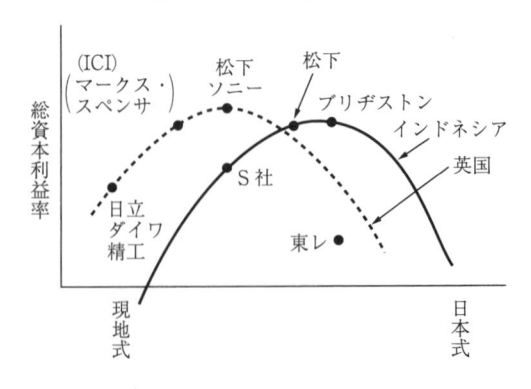

図 8-16　日本型経営の移植の相違と業績（河野，1985）

唱和するのに対し，英国では，社歌は歌わず，スローガンも限定している。

　比較全体を要約していえば，インドネシアでは日本型経営の全面的移植が行われているのに対し，英国では選択的移植が行われているに留まっている。このような移植の程度が，日本との文化的類似性ないし相違性によることは，容易に推察されるところである。適切な移植をすることが組織有効性にいかに影響するかは，図8-16によって示されるであろう。

8.8　ジャパナイゼーション

　日本型経営の内容のうち普遍性のあるものは，国外に移植され定着する。このような現象を日本化（Japanization）と呼んで，その実態を研究・調査する動きが内外に見られる。経営理論について，Sheldrake（1996）は，人間を物的要素として扱う理論から人間中心の理論へ内容が推移したと捉え，それを「テイラーリズムから日本化へ」と表現している。これが，日本型経営の人間中心主義（資本主義に対して「人本主義」とする者もいる）という経営理念を意識していることは言うまでもない。

　経営実践に見られる顕著な傾向は，日本型経営の強みである「モノつくり」の手法やシステムの移植と定着である。自動車生産のためのトヨタ・カンバン方式は，JIT生産方式（Just-In-Time Production System）からリーン生産方式（lean production system）となって普遍化し，世界中の自動車産業や一部の先進製造業に定着している。

　（財）産業研究所の調査（2000，2001）によれば，米国，チリ，タイ，ハンガリー，ブラジル，インド，マレーシアにおいて，日本的生産管理方式のうち，5S（整理，整頓，清掃，清潔，躾），改善活動，小集団，TQC（total quality control, 全社的品質管理），作業者の品質責任は，調査対象企業の50%以上に定着しているが，リーン生産やセル生産（cellular production，U字型ライン等を使用する多品種少量生産向け組み立て方式）は，20～30%にとどまり，全体としては移植度が低い。これらの事実は，人的要素の比重の高いものは定着しやすいが，複雑で

資本集約的なものは定着困難であることを物語っている。日本的生産管理方式の導入時期としては,「1年未満」は10～20％と少なく,「5年以上」がは30～40％を占め,日本的システムがかなり以前から導入されていることが指摘できる。

第3部
経営組織の行動―組織文化の形成と変革

9 経営組織と意思決定

9.1 組織行動の意義と問題性

　組織行動（organizational behavior）とは，組織における協働の過程または動態をいう。論理的にいえば，第1章の図1-2に示されているように，組織構造が設計・整備され，組織人格をもつ組織構成員が配置されて行動が展開されることになる。したがって，組織行動は，組織における個人行動の複合であるが，たんなる個人行動の算術的合計ではなく，複合のかもし出す組織風土（organizational climate）もしくは組織文化（organizational culture）がそれに加えて問題になる。組織における個人行動は，組織文化に制約されながら組織文化を変容させ，新しい組織文化を創造して行くのである。このような組織文化そのものについては，第12章で詳述することとし，この章では，行動の契機となる意思決定をめぐる諸問題を中心に考察する。

　組織行動の第1の問題性は，各組織構成員の行動がどのように展開されるか，を明らかにすることである。その鍵は，意思決定にある。人間行動の動機や過程を研究している行動科学（behavioral science）によれば，あらゆる人間行動は意思決定に始まるからである。組織構成員は，担当する課業について意思決定を行う（組織的意思決定）ばかりでなく，組織への参入（就職），組織からの退出（転退職），組織における勤怠（どの程度働くか）など，個人目的や動機についても意思決定を行う（個人的意思決定）。このように見るならば，まず意思決定のメカニズムを明らかにする必要がある。

　第2の問題性は，各意思決定をいかにして経営目的達成の方向に統合し，しかも合理性の高い状態で行わせるか，ということである。各意思決定がそれぞれ勝手な方向を目指して行われれば，協働は崩壊する。そこで，慎重かつ意図的に，各意思決定を特定方向に誘導する措置が講じられなければならない。そ

れは，的確な情報の適時な伝達，権限など影響力の行使，強いリーダーシップ，誘因の提供による動機の形成などによって可能になる。

第3の問題性は，第2の問題性の異局面であるが，意思決定を出発点とする組織行動を，全体としていかに活力に満ちた状態に保つか，である。そのためには，各組織構成員の諸活動と，その源泉になっている諸力すなわちエネルギーを，意識的にコントロールしなければならない。その基本は，諸力の合成力を大にすること（シナジー効果の追求）と，諸力の浪費を省くこと（葛藤の防除）である。

以上の三つの問題性のうち，前の二つはこの章で，最後のものは次章で，それぞれ説明する。

9.2 意思決定の過程・前提・合理性

Simon (1977) によれば，意思決定は，次の四つの活動から構成される一つの過程である（カッコ内は補足説明）。

（1） 情報活動（intelligence activity）：決定を必要とする諸条件に関連した環境の探索（情報の収集）。

（2） 設計活動（design activity）：可能な代替的活動コースの発明，開発，分析（活動代替案の設計）。

（3） 選択活動（choice activity）：利用可能な代替的活動コースの中から，特定のものを選び出すこと（狭義の決定）。

（4） 検討活動（review activity）：過去の選択の評価・検討（活動の評価と情報活動へのフィードバック）。

個人的意思決定では，この過程のすべてがその個人によって行われるが，組織的意思決定では，特定の決定に関する4活動が複数人によって分担されることも多い。また，ある決定が他の決定の前提になり，次の決定の情報活動につながって行く（複合的意思決定）。これらのことから，組織は，多数の意思決定が相互に先行したり後続したりしながら関連し合う，意思決定のネットワーク

である，との見方ができるのである。

　組織を意思決定のネットワークとして理解した場合，特定の意思決定から見たその他の意思決定の全体，換言すれば特定の意思決定が行われる組織的状況を，意思決定環境という。各意思決定が経営目的を目指して高い合理性を発揮するように行われるためには，意思決定環境をそれに適合するよう整備する必要がある。それは，各意思決定の情報活動と設計活動に対し，情報活動については決定前提を，設計活動については策定技術を，それぞれ的確かつ適時に提供することである。これはすなわち，伝達の問題にほかならない。

　意思決定を制約する前提を，決定前提という。それには，次の二つがある。

（1）　価値前提（value premises）：意思決定が目指すべき目的を代表とする価値的・倫理的与件。その具体例は，経営理念と上位の経営目標である。

（2）　事実前提（factual premises）：とるべき行動の適否を判断するのに必要な，事実に関する知識・情報。たとえば，競争者の実態，技術の動向，資源の利用可能性などである。

　いずれにせよ，決定前提の組織内への浸透は，経営目的を目指す意思決定環境の形成にとって不可欠である。それには，適切な伝達，教育・訓練，および有効なリーダーシップが必要になる。

　意思決定の合理性（rationality of decision）とは，行動の諸結果がそれによって評価される価値基準（例：利益）に即して見たとき，望ましい結果をもたらす代替案（例：最大の利益を生み出す案）を選択する程度・度合い・確率・可能性である。もし，意思決定者が，経済人仮説が想定しているような全知的人間（omniscient man）であれば，すべての代替案を網羅的に洗い出し，各代替案のもたらす結果を完全に予測し，評価することができるから，文字通り唯一最善の案に到達することができるであろう。そこでは，最適化原理または極大化原理に支えられた全知的合理性（omniscient rationality）または客観的合理性（objective rationality）が存在するといえる。

　しかし，現実の人間は，自らの知識や経験の範囲内で可能な限り合理的に行

動しようとする経営人仮説に近い。そこでの合理性は，限定された合理性 (bounded rationality) または主観的合理性 (subjective rationality) である。ただし，限定された合理性は，非合理性とは異なる。非合理性には合理性が存在しないが，限定された合理性には合理性があるだけではなく，それを向上させようとする理性が根底に存在しているからである。そこで，組織の課題は，各組織構成員に経営目的を意識させ，合理性を高めるために必要な情報を伝達し，慎重かつ意図的に意思決定環境を形成することによって，制約を緩和することである。この点で，意思決定のための技術の開発と教育は，決定的に重要である。

9.3 意思決定の技術と二つの意思決定論

意思決定の技術については，次のような二つの接近法がある。

（1） 最善の代替案を探索する方法・手法・技法そのものを開発・改善・教育しようとする接近法。このような接近法を，規範的意思決定論 (normative decision theory) という。

（2） 各種意思決定技術の意義・役割・合理性向上策・限界を解明しようとする接近法。このような接近法を，記述的意思決定論 (descriptive decision theory) という。

この章でこれまで説明してきた意思決定の内容等は，記述的意思決定論の成果である。規範的意思決定論は，全知的人間の存在を前提にし，したがって客観的合理性の実現を目指すもので，経済学や管理科学 (management science) の意思決定論である。それは，特定目的のためにどの案が最善であるかを示す，選択原理と技術そのものを提示しようとする。そのため，問題を分析的手法によって構造化し，計量的操作を駆使して最適解を求めようとする。この接近は，結果志向的であり，最適化原理もしくは極大化原理に立って問題を処理しようとする。OR（operations research）はその典型である。

これに対し，記述的意思決定論は，規範的意思決定論の現実遊離もしくは実

験室的状況設定を批判し，人間の実態である部分的無知（partial ignorance）による合理性の制約を前提とした接近である。すなわち，ある程度，分析の精密性は犠牲にするが，複雑な問題のもつ特徴や性格に注目し，それらに関連させて代替案を設計・比較・評価するとともに，その各段階で得られた情報を頻繁にフィードバックし，学習し，問題の定式化と分析の現実化を次第に高めて行く方法を提唱する。これを，適応的探求法という。このような接近は，過程志向的であり，情報の不完全を前提にし，ある希求水準に合致する代替案で行動するという意味で，満足化原理に立っている。

9.4 記述的意思決定論と意思決定技術

Simon (1977) は，各種の意思決定技術を表9-1のように整理した。まず，意思決定を，プログラム（問題解決手順）の有無によって，定型的（programmed）意思決定と非定形的（nonprogrammed）意思決定に2大分する。それぞれの定義は，表の中に示されているが，実際には，一部プログラムが存在する中間状

表 9-1 意思決定の型と技術 (Simon, 1977)

意思決定の型	伝統的意思決定技術	現代的意思決定技術
定型的： 常規的・反復的意思決定。組織はこれらを処理するために，明細なプロセスを開発する。	1. 慣　習 2. 業務手続： 　　標準処理手続 3. 組織構造： 　　共通の期待 　　下位目標のシステム 　　明確な情報経路	1. OR： 　　数学的解析 　　モデル 　　コンピュータ・シミュレーション 2. EDP
非定型的： 単発の，あるいは不完全な構造をもった，もしくはまったく新奇な政策的決定。一般的問題解決法によって処理される。	1. 判断，直観，創造性 2. 経験法則 3. 経営者の選択と訓練	下記に応用されるヒューリスティックな問題解決法 （a）意思決定者の訓練 （b）ヒューリスティック・コンピュータ・プログラムの作成

9　経営組織と意思決定　143

態のもの，それも定型度にさまざまな程度のもの，がある．しかし，問題の簡略化のために，中間状態はすべて省略されている．また，各種の意思決定技術は，伝統的（traditional）と現代的（modern）に2分されている．この区分の論拠は，必ずしも明確ではないが，科学性の有無にあると理解してよいであろう．表の中の意思決定技術について，簡単に説明を加えよう．

（1）　慣習：前例の使用，根回しによる調整など．

（2）　組織構造：目標の体系的配分，課業の定型化による分担，情報システムによる連携．

（3）　経営者の選択と訓練：経営者候補のエリートもしくは実績のある人を採用し，計画的に育成して後継経営者とする．

（4）　OR：数学的手法により問題を定型化し，行動の最適解を求める．たとえば，価格と生産資源が与えられた場合の，利益を最大にする生産量を計算する．

（5）　コンピュータ・シミュレーション（computer simulation）：コンピュータにより，モデルの変数を変化させて予測結果を算出すること．模擬実験という訳もある．たとえば，為替レートが10円上下すると，輸出や利益がどうなるかを計算する．

（6）　EDP（electronic data processing）：コンピュータを中核にした情報処理システム．もっとも日常的な例は，銀行の現金自動支払い機(cash dispenser)．

この表に示された意思決定技術のうち，記述的意思決定論の特質をもっとも強く反映しているものは，「ヒューリスティック（heuristic）な問題解決法」である．それは，一般的問題解決法（general problem solving, GPS），すなわち人間が未知の問題に当面した時に使用する試行錯誤的対処法の過程を分析し，経験率の発見，その体系化，改善を通じて，プログラム化しようとする試みをいう．そこでは，問題の分割，フィードバックの多用，満足化原理の採用などを組み合わせた適応的探求法が駆使される．その際に，人間のもつ直観，連想，ひらめきのような創造的能力と，コンピュータのもつ記憶，検索，演算のよう

な処理能力を組み合わせたマン・マシン・システムによる対処が重視される。

Ansoff (1988) によれば，適応的探求法の特性は，① 決定ルールを順次狭めて精錬して行く多段階 (cascade) 分析手続きであること，② 各段階間にフィードバックがあること，③ 各段階内に目標・期待達成水準のギャップを縮小する過程があること，④ 当初の目標と評価基準の両者が，後の段階の分析結果に適応するようになっていること，である。それぞれについて，若干補足する。

① の多段階分析手続きは，最終的選択に至るまでに，意思決定過程が多くの分析と中間的選択の段階を経過して進行するようにとらえ，かつそのように意思決定過程を分析し，設計することをいう。

OR のような規範的意思決定技術では，選択は1回に限られている。② の各段階間フィードバックは，各段階で得られた以前より詳細な情報を，前の各段階にフィードバックし，全体の意思決定過程を精錬化するとともに，必要に応じて前の段階（例：目標設定）からやり直すことをいう。このようなフィードバックの反復は，決定ルールを次第に改善しながら，順次狭めることになる。

③ の各段階内ギャップ縮小過程は，各段階においてヒューリスティックな問題解決法を適用することである。すなわち，各段階ごとに，問題を解決可能な下位（小）問題にゆきつくまで分析し，それらを順次解決することによって，その段階の問題解決と目標達成をはかり，その集積により全体問題の解決に接近する。たとえば，業績が低下した場合，いきなり新事業の検討に入るのではなく，現状の徹底した分析により業績回復の可能性を検討し，それでも問題が残る場合に，初めて新事業の検討に入るなどである。

④ の目標と評価基準の適応は，これまでの①～③の全体効果である。多段階にわたる分析の深化と情報のフィードバックは，学習効果となって，当初の目標と評価基準の両者に影響を与え，必要に応じたこれら両者の修正は，意思決定過程全体を，前より高い水準に引き上げる。

要するに，記述的意思決定論の武器は，認知，学習，記憶，フィードバック等の行動科学の成果であり，そのために記述性という特色と，低操作性という

限界が生じる。

9.5 規範的意思決定技術と不確実性

規範的意思決定技術の例として，投資決定の技術を見よう。その主要な方法は，① 回収期間法（payback period method），② 会計的利益率法，③ 内部利益率法，④ 現在価値法（present value method）の四つである。前節の区分を使用すれば，① と ② は伝統的意思決定技術であり，③ と ④ は現代的意思決定技術である。それぞれの代表として，会計的利益率法と現在価値法を説明する。

会計的利益率法は，次の式の利益率を各代替案について計算し，あらかじめ設定してある最低必要利益率（希求水準）に達しない案がまず棄却され，残りのうち利益率が最大の案が採択される。この方法は，計算は簡単であるが，毎年均等に利益が発生する（年平均利益）という仮定に非現実性がある。

　　会計的利益率＝（投資からの年平均利益）÷（投資額）

現在価値法は，投資から期待される毎年の利益（現金純収入）の流れ R_1, R_2, ……R_n を，資本コスト（資本が生むべき必要最低利益率 i）で割り引いて，それらの現在価値 V を求め，その大きさの順に代替案を優劣づける方法である。計算式は次の通りであるが，S は n 年末の投資の清算価値（残存価値，scrap value）である。

$$V = \frac{R_1}{(1+i)} + \frac{R_2}{(1+i)^2} + \cdots\cdots + \frac{R_n}{(1+i)^n} + \frac{S}{(1+i)^n}$$

これらに共通する決定技術としての一般的欠陥は，長期の将来に関する情報の不確実性を考慮していないことである。つまり，人間の全知性を前提とし，それが部分的無知である現実を無視しているのである。しかし，規範的意思決定論も，この問題を放置しているわけではなく，不確実性を考慮に入れた意思決定の技法を開発している。簡単な例を示そう（Miller = Starr, 1967）。

今，3種の代替案と3種の未来状況に関する利得行列が，表9-2のようであるとする。この場合，いずれの案を採るかの選択原理には，次の4種がある。

表 9-2 代替案と利得

未来状況(例) 代替案(例)	N_1 (好況)	N_2 (安定)	N_3 (不況)
A_1 (投機性株式)	20	1	−6
A_2 (資産性株式)	9	8	0
A_3 (債券)	4	4	4

（1） マキシミン原理（maximin＝maximum minimum criterion）：状況は結果を最小にするよう働く（minimize）と判断し，最悪状況（N_3）における最善（maximum）の案（A_3）を採択する。

（2） ミニマックス原理（minimax＝minimum maximum criterion）：状況判断は同じ（minimize）であるが，最悪状況下での損失が最小になる案を採択する。そのために，後悔（regret）という概念を使用する。後悔とは，状況を知っていれば入手できた利得（実際に生じた状況のもたらす利得）と実際に受け取った利得（採択した案のもたらす利得）の差である。それを計算した後悔行列は，表9-3のようになる。この表から，各代替案の最大後悔（A_1＝10, A_2＝11, A_3＝16）を比較し，後悔の最小になる案（A_1）が利得を最大（maximize）にするとして採択される。

表 9-3 後悔行列

生じた状況 選択した代替案	N_1	N_2	N_3
A_1	20−20＝0	8−1＝7	4−(−6)＝10
A_2	20− 9＝11	8−8＝0	4−0＝4
A_3	20− 4＝16	8−4＝4	4−4＝0

（3） マキシマックス原理（maximax＝maximum maximum criterion）：状況は結果を最大にするよう働く（maximize）と判断し，最善状況（N_1）における最善（maximum）の案（A_1）を採択する。しかし，このような楽観的結果が例外的であることは容易にわかる。そこで，実際の採択は，その人の楽観度によ

表 9-4　楽観係数と期待利得

代替案	最大利得	最小利得	期待利得
A_1	20	-6	$20\times0.6+(-6)\times0.4=9.6$
A_2	9	0	$9\times0.6+0\times0.4=5.4$
A_3	4	4	$4\times0.6+4\times0.4=4.0$

注：期待利得＝最大利得×楽観係数＋最小利得×(1－楽観係数)

表 9-5　ラプラス原理による期待利得

代替案	期待利得
A_1	$\frac{1}{3}[20+1+(-6)]=5$
A_2	$\frac{1}{3}(9+8+0)=5.67$
A_3	$\frac{1}{3}(4+4+4)=4$

って加減される。この楽観度を楽観係数 (coefficient of optimism) といい，完全な楽観度を 1，完全な悲観度を 0 とする。ある人の楽観度が 0.6 であるとすれば，彼は表 9-4 のような計算をし，利得が最大となる案 (A_1) を採択する。

(4) ラプラス原理 (Laplace criterion)：起こり得る各状況に均等のウェイトを与え，結果の平均値が最大の案を採択する。計算は表 9-5 のようになされ，A_2 が採択される。

ここで重要なことは，選択される案は多様であり，しかもすべてが「正しい」選択であるという点である。(1) と (2) は悲観的な人の選択であり，(3) は原理それ自体の表現は楽観的な人のものであるが，楽観係数が 0 であれば，結論は (1) と同じに悲観的結論になる。換言すれば，不確実な状況下では，結果最大（最適）というような単数の選択原理は成立せず，複数の選択原理がそれぞれ妥当性をもち，最終的にそのいずれを採択するかは，意思決定者の理念や価値にかかってくるのである。

9.6　情報処理と経営組織

不確実性をいかに処理するかにより意思決定の結論が左右されることは，前

節で明らかになった。そこで，意思決定の結論を安定させ，合理性を高める方策が必要になる。そのためのもっとも有力な方法は，高度な情報技術(information technology, IT）を開発し，組織に組み込むことである。情報化社会と呼ばれる現代は，急速に情報技術を発展させ，それが組織の構造と行動に大きな変容をもたらしたばかりでなく，組織研究にも新しい接近法を生み出した。それは，情報プロセッシング・アプローチと呼ばれるものである。

情報プロセッシング・アプローチによれば，組織の目標達成に必要な情報量と組織の保有する情報量との差（ギャップ）が，不確実性になる。このような意味での不確実性への対処が，組織の行動を通じて組織有効性に影響する。不確実性の大きさは，組織ごとに異なるから，唯一最善の処理法は存在せず，環境・戦略・組織構造・情報システムの4要因相互間に適合関係を形成することが，もっとも重要な課題になる。

Galbraith, J. R. (1973) は，このようなアプローチを組織設計の基本とするよう提唱した。彼によれば，目標達成に必要な情報量は，産出（製品，サービス）の多様性，投入（機械，人員等の資源）の多面性，目標達成上の困難度（競争状態等)によって決まる。組織は，目標を明確に設定し，階層や部門を設け，各種の規則を制定することによって組織の行動を統制しようとするが，不確実性が増大して処理すべき情報量が増加して行くと，次のような組織の所要情報量削減戦略のいずれかを採択する必要に迫られる。

（1）調整付加資源（slack resource）の投入：目標の希求水準を多少切り下げてでも，余分の資源を投入して対処することである。たとえば，顧客への納入期限に時間的余裕をもたせる(顧客を待たせて納入の不確実性を減らす)，在庫量を余分にもつ(出荷の不確実性を減らす)，人員・機械の稼働率に余裕をもたせる（生産の不確実性を減らす）などである。これらは，余分のコストを発生させて，目標達成度を低下させる。

（2）自己完結的権限構造の形成：多角化した組織では，不確実性が大きい。そこで，生産過程別（製造，販売等）や資源投入別（人事，財務，資材等）に

なっている職能部門制をとると，集権的で部門間調整のための情報処理量が大きくなるので，産出（製品等）別の組織すなわち事業部制にして，情報処理量を減らす。この場合にも，専門性の低下や資源の分散利用というコストが発生する。

このように，情報プロセッシング・アプローチは，不確実性に対処するための情報処理を軸にして，組織に言及している。それは，組織が内外環境の状況に適合した情報処理能力をもつべきことを示している点で，状況理論の一分岐と見なされる。

不確実性低減のための上の二つの戦略は，この節の冒頭で指摘した情報技術にはほとんど言及していないが，より高度の情報技術の採用は，これらに並ぶ，あるいはこれらと併用可能な戦略である。このような情報技術と組織の関係という問題を，OA（office automation）の視点から考えることにしよう。

OAは，経営における情報処理のオートメーション化を追求する接近である。すなわち，情報処理（収集，作成，加工，送達，蓄積，利用）のための空間的・時間的な場をオフィスととらえ，そこでの情報処理機器と人間の有機的システム（man-machine system）を基盤にして，目的に応じた即時的情報処理を目指す努力が，OAにほかならない。

OAの展開は，2次にわたっている。1950年代末からの第1次OAは，大・中型コンピュータ（メインフレーム）を本社や事業拠点に配置し，計数・符号化情報の処理や定型的意思決定（例：経理，在庫管理）を機械化した。これを，伝統的EDPシステム（electronic data processing system）ということがある。1970年代末からの第2次OAは，伝統的EDPに適合しない非計数情報をも対象に加え，ファクシミリ，パーソナル・コンピュータ（パソコン），ワードプロセッサ（ワープロ），ワークステーション等の機器を用いて，職場ごとの個別目標に即した分散処理を目指す。集中処理型の伝統的EDPシステムと，分散処理型の第2次OAとは，過渡期には整合性が低いが，真のOAは，それらの統合によって実現する。

OAの経営組織への影響は，職務内容，職務空間，階層構造，中間管理者，集権・分権，意思決定支援などに特に顕著に現れる。その要点は，次のようである。

　まず，職務内容である。第1次OAは，組織構成員を情報のコンピュータへの入力に専門化した女性主体の単純労働集団と，コンピュータからの出力情報を利用して課業を遂行する知的労働集団に2極分解させる結果を生み出した。これは，工場の生産現場と同一の現象であり，単純労働集団については，人間性疎外が強化される。これに対して，第2次OAでは，男女を問わず各人が多機能（機器操作，情報処理，判断など）を行うネットワーク上の拠点になり，情報検索を通じて全体業務の把握が可能になるので，職務拡充の効果（第11章参照）が期待できることになる。

　職務空間の点では，人間の移動を減少させ，情報の移動を増大させる効果が現れる。電話会議，テレビ会議，在宅勤務，サテライト・オフィスは，その典型例である。これらのうち，在宅勤務とサテライト・オフィスは，協働の技術的システムのあり方を根本的に変えるだけでなく，通勤時間節約，交通混雑緩和，オフィス・スペース節減等の社会的効果を生む。その反面，特に日本では，集団主義や人間的接触の崩壊，狭隘な住居での労働など別の面での逆機能も多く，対応は漸進的でしかも慎重にならざるを得ないであろう。

　第1次OAの当時，中間管理者不要論，すなわち階層構造の簡素化効果が誇大に主張された。それは，中間管理者の役割を，情報の垂直的変換点（上意下達と下意上達）に過ぎないとする理解に由来している。この主張は極端であるにしても，OAにより，価値と情報の共有が高度になれば，組織構造は，ピラミッド型からネットワーク型に変化し（マトリックス組織はその一種），中間管理者は，垂直的情報変換点（管理職）からネットワーク化された単位組織の情報結節点（専門職）に変化して行くことになる。

　OAが集権・分権とどのように関係するかについては，見解が分かれているが，いずれにも寄与する中立的性格のものとする見方が妥当であろう。職能部

門制では集権が，事業部制では分権が適合するというのが，一般に支持されている原理であることは前に指摘したが，価値と情報の共有を時間的に迅速・適時に，内容的に詳細に促進することを可能にするOAは，いずれの場合にも適合を一層高度なものにするはずである。

　OAの進展により総合情報システムが整備されれば，DSS (decision support system)が構築可能になる。それは，非定型的意思決定について経営者を支援する情報システムであり，経営者がもっている経験や学習に基づく直観的判断力を有効にするため，コンピュータによる情報検索・演算・シミュレーション・パターン認識等の能力を活用するものである。それはしかし，意思決定過程を自動化したり，コンピュータの提示する解を強制したりして，経営者を不要にするものではない。

　DSSの意図は，意思決定者としての経営者の問題認識，直観力，洞察力，ひらめき等をより高度に発揮させ，論理と理性によって補強し，洗練し，客観化することである。なお，DSSのうち，戦略的意思決定のためのものを，特にSIS (strategic information system) ということがある。

10 経営組織の活性化

10.1 組織活性化の意義

「活性」とは、もともと自然科学の用語であり、「分子や原子が他の分子・原子・電子と衝突し、または輻射線を吸収して、エネルギー準備の高い状態になり、化学反応が活発になる性質」(『広辞林』)をいう。物質を構成する分子・原子を組織を構成する人間に置き換え、輻射線(放射線)の意味、すなわち中央の1点から周囲に向かって勢い良くでる作用、を加味すると、次のような理解ができる。組織活性化とは、組織構成員が他の組織構成員と活発に相互作用し、さらに経営者の指導・調整を好意的に受け入れて、エネルギー準備の高い状態になり、組織行動が積極性に富むものになることをいう、と。

組織活性化が組織構成員のエネルギーに関係し、活力(vitality)に満ちた状態が本来的に必要であることは、第1章の組織の定義の中に「諸力」という用語が含まれていたり、組織の3要素の一つに「貢献意欲」があげられていることによって明らかである。一般にエネルギーの大きさは、位置エネルギーもしくは潜在エネルギー(potentials)と、運動エネルギー(kinetics)の2種で表現される。前者は、高所にある物体が低所にある物体よりも大きなエネルギーをもつことを、後者は、運動体が静止体よりも大きなエネルギーをもつことをいう。これらを組織にあてはめると、前者は組織のもつ諸資源、特に組織構成員の能力・資質の水準の問題に、後者は組織行動の活発さ(どれだけ多くの人が、どれだけ強く、どのくらい長く、どの程度有効に活動しているか)の問題になる。さらにこれらは、組織活性化に、基本的に次の二つの方法があることを示唆している。

第1は、優れた能力・資質を準備することによって、潜在エネルギーを高めることである。具体的には、優秀な人的資源の外部環境からの採用・教育、革

新 (innovation) の種子（seeds）になる技術やノウハウの導入・採択・蓄積，的確な情報の継続的収集・蓄積（データ・ベース構築）・適時使用，財務的資源の調達と内部留保，必要な物的資源の調達と在庫，などによって可能になる。準備の量・質・維持期間，更新の必要性は経営目的や経営戦略によって決められるべきであるが，現実の準備可能性は，経営者の手腕によって左右される。すなわち，経営者の能力・資質が，組織の潜在エネルギーの大きさを最終的に規定するのである。

　第2は，潜在エネルギーを運動エネルギーに変換することであるが，これにはさらに二つの視点がある。その1は，諸種の潜在エネルギーをうまく合成して，単純合計以上の効果（例：1+1→3）を引き出すことである。この効果を，シナジー（synergy）という。この語が，syn-（共に）と energy の合成語であることに注意したい。その2は，行動過程で必ず発生する摩擦のようなエネルギー・ロスを，極力小さくすることである。この二つの視点は，エネルギー論では本質的に同じであるが，組織論では，次に述べるように，前者を活性化の積極策，後者を消極策として区分することに，現実的意義がある。

　組織におけるシナジー効果の追求には，組織構成員の組織忠誠心(loyalty)を高めて組織との一体感（identification）を醸成しなければならない。それには，構成員全体についてモラール(morale)を高く維持し，活発な雰囲気をかもし出す組織文化ないし組織風土を築くとともに，個々人について動機づけ（motivation)をはかる必要がある。組織におけるエネルギー・ロスの典型は，意見の対立のような葛藤（conflict）である。そこで，葛藤の防除が活性化の不可欠の課題になる。

　以上から，組織活性化には，経営者の能力・資質と行動が深くかかわることが明らかになった。すなわち，組織を活発にしたり沈滞させたりする鍵は，経営者のビジョンや手腕にある。この章では，このような角度から，具体的な問題をとりあげる。

10.2 組織影響力と権限

組織影響力 (organizational influence) とは，それぞれの組織構成員が経営目的達成に必要でしかも有効な意思決定をするために，経営者が中心になって組織が行う意図的作用をいう。その手段や方法は多様であるが，それらを整理した例は，表10-1のようになる。

表 10-1 組織影響力の内容 (Kast = Rosenzweig, 1979)

影響力スペクトル			
対抗心	示唆	説得	強制
互角になるもしくは卓越するための努力，互角になるもしくは卓越する努力の模倣，互角への接近もしくはその実現。	人の行動の考慮や発起の気持の前に，(アイデア，提案，計画等を) 提出し，あるいは提起すること。	助言，激励，理由づけ，もしくは誘因により，(強制でなく) ある事柄を実行するよう説き伏せること。	制約の賦課，義務の無理強い，物理的圧力もしくは圧迫。

この中の「対抗心」とは，理想像を示してそれへの接近を推奨することをいう。表中の4方法の共通項が，伝達であることに注意したい。理想像の提示，示唆，説得，強制（その典型は命令）は，すべて伝達によって可能になるからである。また，これらすべての方法を効果的にする基礎は，教育訓練による組織風土の浸透，適切なリーダーシップ，良い慣習の確立と尊重が行き渡っていることである。

このような組織影響力を与える能力を，権力 (power) という。それは，相手の必要とする要因 (例：報酬) を操作することによって，相手の行動を左右する力である。したがって権力は，組織内の地位の上下を問わず保有しうる(例：労働者のストライキ)ものであり，自己の利害のために使用される影響力一般を意味する。組織影響力には権力が伴わなければならないが，権力のすべてが，ここでいう組織影響力になるわけではない。

組織影響力としての権力の中心になるのが，権限(authority)である。それは，

組織影響力を行使するための制度化された権力ないし権利である。このような権限と権威(dignity)を混同してはならない。第4章で述べたように，権限は課業遂行に必要な要素として職位に割り当てられている制度的権力であるが，権威は，個人の人格や識見に源泉をもつ個人的権力である。そこで，表10-1の中でもっとも強力でしかも直接的な影響力の手段である強制にとって，権限は不可欠であるが，説得，示唆，対抗心にとって，権限は不可欠ではない。しかし，説得，示唆，対抗心の方法に，権威が加わっていれば，有効性は非常に高まるであろう。

　古典的組織論は，規則に従って合法的に権限を行使すれば，そのまま有効な組織影響力になると考えてきた。このような合法性を重視する考え方を，権限上位説という。その背後には，機能人仮説がある。この説の根拠とする合法性(legality)，すなわち物事が法・規則に適合していることは，組織影響力の必要条件ではあるが，十分条件ではない。合法的権限の内容が十分な正当性(legitimacy)をもち，組織構成員によって深く理解され，納得され，支持された上で行動されなければ，権限は事実上存在しないのである。このような実態を重視する考え方を，権限受容説という。それは，現代的組織論の祖Barnard(1938)によって，初めて提唱されたものである。権限受容説の根拠とする正当性とは，内容が正しく理にかなう，あるいは正義(justice)があるとして，関係者によって支持される度合いをいう。

　権限，特にその発動の典型である命令が受容される条件は，次の4点である。
（1）　内容が理解可能であること（了解性）
（2）　内容が経営目的と矛盾していないこと（合目的性）
（3）　内容が組織構成員の利害と両立すること（充足性）
（4）　内容が実行可能であること（可能性）
　権限には，解雇，処罰，降職等の制裁(sanction)が含まれているが，これは例外事態に対処するための非常権力であり，受容，納得，参画，自主性を尊重しなければならない人間中心の現代組織では，制裁の意義は低い。

権限受容説に対しては，受容の条件が個人的事情に依存する度合いが大きいため，組織が不安定になるとの批判がある。しかし，このような批判に対しては，組織には次のような受容を安定させる作用が内蔵されているから，危惧に過ぎないとの反論がある。

（1） 永続している組織では，命令は一般に慎重に発せられ，受容の4条件は常態になっている。

（2） 各個人には，各命令について正当性の有無を意識的に問題にすることなく受容する，無差別圏（zone of indifference）が存在している。

（3） 協働している人びとの間には連帯的利害が生まれるから，安定的に無差別圏を維持するよう，各人に圧力がかかる。これは主として非公式組織のもたらす効果であるが，このような現象を，上級権限の仮構（fiction of superior authority）という。

権限受容説は，権限の主観的・人格的側面（伝達＝命令を正当性あるものとして受容すること）を強調したが，権限には伝統的に重視されてきた客観的側面（命令そのものの影響力的性格）がある。そこで，権限については，主観的な受容のみでなく，客観的に次のような条件を整えることが必要である。

（1） 職位の権限（authority of position）：上級職位の発する命令は，その職位にふさわしい視野と内容を備えていること。

（2） リーダーシップの権限（authority of leadership）：リーダーシップに優れた人の発する命令は，地位にかかわりなく正当性をもつ。これは前出の用語でいえば，権威の問題である。

（3） 組織人格：組織人格に徹した意思決定に基づく命令は，正当性が高くなる。

（4） 伝達システム：有効な伝達システムは，正当性に寄与する。そのための条件は，明確で公式化され，なるべく短い経路をもち，組織が活動している間は常に機能している，などである。

10.3 リーダーシップ

Barnard (1938) によれば，リーダーシップとは，「技術的練達と道徳的複雑性の両面に対する比較的高い個人的能力に与えられる名称」であり，「信念を創り出すことによって協働する個人的意思決定を鼓舞するような個人の力」である。この場合，「信念」とは，共通の理解に立っているという確信，成功するという確信，協働によって個人的動機が満たされるという確信，個人目的よりも経営目的が優先するという確信である。これらは，組織忠誠心や一体感といわれているものであり，さらには組織の要素である貢献意欲の別表現である。

リーダーシップは，組織の定義からすれば，諸活動または諸力を調整する人間的作用そのものであり，組織活性化の観点からすれば，潜在エネルギーを運動エネルギーに転化させる起爆剤となる。それゆえに，リーダーシップは，組織の戦略的要因となり，その優劣，特に経営者リーダーシップの優劣は，組織の活力ひいてはその盛衰に決定的な影響を及ぼすのである。

Barnard (1938) は，リーダーシップに技術的側面と道徳的側面の2側面があるとしている。リーダーシップの技術的側面とは，体力，技能 (skill)，技術 (technology)，知覚，知識，想像力における個人的優越性をいう。これらの諸資質は，時と所によって非常に変動し，特定の事情の下では特に意味があり，積極的行動に必要であり，またその必要度をかなり容易に決定することができる。また，それらは，教育や訓練によって育成することが可能であり，比較的客観性が高いから，人から尊敬されたり対抗されたりする資質である。要するに，この側面は，局部的，個人的，特殊的，相対的，一時的，直接的，客観的である。

リーダーシップの道徳的側面 (moral aspects) とは，決断力，不屈の精神，耐久力，勇気における個人的優越性をいう。これら諸資質は，社会の態度，理想，一般的制度などを反映し，行動の質を規定し，人の行動に信頼性と決断力を与え，目的に先見性と理想性を与える。しかし，これら諸資質を特定的に育成す

ることは，ほとんど不可能である。この資質の有無は，ある人がどのような行動をしているかという事実によってもっとも良く推察され，それによって尊敬と崇拝を得たり失ったりするのである。要するに，この側面は，一般的，絶対的，不変的，間接的，主観的である。

以上のようなリーダーシップの2側面は，示唆に富んでいる。すなわち，リーダーシップの技術的側面は，リーダーが後天的に育成可能であること，特定状況においては特定のリーダーシップ・スタイル（類型）が有効であること，つまりリーダーシツプが状況的(contingent)なものであること，を示している。この点からすれば，リーダーシップの行動類型論や状況論は，それなりの存在理由が認められることになる。

リーダーシップの行動類型論は，リーダーの行動様式を専制的，民主的，放任的などに類型化する試みであり，状況論は，このような類型を使用して，各類型がどのような組織状況において有効であるかを実証的に解明する試みである。たとえばLikert(1967)は，独善的専制型，恩情的専制型，相談型，集団参画型に分けたリーダーシップ・スタイルを原因変数（独立・説明変数）とし，メンバーの忠誠心，態度，動機を媒介変数とし，生産性等の業績を結果変数（従属・被説明変数）とする分析を重ねて，長期的・一般的には，集団参画型が有効であるとした。ただし，これらの類型名称は，たとえば独善型＝悪＝非効率的，民主型＝善＝効率的，というような飛躍した予断を招きやすいため，後にはシステム1～4という中立的名称に改められている。

上のリーダーシップの道徳的側面は，リーダーがむしろ先天的資質にほとんど依存せざるをえないこと，リーダーシップの有効性は，リーダー自身の自己統制的行動に，もっときびしくいえば，禁欲的行動にかかっていることを明らかにしている。しかし，通常の行動類型論や状況論のようなリーダーシップ論では，この側面のことは，まったくといってよいほど取り扱われていない。その理由は，通常のリーダーシップ論が，組織の中下層の管理者に関するリーダーシツプ，言い換えると対面的・小集団的リーダーシップを問題にしているか

らである。そこでは，道徳的側面よりも技術的側面が，はるかに大きな比重を占めているのである。

しかし，組織の最上層にいる経営者のリーダーシップは，管理者のそれとは異質である。それは，しばしば制度的・企業者的リーダーシップと呼ばれ，組織全体の動的統合の実現を課題とする。組織の動的統合とは，一定の価値（経営理念）を根底に据えて組織を構造化するとともに，不確実性を特徴とする環境変化に適合させて，既存の構造を変革し，葛藤を克服して新しい統合を実現する過程の反復をいう。経営者機能の本質は革新の反復的実践であり，そのためのリーダーシップは，能率向上や人間関係調整能力のような管理者レベルのものとはまったく異なる資質・能力が要求されることになる。経営者リーダーシップに求められる資質を，表10-2によって見ると，管理者レベルで重要といわれている調整力，現場感覚，説得力，協調性などは，ほとんどまたはまった

表 10-2 経営者に要求される資質

資　質	得点	資　質	得点	資　質	得点	資　質	得点
先見性，洞察力	197	行動力，実行力	19	精神力，不動心	3	協調性，融和性	0
統率力，指導力	194	誠実	11	合理性	2	公共心	0
健康，体力	146	寛容性，包容力	8	現場感覚	1	社会性，社交性	0
理念，ビジョン	129	責任感	6	識見，教養	1	客観性	0
決断力，判断力	113	創造性，アイデア	5	野性味	1	持株，資産	0
信望，人柄	93	掌握力，理解力	4	学習意欲	0	家柄，血筋	0
公正，無私	36	組織力	3	企画力	0	年功，経験	0
国際性	23	調整力	3	交渉力，説得力	0	宗教心	0
バランス感覚	23						

資料：日本学術振興会経営問題第108委員会『80年代わが国企業の経営活力アンケート調査集計報告書』1981（回答171社）。
注：(1) 回答は，各資質について順位をつけて三つを指定する方法によっている。
　　(3) 得点は，次のようにして計算した。
　　　　1位とした企業数×3点＋2位とした企業数×2点＋3位とした企業数×1点
　　(3) 資質の表示を簡略化したものがある。

く必要がないとされ，それらの代わりに先見的洞察，ビジョン，理念，決断力などが上位を占めている。経営者がこれらの資質を発揮して，組織を全体的に方向づけ，組織行動の駆動力となる前進的エネルギーを注入する作用を果たすために，経営者リーダーシップは制度的リーダーシップとされるのである。それはまた，必然的に構造変革を推進しなければならないために，企業者的リーダーシップとも呼ばれるのである。

10.4　欲求理論：動機づけ（1）

　組織構成員をいかにして動機づけるかについては，いくつかの理論とそれらを基礎にした手法があるが，ここでは，欲求理論（need theory）と期待理論（expectancy theory）の二つについて説明する。

　欲求理論によれば，人間はまず基本的欲求によって動機づけられ，基本的欲求が充足されると，逐次高次の諸欲求によって動機づけられるとする。人間の欲求内容とそれらの優先順位は，人により異なり多様であるが，Maslow(1987)によれば，その標準的システムは，図10−1のような逐次的に追加・膨張し多元化する階層構造をもっている。それぞれは，大要次のようなものである。

（1）　生理的欲求：食物や睡眠をとって生存すること。
（2）　安全の欲求：生活が持続できる安全や安寧が確保されること。
（3）　社会的欲求：友情や愛のある集団に受け入れられたいと希求すること。
（4）　自我の欲求：自己の能力や努力を他人に認めてもらい，それらを向上させたいと望むこと。
（5）　自己実現欲求：能力を発揮して達成感を得たいという

図 10-1　Maslow の欲求階層構造

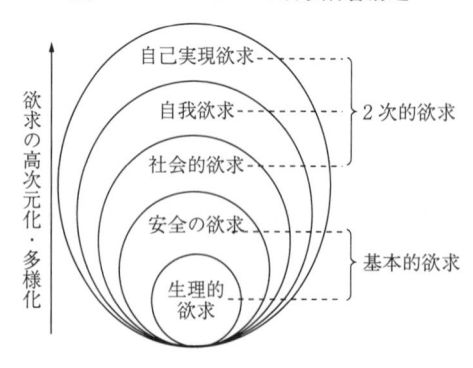

人間として最高次の願望。

　動機づけは，これら欲求を充足する誘因を，逐次適切に提供することによって可能となる。すなわち，生理的欲求の充足については，生活を可能にする賃金を支払うことである。ただし，賃金は，高次の欲求の充足にも寄与する作用をもっているから，一貫して必要な誘因である。安全の欲求は，物理的・肉体的安全と心理的安全に大別できるから，それぞれに対応して，安全・衛生に配慮した作業環境と，雇用保証・公正処遇・退職後に備える諸施策（年金など）を整えなければならない。社会的欲求は，人間関係管理，労働時間短縮，福利厚生の充実によって充足される。自我の欲求に対しては，研修・教育・昇進・表彰等の制度や情報参加が必要になる。最後に自己実現の欲求の充足には，意思決定参加，目標管理（自己の課業に関する目標の自己設定と目標実現行動の自己統制）などが有効である。

　欲求理論は，動機づけに必要な各種誘因の内容と優先順位について，現実的な指示を与えてくれるが，欲求内容が個人ごとに異なる点にどう対応すべきか，「満足＝高い動機」という仮定に問題はないか，すなわち完全に満足した人間は働くであろうかなど，なお検討すべき重要な理論的・実践的課題を残している。

10.5　期待理論：動機づけ（2）

　期待理論の基本前提は，人間が特定の課題に努力を傾けるのは，そうすることによって好ましい内的・外的報酬が得られるとの期待を抱くからである，という仮定である。この場合，内的報酬とは，達成感や自己実現などの主観的・心理的な報酬を，外的報酬とは，昇進・昇給などのような客観的・物的な報酬をいう。この理論は，人間の意識的な選択過程を研究する認知理論を基礎にして，Vroom（1964）によって最初に体系化され，Porter = Lawler（1968）によって展開された。

　Vroom（1964）によれば，期待理論の主要素は，次の三つである。
　（1）　期待：特定の行為によってある結果が得られると信じる，その人の主

観的確率。「できる＝1」から「できない＝0」までの間に分布する。

（2） 誘意性(valence)：ある行為の結果がもたらす報酬の魅力の度合い。満足から無関心を経て不満足に至る幅の中に分布する。

（3） 道具性(instrumentality)：2次的結果(例：業績を上げたことによる昇進)を得ようとする場合に果たす，1次的結果（この例では業績）の手段としての機能に関するその人の信念。この例で平易にいえば，業績というものを単なる昇進の手段と考えるか，それともそれ自体に価値があって，昇進は付随するものと考えるか，である。一方の極には，1次的結果がなくても2次的結果が得られるとの信念（年功制の場合）があり，他方の極には，1次的結果があれば確実に2次的結果が得られるとの信念（業績主義の場合）がある。各人の信念は，この幅の中のどこかに分布する。

これら3要素が動機づけにプラスに作用すれば，それだけ動機は大きくなる。しかし，努力しても業績が上がらないと見込んだ場合（期待薄），昇進に魅力を感じていない場合（誘意性なし），業績を上げても昇進に結びつかないと判断した場合（低い道具性）には，動機づけは行われない。

Porter = Lawler (1968) のモデルは，図10-2のように示される。図中の $(E \rightarrow O)$ 期待とは，努力 E が報酬 O をもたらすことの主観的確率である。彼らによれば，この期待は，努力 E が業績 P をもたらす期待，すなわち $(E \rightarrow P)$ 期待と，業績 P が報酬 O をもたらす期待，すなわち $(P \rightarrow O)$ 期待，の二つに分

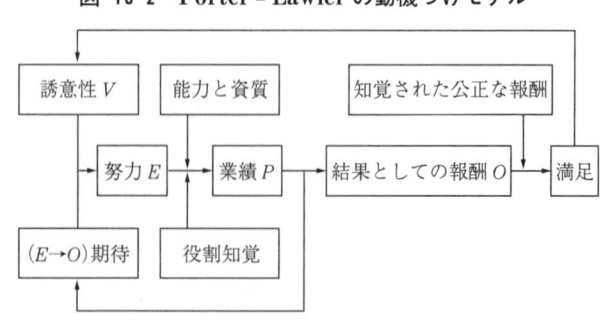

図 10-2　Porter = Lawler の動機づけモデル

けられる。これら二つの期待に影響する要因は，それぞれ異なっている。すなわち，$(E \to P)$ 期待に対しては，自己の能力・資質・役割についての知覚が，$(P \to O)$ 期待に対しては，知覚された公正報酬（受け取るべきと考えた内的・外的報酬）を実際の報酬がどれだけ満足させたかが，それぞれ影響する。

これらのことから，動機づけには，次のような方策が必要になる。

（1）$(E \to P)$ 期待を高めるために，組織構造やリーダーシップ・スタイルを見直し，分権的で参画型のものにすること。

（2）$(P \to O)$ 期待を高めるために，外的報酬を業績主義に改めるとともに，達成動機を注入する教育などを強化すること。

期待理論は，個人の認知プロセスを基礎にしているから，個人の動機づけについては有効であるが，集団の凝集や一体化などの問題は，まったくといってよいほど無視されている。個人の単純な合計がそのまま集団や組織にならない，という観点からすれば，これは大きな弱点である。

10.6 葛藤とその解消

組織に関係して個人や部門の間に発生する衝突，対立，抵抗，紛争などを葛藤 (conflict, friction) と総称する。それは，意思決定の標準的メカニズムが作動せず，合理的な選択に到達できない状態をいう。それは，多くの場合，目的達成にとってマイナスの効果をもつが，たとえば意見を徹底的に闘わせて，以前より良いアイデアを生み出すというように（対決 confrontation など），場合によっては進歩の原動力ともなりうる面をもっている。その理由は，葛藤がエネルギーの衝突現象であり，その多くはエネルギー・ロスをもたらすが，うまく処理すればシナジー効果を生むからである。

組織に関する葛藤には，次の3種がある。

（1）個人的葛藤 (individual conflict)：仕事の悩みのような，課業をめぐる個人の内面的・心理的葛藤。革新について良い結論に到達できず，自信をもって決断できないでいる経営者，革新によって自己の独自性が喪失したり，自分

の技術が陳腐化したり，既存の安定した人間関係が破壊されたりする危険にさらされている組織構成員には，それぞれ個人的葛藤が発生している。

（2）　組織的葛藤（organizational conflict）：部分組織間に方針，利害，認知などの相違によって生じる葛藤。これはさらに，次の三つに分けられる。

　①階層間葛藤（hierarchical conflict）：上司と部下の間のように，組織単位相互間に垂直的に発生する葛藤。

　②部門間葛藤（interdepartmental conflict）：製造部門と販売部門の間など，組織単位相互間に水平的に発生する葛藤。

　③ライン・スタッフ間葛藤（line-staff conflict）：ライン（部門）とスタッフ（部門）の間の，主導権争いのような葛藤。

（3）　組織間葛藤（interorganizational conflict）：経営組織と外部環境主体との間に発生する葛藤。企業と労働組合の間の労使紛争は，この典型である。

March ＝ Simon（1958）は，(2)の組織的葛藤の基本的解消法として，次のような分析的過程と交渉の二つをあげている。

（1）　分析的過程（analytical process）：目的の共有を前提にした葛藤解消法であり，さらに問題解決と説得に細分される。分析的過程では，対立点を明確にし，情報を改めて収集し，問題を分析し直し，共通目的に照らして葛藤解消へ向けて創造的に討議する。上記の対決は，基本的にこれと同じ考え方に立っている。

（2）　交渉（bargaining）：目的共有を否定・放棄した葛藤解消法である。これも取引と政治的工作に細分される。交渉の本質は，欺瞞，誇張，威圧，威嚇，懐柔，駆け引きなどであり，そのため平板な妥協（例：足して2で割る）に終わって，創造的結末に至らないのが通例である。

　これら二つの方法は，組織間葛藤にも適用される。たとえば，労使紛争を解決するための団体交渉は，労使協調路線に双方が立っていれば，分析的過程として行われるが，一方が階級闘争路線に立っていれば，上でいう交渉そのものになるであろう。なお，組織間葛藤については，当事者の自主解決のほか，社

会的に準備された調整機関（労働委員会，裁判所等）による解決が図られるが，その多くは，ここでいう交渉を前提にしている。個人的葛藤については，その心理的性格からして，相談，助言，勧告など，上の場合とは異なったものとなる。その代表的方法は，カウンセリング（counselling）である。いずれにせよ，葛藤解消の本質は，伝達ないし情報交換にあり，その頻度，範囲，正確度を高めるとともに，誠意と熱意をこめてそれらを行うことが肝要である。

　葛藤の完全解決には，多くの時間とエネルギーを必要とするばかりでなく，現実には不可能に近い。また葛藤解消の間に，状況の変化が生じて，葛藤解消そのものが無意味になることもある。これらのことから，二つの方向が提唱されるようになった。

　（1）　組織内の葛藤が絶えることのない現象であるとすれば，そのエネルギーを建設的なものに転化させた方がよいのではないか，という発想。

　（2）　むしろ不完全な葛藤解消によって問題を処理する方が，長期的に見た場合，組織にとって有効ではないか，という発想。

　第1の発想の具体策が，前述した対決とそのための対決集会である。それは，組織構成員間もしくは組織単位間に葛藤が生じたとき，それを回避したり，安易に妥協したり，上級者の一方的裁決によって処理したり，隠蔽したりするのではなく，むしろ問題を鮮明にし，問題解決まで解決策を徹底的に議論することである。問題回避などの方法を葛藤最小化（conflict minimization），対決の方法を葛藤最適化（conflict optimization）ということがある。後者の立場からすれば，前者は不可能であるばかりでなく，葛藤の恒常性からすれば，問題処理の先送りと問題の深刻化をもたらすに過ぎない。

　対決の原理は，図10-3のように示されるが，根底に相互の信頼があることに注目すべきである。つまり，対決はその抗争的外見にもかかわらず，当事者間に「知恵を出し合ってより良いものを創り出そう」「創り出せるはずである」という確信の共有がなければならないのである。弁証法の比喩を用いれば，対決現象である「正」「反」を，両者にとって創造的な問題解決である「合」に高め

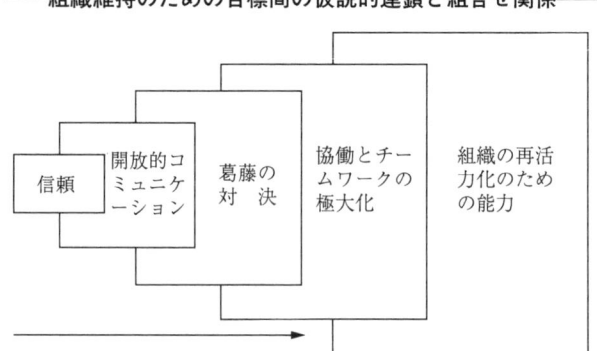

図 10-3 葛藤処理としての対決原理
——組織維持のための目標間の仮説的連鎖と組合せ関係——

信頼 → 開放的コミュニケーション → 葛藤の対決 → 協働とチームワークの極大化 → 組織の再活力化のための能力

出所：Porter, et al. (1975) p.497.

ることである。対決は，実際的には，問題の分析を深め，関連情報を十分に収集し，それらを交換し合い，専門家の助言を求め，反復的に討論する形をとる。それは，March = Simon（1958）のいう分析的過程そのものである。

第2の発想は，葛藤の根本的解決に代わる準解決（quasi-resolution）と呼ばれる方法を生み出した。それは，次のような内容のものである。

（1） 目標への逐次的注目：特定の下位目標に順次に注目することにより，葛藤を回避する。たとえば，まず製造目標に注目して問題を解消し，それを前提にして次に販売目標に注目し，問題を検討する，などである。

（2） 局部的合理性の追求：問題を複数の部分に分解し，別々の組織単位に分担させて追求させるようにする。たとえば，設備投資の問題を財務と技術の問題に分解し，別々に検討させる，などである。

（3） 満足化原理による決定ルールの採用：関係する組織単位が，相互に希求水準を調整することによって，妥協を図る。たとえば，操業度や在庫を調整して，安定操業を望む製造部門と市場変動に追随したいとする販売部門の両立を図る，などである。

葛藤は，組織行動の中で必然的にしかも反復的に発生するものであり，それを押さえ込もうとするのは，非現実的である。問題は，適切な葛藤解決法を用

いて統合を実現すること,あるいは統合に近づけることである。しかし,適切な葛藤解決法が何であるかは,組織文化ないし組織風土によって大きく左右される。たとえば,個人主義や契約を土台にし,自己主張の強い米国では,意見を闘わせる対決は有効であり,そのために多用されるのであるが,集団主義の伝統が根強く,和を軸にした人間関係を重視する日本では,対決はなじまない方法であり,むしろ根回しのような方法が望ましいし,効果も大きい,などである。方法を誤ると,葛藤は解消しないばかりでなく,新たな葛藤を生み出すことになる。

　葛藤とその処理の論議は,組織の局部的・個別的問題に焦点を合わせている。しかし,そこでの前述の「葛藤最適化」のような考えを組織全体に押し広げてみると,新しい組織観が生まれる。それによれば,組織は外部環境のみによって決定されるものではないし,単に外部環境に受動的に適合するものでもなく,環境との相互作用の中で,既存の均衡ある構造を破壊しながら新しい均衡ある構造を作り出すような,再構造化するシステムと理解するのである。このような組織の性格を,自己組織性(self organizing)という。この組織観からすると,葛藤のような不安定要因は,再構造化にとってむしろ必要な「ゆらぎ」であり,組織のダイナミックな存続を可能にする推進力となるものである。これを実践的に言い換えれば,経営者がむしろ意図的に組織の中に問題を提起し,投げかけるような「ゆらぎ」を継続的に引き起こし,組織構成員の論議と緊張をかきたてて行くことが,組織の存続と発展にとって不可欠になるのである。

11 経営組織の人間化と動態化

11.1 組織の非人間化と硬直化

　組織は，複数の人間が協働するシステムである。人間の存在しない組織は，ありえない。したがって，人間が組織の中心であり，主役であり，主体である。また，組織の産出する成果は，なんらかの意味において人間のためになるものでなければならない。この点で，組織は人間のための手段 (means) であり，人間が組織の目的 (end) である。このような自明の本質が，組織の発展・成長とともに次第に疑わしくなり，やがて本末・主客の転倒，目的・手段の転倒が生じるような状況に陥る。これが，組織の非人間化現象である。

　なぜそうなるのか。組織の発展・成長をある一面から見ると，規模の拡大，構造化（公式化，階層化，標準化，専門化）の追求過程という見方ができる。これらを要約した形でいえば，官僚制の深化にほかならない。官僚制研究の開拓者である Weber (1922) によれば，官僚制の特質は，規則，階層システム，文書，専門的訓練，職業化ないし専従化，非人格的（画一的）課業遂行だからである。

　このような官僚制化は，組織有効性の向上のためにとるべき，必然的な方向とされてきた。特に，古典的組織論ではそうである。しかし，官僚制化は，期待される効果（機能，function）としての組織有効性向上と同時に，期待しなかった効果（逆機能，disfunction, dysfunction）としての組織有効性低下をももたらした。逆機能の典型的状況は，人間が規則に縛られて創意に代表される主体性を発揮できなくなること，さらには，規則が規則を生んで，このような状況がますます進行することである。

　人間は規則に束縛されて主体性を喪失し，主体（人間）と客体（規則），目的（人間）と手段（規則，組織）が転倒すること，換言すれば人間が目的から手段

に転落することを，人間性疎外あるいは単に疎外（alienation）という。単なる生産の要素，生産の手段として雇用された労働者には，疎外が生じている。官僚制の深化した組織では，人間について，全面的に疎外が発生する。また，そのような組織では，規則が規則を生み，組織が規則づくめになって行くような現象が生じる。そのような現象を，組織の硬直化という。人間性疎外すなわち組織の非人間化と組織の硬直化は，表裏一体のものである。それらは，組織の病理ともいうべき現象である。

このような病理に対しては，当然にその治療が課題になる。この章では，前半で疎外の克服という視点から組織の人間化を取り上げ，後半で組織の硬直化の克服という視点から組織の動態化を問題にする。

11.2　人間性疎外とその克服策

人間性疎外の研究は，近代的機械制生産が急速に進行した19世紀後半から始まっているが，経営社会学者 Briefs（1934）は，人間性疎外（Entfremdung）に次の4種があるとした。

（1）　所有物疎外(Eigentumsverfremdung)：物財は所有されることによって人間の個性を発揮する素材となるが，経営組織における生産手段と生産成果の非所有は，組織構成員から啓発の機会を奪い，目標からの孤立感を深めさせる。

（2）　作業疎外（Arbeitsverfremdung）：作業の専門化とそのペースの機械的化は，個性を排除し，単調さ，歯車意識，無力感をもたせ，意欲を萎縮する。

（3）　職場疎外(Verfremdung des Werkraumes)：職場が生産手段本位に設計され，騒音，振動，熱気等に満ちた非人間的環境になっている。

（4）　従業者疎外 (Verfremdung der betrieblichen Mitarbeiterschaft)：協働者間に仲間意識も対立意識も希薄化し，相互関係が利害中心に浅薄化して，人間関係は無味乾燥なものになる。

若干の補足をしよう。職人のように，自己の道具を使用し，経済的・技術的・心理的成果等すべてを含む仕事の結果の成否が自己に直接帰属する状況では，

所有物疎外や従業者疎外は生じない。そこでは，創意の発揮が自己にそのままはね返ってくるし，職人仲間には，連帯意識が強いからである。これに対し，組織が所有する機械・道具を使用し，所定の仕事を所定の方法で行い，所定の報酬を支払われる状況では，いかに創意を発揮しても，その成果は所有者（出資者）に帰属するから，創意の発揮は無駄との意識が蔓延する。また，職場の状況は，人間関係論が指摘しているように，契約や分業の関係が支配的となるので，利害関係だけで結ばれた味気ないものになる。技術の発達による機械化の高度化や分業の細分化，収益性を優先させた経営組織の運用は，作業疎外や職場疎外を深刻化する。

それでは，疎外はどのようにして克服できるのか。その鍵は，これら疎外のそれぞれに即して，疎外進行の逆方向の施策をとることである。具体的には，次のようになる。

（1）所有物疎外関連：組織構成員に所有を与え，あるいは所有に基礎を置いた制度に参画させることである。具体策は，従業員持株制 (employee stockownership) による所有参加，利潤分配制 (profit sharing plan) による成果分配参加，職務充実・小集団活動・提案制度 (suggestion system)・従業員代表制・労働者取締役制度等による意思決定参加などである。

（2）作業疎外関連：人間が関与する仕事の人間化と，人間を非人間的仕事から解放することに大別できる。後者は，ロボット等の使用による作業の無人化である。前者は，コンベアー作業の廃止ないし人間化，職務拡大のような職務設計の人間化，活動の自己統制を高めるための目標による管理 (management by objective) などである。

（3）職場疎外関連：安全衛生管理の充実や労働科学・人間工学を応用した作業環境の人間化，職場への拘束を短くする労働時間短縮などである。

（4）従業者疎外関連：人間関係管理の拡充，職場懇談会の開催，QCサークルのような小集団活動の活用などがある。

これらのうち，組織に関係の深いものについて，順次説明する。

11.3 職務設計の人間化：職務拡大と職務充実

職務設計 (job design) とは，技術的要請と人間的配慮とを調和させながら，個人の課業である職務の内容を定め，作業の条件や環境を組織化することである。伝統的な職務設計は，生産技術的要請を重視する工程志向であり，作業組織にその典型がある。

20 世紀初頭の Taylor (1911) 以来，作業組織の合理化は，機械化原理の貫徹として進行してきた。それは，作業を機械によって遂行する部分を拡大することと，残りの人間労働（残余人間労働）を機械に合わせて機械的リズムにより行わせることである。その結果，残余人間労働は単純化され，規格化され，専門化される。その頂点に位置するやり方が，作業速度を同時化 (synchronization) したコンベアーによる流れ作業である。この場合，同時化とは，流れ作業を構成する各工程の所要作業時間を均等化し，作業が澱みなく進行するように設計することをいう。そこでは，組織全体が機械のように稼動し，人間は機械の部品のように扱われて，作業疎外が非常に深刻になる。その回復策が，職務拡大 (job enlargement) の端緒になった。

職務拡大は，職務を構成する課業の数を増大させることである。平易にいえば，1 人の人にいろいろな種類の仕事を担当させることである。それにより，次のような効果が生じる。

（1） サイクル・タイム (cycle time) の延長：繰り返し作業における 1 周期の所要時間を，サイクル・タイムという。課業数の増加は，サイクル・タイムを長くし，繰り返し回数を減少させるから，時間的規制感を緩和する。

（2） 変化の増大：異種の課業を合成した職務は，作業に変化を与え，単調感を緩和する。

（3） 技能の拡大：異種の課業は異種の技能を必要とするので，より幅の広い能力が活用されるようになり，単能工に比べて非人間感が緩和される。

職務拡大の一例を示す。表 11-1 は，ある電機メーカーで行われたノーヒュー

ズ・ブレイカーの組立てラインにおける職務拡大の実施前後の状況を示している。この例は，速度コントロールと運搬の二つの機能をもつベルト・コンベアー方式（9人の作業者から構成される9工程の組立作業）を，運搬機能のみをもつコンベアーで連結された新方式のシステム（7人の作業者から構成される3工程の組立作業）に改変したものである。新システムでは，各人の職務は拡大され，特に第2工程ではそれが顕著である。新システム採用後，8ヵ月ほどの間に，生産性は50％以上も上昇したという。

生産性上昇の理由を考えてみよう。表11-1のデータから8時間労働（1日）における労働生産性を計算してみると，次のようになる。

旧方式　（60分÷62秒）×8時間÷9人＝51.6

新方式　（60分÷67.5秒）×8時間÷7人＝61.0

表 11-1 職務拡大の例と分析（長町，1973および1975により作成）

システム	工程 →はコンベア		①→②→③→④→⑤→⑥→⑦→⑧→⑨									計
		旧	①	②	③	④	⑤	⑥	⑦	⑧	⑨	
		新	①			→	②		→	③		
デ ー タ	サイクル・タイム A （秒）	旧	40	52	52	53	52	50	62	55	62	478
		新	61			270			114			445
	作業者数 B （人）	旧	1	1	1	1	1	1	1	1	1	9
		新	1			4			2			7
	部品点数 （点）	旧	4	4	5	3	13	4	3	1	2	39
		新	5			32			2			39
	工具種類 （種）	旧	6	3	4	5	2	4	3	6	8	41
		新	5			12			12			28
分析	$\dfrac{A}{B}=C$	旧	40	52	52	53	52	50	62	55	62	
		新	61			67.5			57			
	未利用時間延計	旧 $(62-C)\times B$	22	10	10	9	10	12	0	7	0	80
		新 $(67.5-C)\times B$	6.5			0			21			27.5

これによれば，生産性の上昇は，約20%である。その原因は，表11-1の分析欄にあるように，システムの未利用時間（遊休，手待ち）が減少したことなど，システム設計上の改善に求められる。しかし，実際の生産性上昇は，50%以上であった。その差約30%は，職務拡大による勤労意欲の向上に起因する失敗の減少，学習や品質の向上，安全への配慮等によってもたらされたと推測される。その細目はともかく，職務拡大が適切に行われれば，人間化とともに効率化も可能になることを，この例は示している。

職務拡大にも，いろいろな問題がある。その主要なものは，次の通りである。

（1） その効果が人間の物理的（肉体的）・生物的能力の多面的活用，もしくはそれらの水平的拡大に限られており，人間にとって一層重要な精神的能力（特に意思決定における問題解決能力）の動員，すなわちそれらの垂直的拡大に及んでいないことである。この問題に対処するためには，次の職務充実が必要になる。

（2） 単調感や時間的規制感の緩和，および能力の動員は，程度の差に過ぎない。これをさらに高めるためには，異種職務や異種職場への配置の変更を併用することが望まれる。これは，職務ローテーション（job rotation）の問題である。

職務充実（job enrichment）は，これまで管理者の職務内容とされてきた課業の一部を作業者に与え，作業者の自主裁量範囲を拡大することである。職務拡大が水平的課業拡大であるのに対し，職務充実は垂直的課業拡大である。なお，職務拡大と職務充実を合わせて，職務拡充と呼ぶことがある。

職務充実の実例は多彩であるが，その基本は，図11-1のように示される。内容的には，作業の目標，方法，日程，ペース，手続き，業績水準（歩留りなど）について決定する権限に参画させ，彼らみずからの手でコストや品質のような業績の統制と評価を行わせることが骨子になる。この場合，管理者は不要になるのではない。管理者の役割は，あらゆる問題に関する決定と細目にわたる監督という従来の役割に代わって，作業者の自主的な計画と自己統制を支援し，

図 11-1 職務充実前後の状態

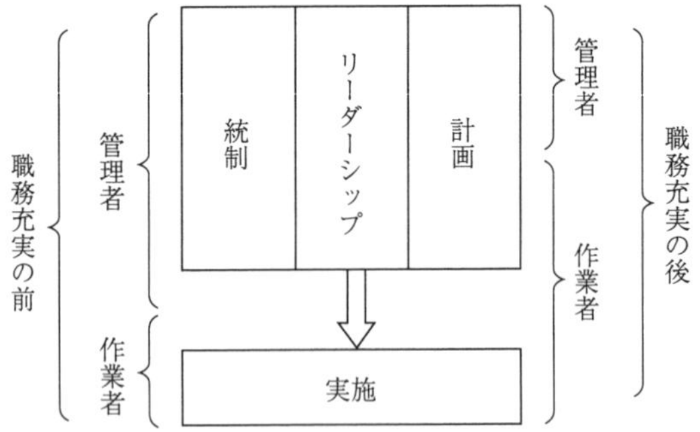

```
        ┌─管理者           ┐
        │    ┌リーダーシップ┐│管理者
職務充実 │管理│統│        │計││     職務充実
の前    │者  │制│        │画││作業者 の後
        │    └──┴───▼────┘│
        └─作業者  ┌───────┐ ┘
                  │  実施  │
                  └───────┘
```

指導し，調整するものとなる。

　職務充実によって作業者は責任を加重されることになるから，自己啓発に努め，目標を上回る成果を上げれば達成感を味わい，動機づけ理論でいう自己実現の欲求を満足させることができる。このような作業者の内面的メカニズムは，多くの行動科学者の研究によって説明されるが，もっとも適切なものは，Herzberg (1966) の「動機づけ―衛生理論」であろう。

　彼によれば，仕事をする際の満足感と結びつくのは，達成，承認，仕事それ自体，責任，昇進であり，これらは不満足感との結びつきが弱い。つまり，これらが不十分な状態になっても(例：遅い昇進)，不満足感を増幅させる度合いは低いが，これらを十分な状態にすれば，満足感は確実に高まるのである。これに対して，不満足感と結びつくのは，企業の政策と管理，監督技術，給与，人間関係，労働条件，福利厚生などであり，これらは満足感との結びつきが少ないという。換言すれば，これらが不十分な状態になると(例：低い給与)，不満足感は高まるが，これらを十分な状態にしても，満足感が高まることは少ないのである。彼は，前者こそが組織構成員の意欲を積極的に高める動機づけ要因 (motivators) であり，後者は，それらを改善しても不満の予防という意味しかないことから，衛生要因 (hygiene factors) と名づけた。

　この説で，仕事それ自体が動機づけ要因に含まれていることに注目する必要

がある。この場合，動機づけ要因となる仕事それ自体の条件は，その他の動機づけ要因によって示されている。すなわち，達成感のもてる，達成によって他人から承認の得られる，責任の伴った，業績が昇進の材料になり得るような仕事である。職務充実は，こうした条件を整え，仕事を人間性に適合させる方法にほかならない。

11.4　小集団活動と意思決定参加

　小集団活動とは，少人数の作業者から構成される集団を形成し，グループリーダーの指導のもとに，特定の目標に向けて自主的な創造的活動を展開することをいう。この場合，小集団（small group）の条件は，構成員相互が対面的伝達によって結合され，相互依存関係を保ち，一体であるとの連帯感(we-feeling)が底流に共有できることである。具体的に人数を特定することは困難であるが，10人以下が望ましいといわれている。

　小集団が大規模組織の原単位であること，社会的存在としての人間は，家庭や仲間に代表されるような小集団を離れては存在しえないこと，したがって小集団は，人間としての安らぎや成長にとって不可欠のものであること，などを指摘したのは，欧米の心理学者，社会学者，行動科学者などであった。しかし，このような小集団の機能を経営組織に持ち込んで活用している点では，日本の組織はもっとも進んでいる。外国にも，たとえば米国のグループ活動，英国の従業員グループ制，ノルウェーの産業民主主義計画，スウェーデンの自主管理活動など，それなりの小集団活動はあるが，日本の場合ほど多数の組織で広範にしかも体系的に展開し，しかも顕著な成果を上げている国はない。その基本的理由は，集団主義の文化と人間重視の経営理念にある。

　小集団活動は，小集団の形成に始まる。小集団への参加は，原則として任意であるが，ほとんどの場合，全社的運動に関連させて小集団活動が展開されるため，事実上は全員参加に近い。多くの企業では，運動の事務局が設置され，小集団活動計画を策定し，小集団の登録や活動報告をとりまとめ，グループリ

表 11-2　小集団活動で選ばれたテーマの順位と内容 (上田, 1980)

順位	項　　目	活　動　内　容	件 数 %
1	コスト低減	経費削減，工数減少，時間活用，時間短縮，材料節減，原単位低減	19.3
1	安全確保	疲労，整理整頓，清掃，環境改善，安全衛生	19.3
3	設備保全	故障防止，自動化，治工具改良，レイアウトの改良	16.6
4	品質向上	不良低減，品質向上，クレーム防止，異常の減少，バラツキの減少，工程の安定	16.0
5	能率向上	生産量，時間，タイミング，工程管理，納期の改善，手順の合理化，輸送の合理化	11.7
6	管理の定着	標準化，工程のチェック，管理点，再発防止，検査方法の改善，管理の徹底	5.6
7	ミス撲滅	ポカミス，事故，検査ミス，情報ミス，フール・プルーフ	5.4
その他		勉強，公害，モラールアップ等	6.1
計		20,509 件	100.0

注：日本鉄鋼連盟調査による。

ーダーと協議し，成果の発表会を主催し，表彰や機関誌発行を行うなど，推進の中心的役割を果たしている。

　小集団では，リーダーを互選する。リーダーは役職に関係なく選ばれるが，それにより管理者的役割を体験することになる。彼の指導のもとで全員の協議により自主的に目標テーマを選定し，以後，各自の問題解決案や情報を持ち寄って討議を重ね，小集団としての結論を出し，全員でその実践に努める。その目標テーマの広さは，表11-2によって知ることができる。

　小集団活動の効果は，職場の生きがい，働くことの喜び，問題解決の自信，個人の意義の再発見など，目標達成の人間的充実感となって現れる。このような効果は，図11-2によって推測することができるが，それを一段と高めると同時に，具体的な改善効果を組織全体に浸透させて組織有効性を高めるために，

図 11-2 小集団活動導入前後を比較しての職場変化 (梶原, 1982)

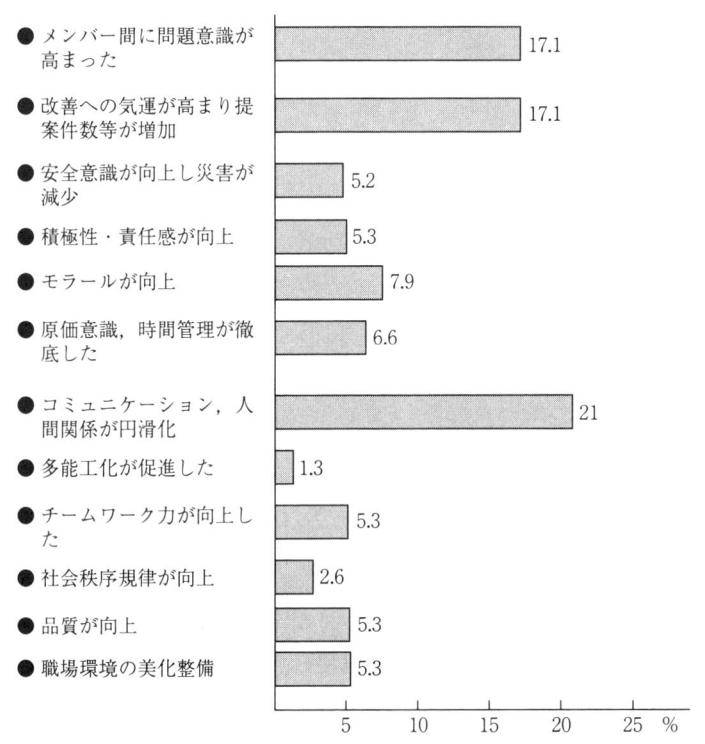

- メンバー間に問題意識が高まった　17.1
- 改善への気運が高まり提案件数等が増加　17.1
- 安全意識が向上し災害が減少　5.2
- 積極性・責任感が向上　5.3
- モラールが向上　7.9
- 原価意識, 時間管理が徹底した　6.6
- コミュニケーション, 人間関係が円滑化　21
- 多能工化が促進した　1.3
- チームワーク力が向上した　5.3
- 社会秩序規律が向上　2.6
- 品質が向上　5.3
- 職場環境の美化整備　5.3

注：埼玉県経営者協会調査による。

発表機会として発表会や機関誌などを使用し, 優秀なものに対して報賞を与えたりするのである。

　日本の小集団活動については, 問題がないわけではない。その主要なものは, 自発的参加を建前にしているが, 現実には強制に近く, そのこと自体が非人間的ではないか, 図 11-3 に見るように, 活動のかなりの部分は就業時間外に行われているが, それに対して手当が支給されていないケースが多い (表 11-3), などである。これらの批判に対しては, 結果的に全員が自発的に参加したのである, 成果は間接・迂回的に賃金上昇等の形で還元されている, などの反論がある。しかし, 誤解を招くような点は, 改めるに越したことはない。

図 11-3 活動の会合数と時間帯（梶原, 1982）

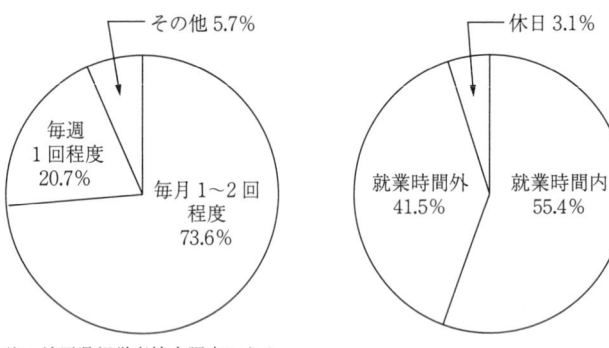

- その他 5.7%
- 毎週1回程度 20.7%
- 毎月1〜2回程度 73.6%

- 休日 3.1%
- 就業時間外 41.5%
- 就業時間内 55.4%

注：埼玉県経営者協会調査による。

表 11-3 従業員規模による手当支給の内訳（梶原, 1982）

従業員の規模	時間外手当 正規残業手当を支給	教育手当などで	食事・茶菓子代などで	グループ会合手当などで	支給しない	その他
300人未満	51.8%	8.2%	5.4%	6.4%	21.8%	6.4%
300〜499人	32.3	9.2	6.2	4.6	38.5	9.2
500〜999人	35.3	14.3	10.7	5.8	25.6	8.3
1,000〜2,000人	35.4	9.5	8.9	7.6	32.3	6.3
3,000人以上	37.2	15.0	12.4	8.0	19.4	8.0

注：埼玉県経営者協会調査による。

小集団活動自体，一種の意思決定参加である。なぜなら，そこでの成果は，業務運営に取り込まれて行くからである。しかし，意思決定参加は，日常業務レベルの意思決定である業務的意思決定への参加に限定する必要はない。一般論としては，参加の範囲が広範であること，そしてより重要な意思決定への参加が望ましいからである。このような考え方からすると，戦略的意思決定への参加が構想されることになる。ただし，このレベルの参加は，小集団活動の場合と異なり，全員の直接参加は，技術的に不可能であり，間接的参加にならざるを得ない。このような意思決定参加が最も充実した形で行われているのは，

ドイツの経営組織であるが，それについては，第14章で述べる。

その他の意思決定参加の二つのものについて，以下，簡単に説明する。

（1） 従業員代表制：従業員の選挙で選ばれた代表が，労働条件の適用・運用について協議する制度。労働組合の団体交渉と異なり，ストライキ権はない。英米型の意思決定参加形態である。

（2） ジュニア・ボード（junior board）：従業員の中から選挙や輪番で選ばれた者で取締役会に準ずる会議を開催し，経営問題の自由な討議を行い，論議がまとまれば正規の取締役会に提案する。経営参画意欲を高め，アイデアを広く活用する狙いがある。

11.5 組織の動態化：有機的システム

現実の経営組織は，時間とともになんらか変化しているから，その意味では，ことさら動態化というのはおかしいとの考えもある。それにもかかわらず，特に大規模化した組織について，動態化とか動態組織ということが改めて叫ばれるようになったのは，組織が硬直化し，組織の本来の姿である時間とともに変化する特質，すなわち環境適応が，機能障害を起こしているからである。

組織の時間的変化の外見的特色は，大規模化と複雑化である。規模の経済や範囲の経済の追求は大規模化となり，それに技術の高度化が加わって，組織の構造と行動の複雑化が現れる。これらを別の面から見ると，構造化（公式化，階層化，専門化）の深化であり，それはまさに官僚制化にほかならない。そのような展開は，環境適応のための組織有効性向上を目指すものであるが，そのことが同時に環境適応力を低下させるという矛盾を生み出した。官僚制の深化による組織の硬直がそれである。

近年の環境変化の特色は，二つに要約できる。第1は，急速な技術革新，製品ライフサイクルの短縮化，競争の激化，情報化社会などに代表される環境の激動化であり，これに対して組織は敏速な反応（quick response）を求められる。第2は，国際化，多角化，価値・欲求の多元化に代表される環境の多様化であ

り，これに対して組織は柔軟な反応（flexible response）を求められる。

官僚制組織は，定型的課業の安定した確実な遂行に適合した，不確実性排除型の組織である。この型の組織では，上述のような近年の環境に適応することができない。敏速・多様な変化に伴う不確実性を吸収し，消化する仕組みを欠いているからである。それでは，敏速かつ柔軟な反応を可能にする組織とは，どのような組織であろうか。

Burns = Stalker（1961）は，組織には機械的システム（mechanistic system）と有機的システム（organic system）の二つのタイプがあるとした。機械的システムは，課業と伝達システムを厳格に規定し，活動の定常化を意図する剛構造の組織である。これに対して，有機的システムは，目標は明確に規定するが，目標達成過程の自由裁量を許容し，活動に弾力性を与える柔構造の組織である。両者の特質は，表11-4のように対比される。

表 11-4　組織の機械的システムと有機的システム
(Burns = Stalker, 1961 により作成)

機械的システム	有機的システム
(1)職能的専門化	(1)知識と経験の専門化
(2)課業の抽象性（全体状況との関連が不明確）	(2)課業の具体性（全体状況との関連がある）
(3)上司による調整	(3)相互作用による調整
(4)義務・権限の明確化	(4)限定された義務からの脱皮
(5)義務・権限・方法が職能的地位の責任というかたちに変換される。	(5)技術的規定を超えた関心の拡大
(6)コントロール，権限，伝達のピラミッド型構造	(6)コントロール，権限，伝達のネットワーク型構造
(7)上位への情報集中	(7)情報の組織内分散
(8)垂直的相互作用	(8)水平的相互作用
(9)上司の命令と指示の伝達	(9)情報と助言の伝達
(10)組織に対する忠誠心の強調	(10)組織の課業に対するかかわりの強調
(11)組織に特定的な知識の強調	(11)組織外の専門家集団にも通用する知識の強調

官僚制組織は，明らかに機械的システムに属する。その欠陥を救う組織は，機械的システムに対照される有機的システムにその手掛かりを求めることができる。それは，次の3点に整理され，それぞれを実現する組織動態化の方策がとられるようになる。

（1）組織の簡素化：分担する課業についての垂直的（階層的）・水平的（部門間）制約を簡素化し，可能な限り少なくする。この点を主として意図するのが，課制廃止である。

（2）組織の弾力化：課業の分担と人員配置を弾力化する。この点を主として意図するのが，プロジェクト組織ないしプロジェクト・チームである。

（3）組織の多元化：上下関係を軸にしたシステムを，多元的調整によって動かす組織に改める。この点を主として意図するのが，マトリックス組織である。

これらのうち，プロジェクト組織とマトリックス組織については，第5章と第6章で説明したので，繰り返さない。

11.6　組織の簡素化：課制廃止

課制廃止とは，日本の典型的組織構造である部課制のうち課を廃止して，それだけ組織を簡素化することをいう。そのねらいは，次の諸点にある。

（1）課長層の廃止によって階層を短縮し，意思決定の敏速化をはかる。

（2）課が分掌する業務間の壁を除去することにより，セクショナリズムを打破する。

（3）各人の課業負荷の平均化と重複排除により，所要人員の削減をはかる。課の壁の除去により課業のプールが可能になり，人員削減の余地が出てくる。

（4）同じ理由により，人材の機動的活用をはかる。

（5）人員削減と人材の機動的活用により，少数精鋭による能力主義人事の徹底を目指す。

一例を示そう。M総合商社人事部は。10課1室の組織になっていたが，それ

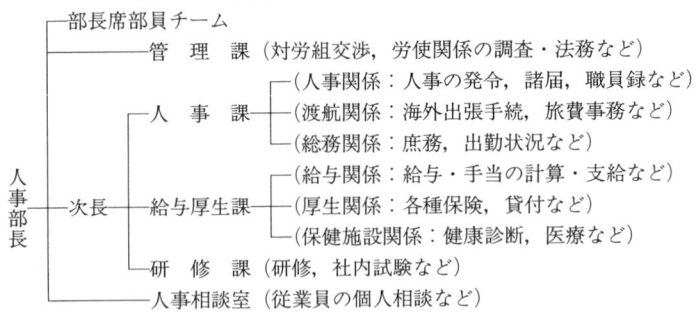

図 11-4　課制廃止後の M 社人事部組織略図

```
                ┌─部長席部員チーム
                │  管　理　課（対労組交渉，労使関係の調査・法務など）
                │              ┌─（人事関係：人事の発令，諸届，職員録など）
                │  人　事　課─┼─（渡航関係：海外出張手続，旅費事務など）
人              │              └─（総務関係：庶務，出勤状況など）
事              │              ┌─（給与関係：給与・手当の計算・支給など）
部─次長─給与厚生課─┼─（厚生関係：各種保険，貸付など）
長              │              └─（保健施設関係：健康診断，医療など）
                │  研　修　課（研修，社内試験など）
                └─人事相談室（従業員の個人相談など）
```

を 4 課 1 室とプロジェクト担当の部長席部員チームの新組織に変更した。6 課が廃止されたわけである。新組織の骨子は，図 11-4 に示される。改正の中心は，人事部の分掌業務を，調査・研究・企画・立案等の非定型的な企画判断業務と，計算・記録・転記・サービス給付等の定型的な書記的業務に 2 分し，4 課 1 室は後者の定型的業務を，部長席部員チームは前者の非定型的業務を，それぞれ担当するようにしたことである。

　定型的業務について課制を残したのは，この種の課業については機械的システムの方が有効性が高いからである。この部分は，極力機械化を進め，オペレーター中心の人員配置をする。能力の高い人材は，人事部長に直結する部長席部員チームにプールされ，いくつかのプロジェクト・チームを構成して，企画判断業務を処理する。チームには，常設的なものと問題の発生と解決に応じて新設・改廃されるものとがある。また特に有能な人材は，同時にいくつものチームに関係することもある。プロジェクトは，人事・給与・福利厚生の 3 分野に大別されるが，若干の例を示すと，次のようになる。

　（1）　人事プロジェクト：人事計画，採用計画，定年制，人事考課，キャリア管理，異動など。

　（2）　給与プロジェクト：給与体系，ベースアップ，賞与支給基準，旅費改訂など。

　（3）　福利厚生プロジェクト：医療補償制度，社内預金制度，社宅のあり方，

社内報編集など。

（4） その他：人事業務のIT化など。

この例に示されているように，課制廃止のような有機的システムが必要とされるのは，創造性の高い業務についてである。したがって，全社的レベルでいえば，企画，調査，研究開発，技術，人事労務，販売のような部門では課制廃止が行われるが，これらと対照的に定常性の高い業務を遂行する生産，資材，経理等の諸部門では，課制が維持される。要するに，課制廃止は，全組織について画一的に実施するような性質の改革ではないのである。この点は，課制廃止の実施状況にも現れている。すなわち，課制廃止が提唱され始めた当時の実施状況は，表11-5の通りであるが，この表から次のような特徴が判明する。

表 11-5 部課制の廃止状況 （関西生産性本部，1981）

部制＼課制	全廃	部分廃止	全部復活	一部復活	計画中	当面行う考えなし	無回答	計
全　　廃	2		1					3
部 分 廃 止		23	1	1		5		30
計 画 中		1			1			2
当面行う考えなし	27	124	15	12	2	177	15	372
無 回 答		2				3	3	8
計	29	150	17	13	3	185	18	415

注：数字は社数

（1） 組織の簡素化は，課制廃止ばかりでなく，部制廃止によっても可能である。しかし，部制・課制とも全廃した企業は例外的である（2社，0.5％）。

（2） 課制を全廃した企業は，少ない（29社，0.7％）。

（3） 課制を部分的に廃止した企業は，かなり多い（150社，36.1％）。

（4） 課制廃止を実施したが，全部または一部の課を復活した企業がある（30社，7.2％）。

（5） 部課制廃止を考えていない企業は，かなり多い（177社，42.7％）。

組織の簡素化は，課制廃止に限定されることなく，部制廃止によっても可能

であるが，それにもかかわらず，日本企業の実施状況を見ると，課制廃止が圧倒的に多い。その理由は，第6章で見たように，日本の経営組織における課業分担を公式に定めた伝統的単位組織が「課」であるため，機械的システムとしての経営組織は，「課」の連結として理解され，そのような「課」を廃止することが，組織内の壁を取り払う象徴的でしかも実質的な出来事になるからである。

課制廃止に代表される組織の簡素化にも，当然に問題がつきまとう。上述のように，課制廃止後，全部または一部課制を復活した企業のあることが，それを物語っている。一般に指摘される問題点としては，指揮命令系統の錯雑化，権限責任の不明確化，定常業務の不円滑化，セクショナリズム打破の不成功，旧課長の不満とモラール低下，対外的不都合などである。これらのうち，最後の2点，すなわち旧課長の不満とモラール低下と対外的不都合は，「課」を基本的行動単位としてきた日本企業の部門主義組織の特質に，非常に大きく関係している。課長は，前述したように，基本的行動単位の代表者であり責任者であり，対外的に裁量権のある地位として社会的に認知されているだけでなく，対内的に管理者として資質を認められる昇進の最初の階層だからである。

このような問題点を克服するには，単に簡素化だけを意識して部課の壁を取り払うだけでなく，その後の運用に他の諸制度をうまくかみ合わせることが必要である。前出の事例では，プロジェクト・チームのみが現れていたが，その他のものとしては，表11-6が参考になる。これらのうち，目標管理制度，専門職制度，資格制度の3者について，簡単に説明する。

表 11-6　課制廃止と他制度との関連　（関西生産性本部, 1981)

課制廃止 \ 他制度	プロジェクトチーム			目標管理制度			専門職制度			資格制度		
	採用	非採用	計	採用	非採用	計	採用	非採用	計	採用	非採用	計
廃 止	130	45	175	103	75	178	84	94	178	142	36	178
非 廃 止	151	62	213	130	85	215	93	123	216	165	54	219
計	281	107	388	233	160	293	177	217	394	307	90	397

注：数字は社数

11 経営組織の人間化と動態化　185

（1）目標管理制度（management by objective, MBO）：組織構成員が自己の課業に関する目標を自己設定し，その遂行を自己統制し，意欲の向上に役立てようとする制度。現実には，上司が組織の全体目標や期待を明示し，上司との話し合いを通じて目標設定が行われる。近年，一定階層以上の組織構成員につ

図 11-5　資格制度の例

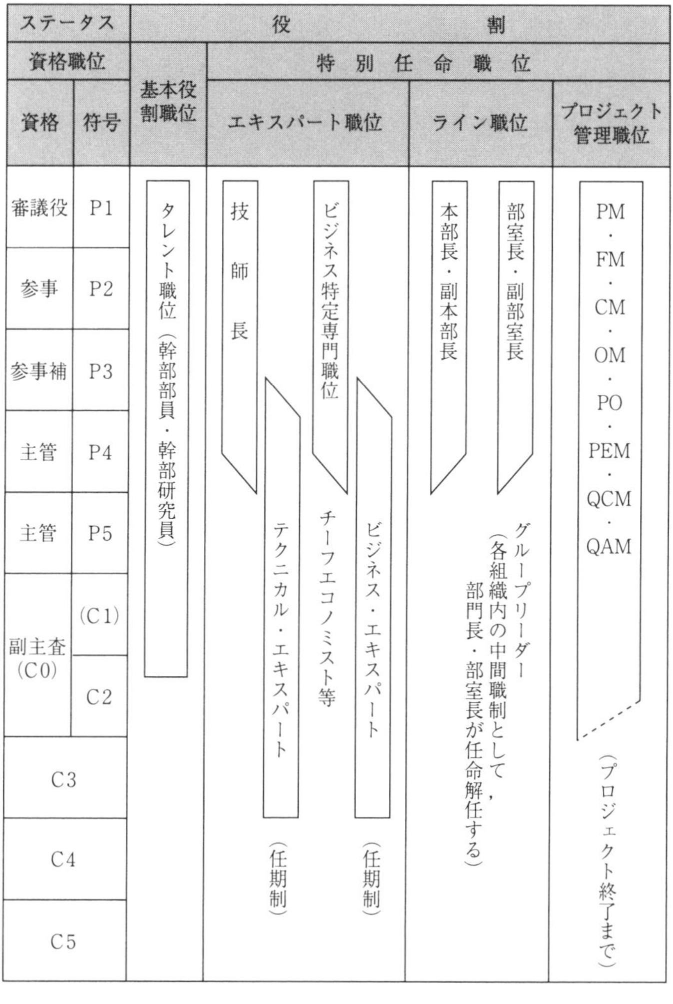

ステータス		役　　　　割			
資格職位		基本役割職位	特　別　任　命　職　位		
資格	符号		エキスパート職位	ライン職位	プロジェクト管理職位
審議役	P1	タレント職位（幹部部員・幹部研究員）	技師長	ビジネス特定専門職位	本部長・副本部長	部室長・副部室長	PM・FM・CM・OM・PO・PEM・QCM・QAM
参事	P2						
参事補	P3						
主管	P4						
主管	P5		テクニカル・エキスパート等	チーフエコノミスト	ビジネス・エキスパート	グループリーダー（各組織内の中間職制として，部門長・部室長が任命解任する）	（プロジェクト終了まで）
副主査（C0）	C1						
	C2						
C3							
C4			（任期制）	（任期制）			
C5							

いては，その達成度を年俸制と結び付ける運用が増加している。課制廃止による旧課長については，このような適用が効果的である。

　（2）　専門職制度（profession system）：管理職制度のみによる昇進・処遇の限界（地位不足等）と欠陥（専門能力の発揮阻害等）をふまえ，管理職とは別の体系をもつ専門職を設け，適当な等級を設定して処遇をする制度。技術，研究，開発，財務，情報技術，法務等について設定される事例が多い。課制廃止による旧課長や専門能力保有者は，この制度により専門職としての肩書を与えられ，処遇されることになるが，部下をもたない，対外的になじみが薄い，などの点で，管理職ほどの魅力がないという弱点がある。この弱点をカバーするために，管理職については「○○マネジャー」のような新しい呼称を使用し，専門職について専門課長，専門部長，あるいは単に課長，部長のような伝統的呼称を使用するという苦肉の策をとる事例がある。

　（3）　資格制度（qualification system）：広義には組織構成員を序列化する制度全般をいうから，年功序列も含まれることになるが，普通は，職務遂行能力による序列化のための職能資格あるいは能力資格を体系化した制度をいう。資格は，管理職，専門職，技術職，事務職等に分けて10等級程度を限度として等級化され，職種相互が関連付けられる。したがって，この制度は，専門職制度を組み込んでいるのが普通である。各職種とも上級等級への昇格は，一定期間の経過，業績，能力伸長度評価，試験等によって行われる。この制度は，能力主義による組織構成員の格付け基準であるとともに，処遇の基準でもある。そのために，職務の変更があっても資格の変更があるとは限らない。図11-5は，あるエンジニアリング企業の資格制度の概要である。

12 組織有効性と組織文化

12.1 組織有効性の展開

　第1章で述べたように，組織有効性は，組織における貢献の有効活用度であり，経営目的の達成度によってとらえられ，その程度に応じて環境と均衡する。環境との均衡という点を敷衍すれば，高い均衡とは目的の十分な達成による環境適応の成功を意味し，環境の諸要請を当該組織が高度に充足し，環境に大きな満足を与えたことをいう。低い均衡とは，これと逆の状態をいう。そこで，組織有効性は，組織の存在を正当化し，その存続を可能にする，オープン・システムとしての組織の合理的環境適応度といい換えることができる。

　組織有効性という概念を組織論の中に導入し定着させたのは，Barnard (1938) であった。彼の主張の要点は，次の3点である。

　（1）　組織目的の適切性（relevancy）：環境状況に適合した組織目的を設定し，あるいはそれを環境状況の変化に適合するよう変更することが必要である。

　（2）　組織目的の達成（attainment）：設定・変更された組織目的は，現実に達成されなければならない。

　（3）　組織目的の達成度 (degree of accomplishment)：組織目的の達成の程度が，組織有効性の指標になる。

　Barnard (1938) のいう組織有効性は，組織目的の適切性，達成，および達成度の三つを内容としている。このうち，適切性は組織行動の開始点における，達成は行動中の，そして達成度は行動の終末点の問題である。しかし，いずれにせよ，合理的な組織のあり方を組織目的に関連づけてとらえているのが，彼の主張の基本的特徴である。このような組織有効性の論議を，特に組織有効性の目標モデル（goal model）もしくは目標アプローチ（goal approach）という。この3点のうち達成と達成度は，組織目的を構成する理念と目標のうち，とり

わけ組織目標に即して具体的に把握できるからである。

組織有効性の論議は，まず目標モデルとして始まり，組織目標のあり方，具体的には目標の体系的精緻化，操作化，測定可能性向上などへと展開されて行った。ところが，このような傾向の中から，組織有効性を高める組織自体のあり方，具体的には組織の構造や行動の合理性を高める方法そのものの方向へと，議論の中心を移動させる動きが出てきた。このような動きを，組織有効性のシステム・モデルという。

以下では，まず目標モデルの内容展開を行い，次いでシステム・モデルの主張と問題点を説明する。

12.2　組織有効性の目標モデル

前述したように，経営目的は，経営理念と経営目標の総称である。経営理念は，その性質上，それほど頻繁に変更・修正されるものではない。これに対して，経営目標は，環境状況の変化に対応して，経営理念よりもはるかに頻繁に，多くの目標は毎期(毎年)，時には期中にも，変更・修正されなければならない。したがって，組織有効性の議論は，経営理念よりも経営目標について行われるのが，現実的である。目標モデルと呼ばれるゆえんである。

目標モデルでは，組織有効性が目標の達成度であることを何よりも重視する。そこで，目標は，測定・評価のための操作（計算，変形など）が可能なものでなければならない。そのために，次のような4点に配慮する必要がある。

（1）　比較：類似組織やライバル組織の業績を相互に比較することにより，組織有効性の優劣を結果的に判定すること。実務的には非常によく用いられるが，理論的には比較対象の合理性に問題がある。

（2）　公称目標（official goals）と実効目標（operative goals）の分離：前者は，当該組織が公式に言明・公表している目標（例：顧客満足）であり，これに対して後者は，当該組織が現実に追求している目標（例：利益極大化）である。組織有効性は，後者に即して測定・評価されなければならない。しかし，実効

12　組織有効性と組織文化　189

目標の正確な掌握は，当該組織の外部環境主体には困難であることが多い。このため，組織による情報の開示（disclosure）が求められることになる。また，便法として，公称目標による測定・評価も，次善の策として是認されることになる。

（3）　組織目標の多目標化：多目標化の必要性については，第1章で述べた

図 12-1　Ansoff による経営目標システム

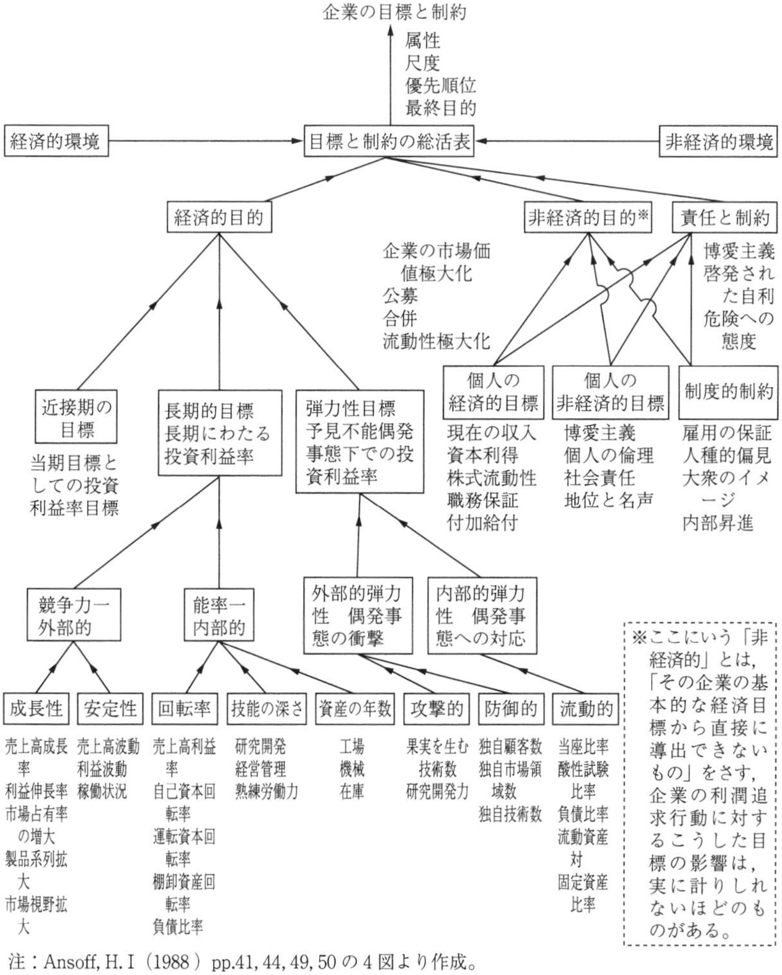

```
                         企業の目標と制約
                              ↑
                             属性
                             尺度
                             優先順位
                             最終目的
                              ↑
    経済的環境 ──→ 目標と制約の総活表 ←── 非経済的環境
                     ↗      ↑      ↖
                経済的目的  非経済的目的※  責任と制約
```

経済的目的の下位：
- 企業の市場価値極大化
- 公募
- 合併
- 流動性極大化

非経済的目的の下位：
- 個人の経済的目標：現在の収入，資本利得，株式流動性，職務保証，付加給付
- 個人の非経済的目標：博愛主義，個人の倫理，社会責任，地位と名声
- 博愛主義，啓発された自利，危険への態度

責任と制約の下位：
- 制度的制約：雇用の保証，人種的偏見，大衆のイメージ，内部昇進

経済的目的の下位構造：
- 近接期の目標：当期目標としての投資利益率目標
- 長期的目標：長期にわたる投資利益率
- 弾力性目標：予見不能偶発事態下での投資利益率

さらに下位：
- 競争力―外部的
  - 成長性：売上高成長率，利益伸長率，市場占有率の増大，製品系列拡大，市場視野拡大
  - 安定性：売上高波動，利益波動，稼働状況
- 能率―内部的
  - 回転率：売上高利益率，自己資本回転率，運転資本回転率，棚卸資産回転率，負債比率
  - 技能の深さ：研究開発，経営管理，熟練労働力
- 外部的弾力性　偶発事態の衝撃
  - 資産の年数：工場，機械，在庫
  - 攻撃的：果実を生む技術数，研究開発力
- 内部的弾力性　偶発事態への対応
  - 防御的：独自顧客数，独自市場領域数，独自技術数
  - 流動的：当座比率，酸性試験比率，負債比率，流動資産対固定資産比率

※ここにいう「非経済的」とは，「その企業の基本的な経済目標から直接に導出できないもの」をさす，企業の利潤追求行動に対するこうした目標の影響は，実に計りしれないほどのものがある。

注：Ansoff, H. I（1988）pp.41, 44, 49, 50 の 4 図より作成。

が，ここでは，それらに加えて，組織有効性の測定・評価のため，という理由を追加する。このような条件を具備した典型として，図12-1のようなAnsoff (1988) の目標体系がある。そこでは，多様な目標の下に，それぞれの目標のための表示・測定尺度が示されている。

（4） 組織目標への時間次元の導入：各種目標を，たとえば長期と短期に2分し，それぞれに尺度・指標を設けることである。上の図12-1にもこれに該当する内容が現れているし，Gibson et al. (1973) による表12-1は，このような指摘をまとめたものである。なお，この表の中の短期規準「満足」は，第1章で述べた組織充足性に相当する。

表 12-1　組織有効性と時間の次元

時　間	短　期	中　期	長　期
規　準	生　産 能　率 満　足	適　応 開　発	存　続

注：1) 適応──内部的もしくは外部的に引き起こされた変化に対し，組織が反応しうるし反応する範囲のことをいう。
　　2) 開発(development)──組織は，それ自体に投資しなければならない。すなわち，開発の目的は，長期的に存続するために組織の能力を高揚することである。開発は，管理者ないし (and/or) 非管理者に対する訓練計画，もしくは組織開発の努力を含んでいる。
　　3) 生産──環境が要求する産出（それが何であれ）の量と質を生産する組織の能力をいう。
　　4) 能率──投入に対する産出の比と定義できる。
　　5) 満足──1個の社会的システムとして組織を概念化すれば，顧客の場合と同様に，組織構成員の受け取る便益について，一定の配慮をすることが必要になる。満足とは，このような規準のレベルであり，その尺度としては，態度に関する資料，転職率，無断欠勤率，遅刻率，苦情が含まれる。
資料：Gibson J. L. et. al. (1973).

12.3　組織有効性のシステム・モデル

これは，組織目的達成の方法とそれを駆使する組織行動のあり方に重点を置く組織有効性論である。その内容は多様であるが，目的達成の効果的方法を追求する試みは，必然的に組織の全分野・全活動を組織有効性の論議に内包する方向へと進み，組織有効性論が組織論のすべてであるかのような様相を呈するに至る。そのことの当否は後で論じるとして，まず，システム・モデルのさま

図 12-2　組織有効性のシステム・モデル

経済的機能

内部経済性		外部経済性
労 働 生 産 性 付 加 価 値 生 産 性 資 本 利 益 率 製品・サービスの原価 売 上 原 価 率 原 単 位	内部環境／外部環境	市 場 占 有 率 新 製 品 開 発 新 市 場 開 拓 労 働 分 配 率 資 本 分 配 率 付 加 価 値 率
離 転 職 率 欠 勤 率 苦 情 件 数 従 業 員 態 度 従 業 員 参 加 度 人 間 関 係		地域社会の好意度 取引先の満足度 生 活 の 質 行 政 の 態 度 外部環境のインパクト 社会的責任達成度
内部社会性		外部社会性

社会的機能

ざまな主張を，一つの枠組みに整理して示すことにしよう。

　整理の枠組みは，まず環境区分を使用して，組織の問題領域を，内部環境と外部環境に2分する。次に人間関係論以来の見方に従い，経営組織の2大機能として経済性と社会性をとりあげる。これらをそれぞれ縦横の軸にした問題領域を設定する。そうすると，4個の象限の活動内容もしくは活動結果に関する代表的測定尺度は，図 12-2 のように示される。各象限の代表的特質は，次のように説明される。

（1）　内部経済性：投入・産出比の改善がここでの課題である。それには，生産性の上昇，コスト・ダウン，能率向上，原単位（製品単位当たりの所要物量）の節減，時間や工数（man-hour，作業量）の節減などに努める必要がある。

（2）　外部経済性：環境との経営資源の交換に際し，当該組織の交渉上の地位を改善することが，ここでの課題である。それには，市場における名声の向

上，関係者に対する経営成果の分配などに努める必要がある。

（3） 内部社会性：内部環境主体である従業員の貢献意欲の改善が，ここでの課題である。これに関しては，第10章で述べたリーダーシップや動機づけの充実が必要である。

（4） 外部社会性：出資者・顧客・供給者・地域社会・政府等の外部環境主体の満足を改善することが，ここでの課題である。これらに対する非経済的成果の分配・帰還のあり方が，問題になる。

全体としての組織有効性は，これら4個の特質を変数とする関数として，次のように理解される。

組織有効性＝f（内部経済性，外部経済性，内部社会性，外部社会性）

組織有効性のシステム・モデルは，組織目的達成のための合理的あり方について，多くの寄与をした。それは，具体的に組織が有効性向上のために何を行うべきかの問題領域を具体的に示したからである。しかし，それと同時に，組織有効性の問題が組織問題のすべてであるかのような錯覚を生じさせ，具体的な方法のレベルでは，さまざまな手法を雑然と並べ立てて，それらがすべて実施されれば，ただちに組織目的が達成されて，組織有効性が向上するという幻想的期待を生み出しかねないことになった。

このような組織有効性論の欠陥は，組織有効性が組織の全体にかかわる指標であるという理由から，関連要因を組織全体に求め，問題範囲を無限定に拡大したことから生じている。組織有効性論は，目標モデルにとどまるべきである。その上で，組織有効性が組織全体にかかわるという問題性は，既存の問題設定とは異なる切口から取り上げるべきである。そのような新しい切口として，組織文化が注目されるようになった。

12.4 組織文化の意義と内容

組織文化（organizational culture）は，最初から，前節で述べたような，組織有効性とのかかわりで問題にされるようになったわけではない。むしろ，当初

は，社会学や文化論の領域から組織現象の視角として提唱されてきたのである。しかし，その後，組織文化が組織目標の達成に強い影響力をもつことが検証され，組織文化のあり方や変革，すなわち組織文化の管理が，重要な課題として意識されるようになった。このような経緯があるため，組織文化の概念や意義に関する主張の内容は，非常に多彩である。そこでまず，この点の整理から始めなければならない。なお，組織文化の類似用語として，企業文化，経営文化，企業風土，経営風土，組織風土等があるが，当面それらの相違にこだわらず，組織文化で代表させ，必要な場合にのみ，相違に言及する。

飯田(1995)は，組織文化の多様な概念を，次のように整理している。彼はまず整理の次元として，文化の内容を，①「共有物」とするか「活動」とするか，②記述的に定義するか規範的に定義するか，③「不可視物」のみとするか「具現物」を含めるか「具象物」にまで広げるか，④全体集合的概念とするか選択集合的概念とするか，⑤潜在物のみとするか顕在物まで含めるか，⑥共有物そのものとするかその媒体を含めるか，の6項目とした。その上で，これらを用いて多数の関連文献を検討した結果，次の9種の組織文化概念に整理した。

（1） 各個別企業の構成員が共有している，すべての潜在的意思決定基準。

（2） 各個別企業の構成員が共有している，すべての潜在的および顕在的な意思決定基準。

（3） 各個別企業の構成員が共有している，当該企業に特有で優れているいくつかの意思決定基準。

（4） 各個別企業の構成員が共有しているすべての意思決定基準，およびそれを具現化した行動パターン。

（5） 各個別企業の構成員が共有しているすべての意思決定基準，それを具現化した行動パターン，およびそれらを構成員に浸透させる媒体や手段。

（6） 各個別企業の構成員が共有している，当該企業に特有で優れているいくつかの意思決定基準および行動パターン。

（7） 各個別企業の構成員が共有しているすべての意思決定基準，それを具

現化した行動パターン，およびそれらによって具象化された創造物。

（8） あらゆる企業の構成員が共有すべき，普遍的かつ絶対的な意思決定基準。

（9） 企業による文化振興活動や社会貢献活動。

これらのうち（9）は通俗的であり，組織研究で使用されることはまずない。残りの8種の概念は，狭義から広義へと，また組織の根底的要因のみに限定するものから組織の表層的要因を包括するものへと配列されていることは理解できるが，どの概念が経営組織の研究にとって適切であるのかは，これだけでは判断できない。ただ，組織有効性との関連を考えるためには，内包する要因は広義の方が好都合であることだけは確かである。その上で，どの概念が妥当であるかは，別の考察によらなければならない。

組織文化のキーワードは，当然であるが組織と文化の二つである。これらのうち，組織についてはすでに定義をしているから，残る文化(culture)が問題である。この文化の定義も多様であるが，もっとも一般的な人間の創造物(有形，無形)のすべて，という伝統的定義に加えて，歴史的選択過程（Kluckhohn, C. K. M.），および変種の発生・選択・保存の過程（Campbell, D. T.）という比較的新しい文化人類学などの定義を併用してみよう。そうすると，文化は，人間の選択＝意思決定によって創造され，変革され，維持されてきた有形・無形の創造成果の歴史的累積である，と理解できる。たとえば日本企業の組織は，日本人が歴史的に選択し創造した経営組織であり，時代と状況の変化（集団主義，敗戦，国際化，円高など）に対応しながら，保存に努めたり変種を創造したりしている協働システムであり，それ自体が文化であることになる。

Gagliardi（1986）によれば，組織文化の問題性は，その構造と変容過程にある。組

図 12-3　組織文化の構造

実践の様相
用具的・表意的戦略
主要戦略
仮定と基本価値

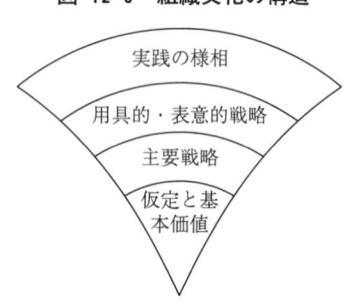

出所：Gagliardi, P. (1986)，p.299.

織文化の構造は,図12-3のように扇形状に示すことができる。それは,要となる仮定と基本価値 (assumption and basic values) に始まり,主要戦略 (primary strategy),用具的・表意的戦略 (instrumental and expressive strategy) を経て,実践の様相 (modes of implementation) に至る4層構造を形成している。文化の内容は,仮定と基本価値に近付くほど神話知 (mythical knowledge) の色彩が強まり,実践の様相に近付くほど科学的知 (scientific knowledge) の傾向が強まるという。

　Gagliardi (1986) による組織文化構造論を補足しよう。仮定と基本価値の部分を日本の場合について表現しているものとして,恥(Benedict, 1946),タテ社会 (中根,1967),間柄 (あいだがら) もしくは間人 (かんじん:濱口,1982),儒教倫理,集団主義などがあるが,もう少し経営組織に即していえば,経営理念がこれに該当する。以下同様に,日本の場合について考えられる例示をすれば,主要戦略の部分は,戦前の経営家族主義と戦後の経営福祉主義 (間,1971),用具的・表意的戦略の部分は,終身雇用・年功序列・企業別組合のいわゆる3種の神器 (Abegglen, 1958),実践の様相は横並びの組織行動,となるであろう。

　Gagliardi(1986)はまた,組織文化の変容過程について,特異能力(distinctive competence) の駆使→成功体験の集積→理想化→価値と象徴領域の安定→凝集と組織能率(の向上),の好循環が反復して組織文化が強化されるか,それらのいずれかが失敗して悪循環に陥り,最悪の場合には循環が破綻し,組織文化が衰亡する様相を呈するとしている。ただし,このような循環の基本的5構成要因に,特定の始発点はない。どの要因を組織文化創成の始発点にするかは,経営者の戦略的選択の問題であり,成功して好循環を生み出すか,失敗して悪循環に陥るか,または好悪の循環の趨勢を逆転させるかは,経営者の手腕にかかっているとされるのである。図12-4は,この循環が好循環の状態にあることを示すものである。

　以上のような考察を踏まえて,飯田(1995)の8種の定義を振り返って見ると,(7) の概念,すなわち「各個別企業の構成員が共有しているすべての意思決定

図 12-4　組織文化の変容過程（好循環）

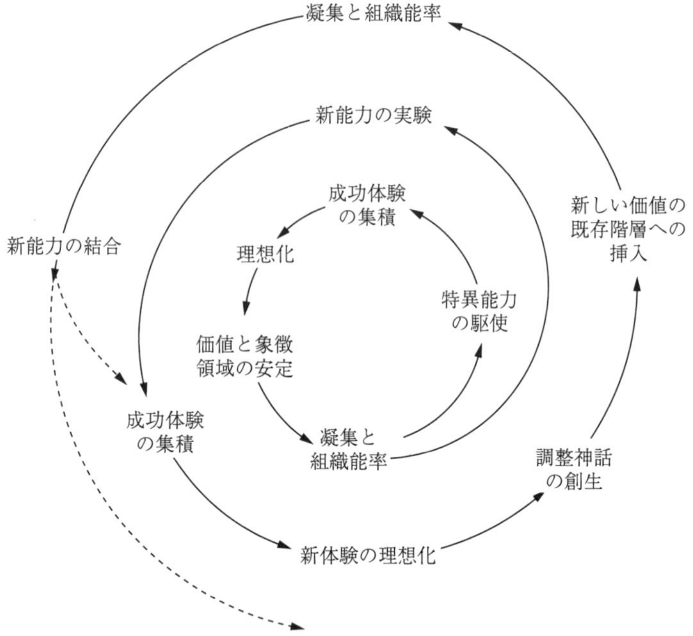
凝集と組織能率
新能力の実験
成功体験
の集積
新しい価値の
既存階層への
挿入
新能力の結合
理想化
特異能力
の駆使
価値と象徴
領域の安定
成功体験
の集積
凝集と
組織能率
調整神話
の創生
新体験の理想化

出所：Gagliardi, P. (1986) p.300.

基準やそれを具現化した行動パターン，およびそれらによって具象化された創造物」という定義が，もっとも適切であることになる。(1)～(6) の概念は，組織現象をとらえるには狭すぎるし，(8) は個々の組織現象を超えた社会現象の次元になってしまうからである。このような理由で重要なことは，組織現象の把握が，単に組織文化の理解に留まることなく，その創造や改変に及ばなければならない，ということにある。

12.5　組織文化の変革と組織有効性

前節の Gagliardi (1986) の組織文化変革過程論は，組織目的達成すなわち組織有効性向上のため，組織文化を変革することの重要性と，その中心主体が経営者であることを示している。彼の議論は非常に抽象的であるが，同じ趣旨を

12　組織有効性と組織文化　197

図 12-5　組織文化と業績

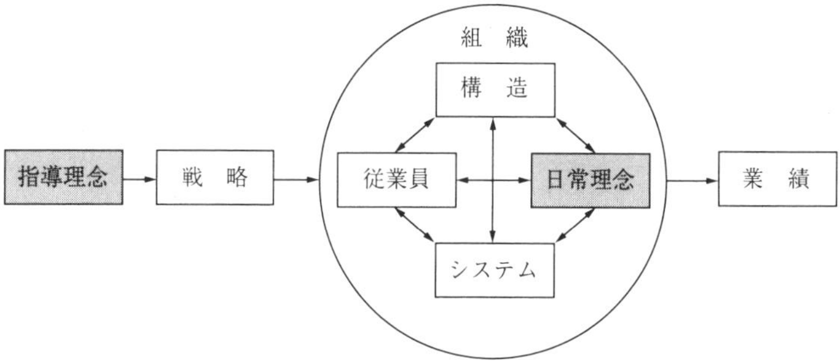

[指導理念] → [戦略] → (組織: 構造／従業員／[日常理念]／システム) → [業績]

出所：Davis, S.M. (1984) 訳 10 頁。

展開して，組織文化の変革を「社風管理」という形で実践の方法にまで具体化しているのは，Davis, S. M. (1984) である。

Davis, S. M. (1984) の組織文化変革の基本的枠組みは，図 12-5 のように示される。この図に関連して特に指摘しておくべきことは，彼が企業文化(corporate culture) という用語を使用していることと，その内容を指導理念と日常理念の二つとしていることである。用語については，組織文化と呼び替えてもなんら支障はない。彼のいう指導理念は，ビジョン (vision) と考えて良いとされているから，通常の経営理念であり，日常理念がそれを具体化した行動指針であることは，明らかであろう。このように 2 層にすることの理由が，実践上の必要にあることは，容易に推測できよう。彼の概念は，前節の諸概念の (3) に該当し，「意思決定基準」のみを指していて非常に限定的である。しかし，ここでは，図 12-5 の全体を組織文化として問題にすることになる。

Davis, S. M. (1984) は，組織文化の変革におけるトップ・ダウンの決定的重要性を強調している。その上で，組織変革の手順として，まず可能な限り多数の組織構成員に面接することによって組織文化の現状を把握し，それが問題である場合には，望ましい組織文化への変革を行うことになる。その際に彼が提唱する接近法は，「文化的リスク」を評価する簡単なマトリックスの使用である。その場合，文化的リスクの程度とは，次の 2 点をいう。

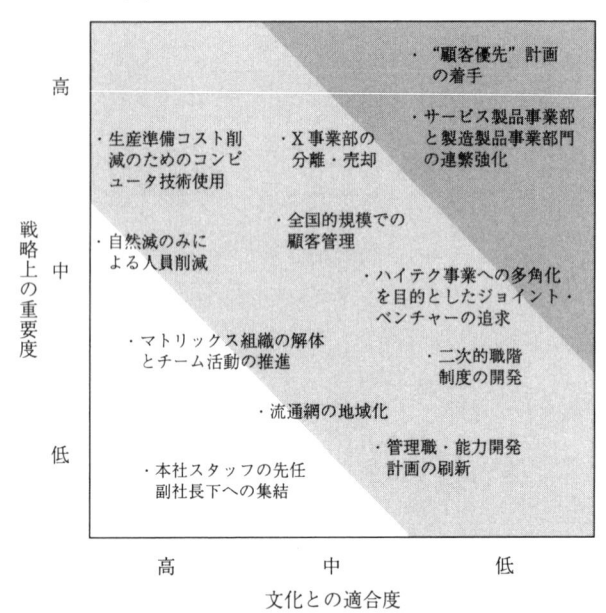

図 12-6　X 社の文化的リスクの評価

```
                    文化との適合度
                 高        中        低
        ┌─────────────────────────────────────┐
     高 │                    ・"顧客優先"計画   │
        │                      の着手          │
        │ ・生産準備コスト削  ・X事業部の  ・サービス製品事業部│
        │   減のためのコンピ    分離・売却    と製造製品事業部門│
        │   ュータ技術使用                    の連繋強化      │
        │                  ・全国的規模での                    │
  戦略  │                    顧客管理                        │
  上の 中│ ・自然減のみに                                      │
  重要度 │   よる人員削減               ・ハイテク事業への多角化│
        │                              を目的としたジョイント・│
        │                              ベンチャーの追求       │
        │ ・マトリックス組織の解体                             │
        │   とチーム活動の推進      ・二次的職階              │
        │                              制度の開発            │
        │                  ・流通網の地域化                    │
     低 │ ・本社スタッフの先任      ・管理職・能力開発        │
        │   副社長下への集結          計画の刷新              │
        └─────────────────────────────────────┘
                 高        中        低
                    文化との適合度
```

出所：Davis, S. M. (1984) 訳 24 頁.

（1）　それぞれの活動が戦略を成功させる上で，どれだけ重要であるか。

（2）　それぞれの活動が日常文化とどれほど良く適合できるか。

　これらを縦横軸とし，それぞれを高中低に区分すると，3×3のマトリックスができる。このマトリックスを使用して，組織の戦略関連諸活動を位置付けた仮定事例は，図 12-6 のように示される。このマトリックスによって，次のような評価が可能になる。

（1）　右上部分（濃い網目部分：その典型は，戦略上の重要度は高いが組織文化との適合度が低い活動）は，「受け入れ難いリスク」があるので，戦略を変えるか組織文化を変えるか，いずれかの措置が必要である。

（2）　左下部分（白い部分：その典型は，戦略上の重要度が低く組織文化との適合度は高い活動）は，「無視できるリスク」のため，何らの措置も必要ない。

（3）　残りの部分（薄い網目部分）は，「管理可能リスク」があるので，何ら

かの措置によりリスクを減らす（左下方向へ移動させる）必要がある。

以上のような Davis, S. M. (1984) の組織文化管理論は，非常にユニークであるが，リスク判断（高中低）の基準があいまいで主観性に大きく左右され易いとの批判を免れない。

もっと普通に行われている方法は，組織文化をいくつかの類型に分けて，組織文化の実態の把握や変革に使用するものである。たとえば Deal = Kennedy (1982) は，組織文化を次の4種に分類している。

（1） 逞しい，男っぽい文化：常に高いリスクを負い，行動が正しかったか間違っていたかについて，速やかに結果が得られるような，個人主義者の世界。

（2） よく働き，よく遊ぶ文化：陽気さと活動が支配する文化で，構成員はほとんどリスクを負わず，結果はすぐに現れる。成功するために組織文化が構成員に促すのは，比較的低リスクの活動を高レベルに維持することである。

（3） 会社を賭ける文化：大金の賭かった意思決定の文化で，しかも，これらの意思決定から成功の見通しが立つまでに数年かかる。高リスクで，結果がなかなか現れない環境である。

（4） 手続きの文化：結果を知ることのほとんどない，あるいはまったくない世界で，構成員は自分たちの仕事を評価することができない。そのかわり，彼らは仕事の進め方に神経を集中する。これらの手続きにコントロールが効かなくなったとき，われわれはこの文化を別名で呼ぶ―官僚主義と。

彼らは，これらの種類について，①これらが極端な単純化の所産であること，②これらの一つにぴったりあてはまる組織は存在せず，現実の組織は，その内部にこれら4種を混在させていること，たとえばマーケティング部門は逞しい，男っぽい文化，製造部門はよく働き，よく遊ぶ文化，研究開発部門はリスクが大きく，結果の現れるのが遅い文化，経理部門は官僚主義文化など，しかし，③これら4種は，自己の組織文化の本質をより明確に見極める上で役立つはずであること，④これら4種を混ぜ合わすことにより，「強い文化」をもつ組織にすることが課題であること，⑤強い組織文化の形成にとってもっとも必要な人

材は,「象徴的経営者 (symbolic manager, 彼らの書名でもある)」であること,を多くの事例をあげて説いている。

　彼らのいう強い組織文化とは, 上の4種に代表されるようなさまざまな文化を下位文化として内包することは避けられないという現実の中で, それらの対立・衝突・矛盾を克服しながら組織の基本文化ともいうべき価値に統合して行くような, 創造的気風の維持と形成である。その牽引力となるのが, 象徴的経営者にほかならない。その役割について, 彼らは, 断片的であるが次のようなことを述べている。

　（1）　組織文化が長期的成功に及ぼす影響を敏感に感じとり, 常に組織文化について語り, 書き, その影響力を率直に認める。

　（2）　組織構成員に高度の信頼を置き, 組織文化の道連れとしてその力を頼りに目的を達成する。強い文化をもつ組織の倫理は,「われわれは特別だから成功する」であり, このような「われわれ対世間」という意識のもつ力を認識し, 周囲の人たちに特別の努力と自発性を促すような行動をとる。

　（3）　自らを組織活動というドラマにおける演技者, 脚本家, 監督, 俳優であると考え, 周囲に及ぼす自己の象徴的な影響の大きさを認識する。毎日が新しいシナリオで, 会議や儀式・儀礼は新しい演技の場である。

　これらの中には, 彼らが「象徴的」を強調する理由が滲んでいて, その意味では示唆的であるが, 全体としては観念的で実践性に乏しい。このような Deal = Kennedy (1982) の象徴的経営者論は, 組織文化の形成と変革の推進力を経営者に求めている点で, Gagliardi (1986) による組織文化変容過程の駆動力としての経営手腕の指摘, Davis, S. M. (1984) による組織文化管理における経営者のトップ・ダウンの強調と, 通ずるものがある。しかし, これらいずれもが, 組織文化の形成と変革について, 一般的・抽象的記述をするか, 事例の紹介に留まっていて, 変革の実態に十分踏み込んでいない。

12.6 複数組織の結合と組織文化

第8章の冒頭部において，二つの文化が交錯した場合，順応 (adaptation) か文化変容 (acculturation) が生じ，後者には 乗り換え (deculturation)，借用 (borrowing)，同化 (assimilation) があることを紹介した。このような文化変容現象を下敷にしながら，Cartwright = Cooper (1993) は，M&A (merger and acquisition, 合併・買収) を「組織の結婚 (organizational marriage)」と表現し，その場合の組織文化の相性の問題を具体的に論じている。

彼らによれば，M&Aの相手の選択に関して，財務的・戦略的な評価については，それなりの手法ができているが，人的資源の統合はもとより組織文化の融合については，ほとんど評価手法が存在していない。そこで，組織結合の前後の組織文化を比較して，良く結合する文化，あるいは溶け込みにくかったり捨てられ易い文化を見極める研究を行った。それは，結合する組織文化の類型と結合後の業績の関係から文化の適合関係を判断するものである。資料は，大小各種規模の英国におけるM&Aについて，上級および中間管理者に対する170回以上の公式面接と700の質問票によって得られた。

彼らもまた，組織文化について類型分けを行っているが，それは次のような

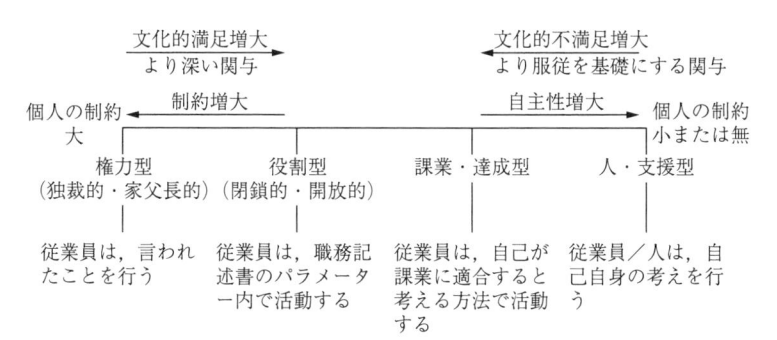

図 12-7 組織文化4類型の相互関係

```
        文化的満足増大                    文化的不満足増大
        より深い関与                      より服従を基礎にする関与

個人の制約   制約増大                  自主性増大      個人の制約
   大    ┣━━━━━━━━━━━━━━━━━━━━━━━━━━━━━━━━┫      小または無

       権力型          役割型        課業・達成型      人・支援型
   (独裁的・家父長的) (閉鎖的・開放的)

   従業員は，言われ  従業員は，職務記  従業員は，自己が  従業員／人は，自
   たことを行う     述書のパラメータ  課業に適合すると  己自身の考えを行
                   ー内で活動する    考える方法で活動  う
                                   する
```

注：個々の構成員に対する制約度と文化変容への含意に即した，文化類型間の関係。
出所：Cartwright = Cooper (1993), p.63.

特性をもつ4タイプである。また，それらの相互関係は，図12-7のようになる。

（1） 権力型（独裁型・家父長型）：権力の集中，敏速な反応，集団的決定よりも個人的決定の重視，本質的に独裁的で挑戦を抑圧，明確な規則よりも暗黙の規則，相手の地位・名声によって区分する顧客サービス，「ボス（家父長的権力）」に対する個人的忠誠もしくは処罰（独裁的権力）への恐怖による構成員の動機づけ。

（2） 役割型（閉鎖的・開放的）：官僚的・階層的，公式手続き・明文化された規則と規制に従った業務遂行の重視，明確に規定された役割要請と権限領域，没個性的で高度に予示的，迅速重視・能率的で標準化された顧客サービス，担当者の個人的個性よりも担当する役割の方が重要であるとの意識。

（3） 課業・達成型：組織の使命へのチームとしての関与と熱烈な信条の強調，課業の必要に立つ業務組織の決定，顧客の注文に応じた製品の提供，構成員の高度の自主性と融通性，潜在的には極度に満足できる創造的業務環境であるがしばしば心身消耗的。

（4） 人・支援型：平等主義の強調，人間の成長と個人の伸長を促進するだけの存在と機能，営利的利益追求組織よりも共同体もしくは協同組織により多く見受けられる。

次に，組織文化の相性を解明するために，M&Aについても，その性格によって次の3種があるとされる。

（1） 拡張型合併（extension merger）：吸収側は，「手放し（hands-off）」状態で被吸収側の事業を継続させ，最低限以上に非吸収側の文化変容を求めない。組織文化の差異は，明白に受容され，問題にされることはない。このようなM&Aを，「開放的（open）」結婚と呼ぶ。

（2） 協力型合併（collaborative merger）：双方の業務の統合または技術等の専門性の交換を目指すような合併。組織文化の差異は，パートナーシップに潜在的に価値を加えるものとして認識されるが，文化統合の能力が，このM&Aの成否を左右する。これは，合同（union）または近代的結婚（modern marriage）

図 12-8 M & A における組織と個人の文化変容の様相とその潜在的結果

```
                従来の文化を放棄する従業員の意欲
           非常に意欲的              必ずしも意欲的でない

非常に魅力的
              同化                  統合
               ↓                    ↓
            潜在的に            文化的   対  満足できる
            円滑な移行           衝突       統合／融合
「もう一つの」
文化の魅力の
認知
              乗り換え              隔離
               ↓                    ↓
              疎外              文化的   対  満足できる
                                衝突       多文化主義の
                                          許容範囲
必ずしも
魅力的でない
```

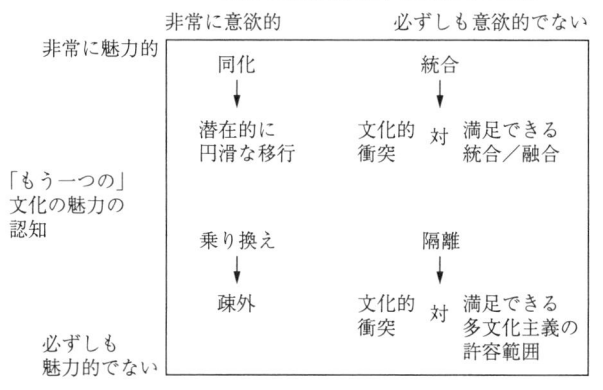

出所：Cartwright = Cooper (1993), p.65.

と呼ばれ，得・得シナリオ（win/win scenario）によっている。

（3） 再設計型合併（redesign merger）：広範な変革を意図する合併であり，被吸収側は，吸収側の業務方式はもとより組織文化をも全面的に採択しなければならなくなる。その成否は，被吸収側の組織文化の変革にかかっている。それは，得・失シナリオ（win-lose scenario）によるもので，伝統的結婚（traditional marriage）と呼ばれる。

実態調査によれば，M&Aに際しては，「買収によるクローン化（acquisition "cloning"）」本能が避けられない（森本注：吸収側が被吸収側を自己にソックリに＝クローン化したがる）。そこで，開放的結婚はほとんど非現実的となり，M&Aの現実的共通問題は，文化変容（acculturation）になる。彼らは，文化変容の態様について，同化（assimilation），乗り換え（deculturation），統合（integration），および隔離（separation）の4種を上げている。それぞれは，図12-8に示すような状況にあるが，若干補足すると，次のようになる。

（1） 同化：被取得（被吸収）側の組織構成員が，自己の組織文化を意欲的に放棄し，取得（吸収）側の組織文化に吸収される。取得側は「文化剥奪（culture-

図 12-9 伝統的結婚

買収側/主要合併当事者の文化	被買収側もしくは他の合併当事者の文化	起こりうる結果	コメント
権力型	権力型	問題あり	成功は，組織リーダーの選択とカリスマに非常に大きく依存。擬似的合併の中で激烈な政治的抗争が起こる可能性が高い。
権力型	役割型 課業型 人・支援型	すべて潜在的には悲惨	同化は抵抗に会うであろう。文化的衝突が必ず生じるであろう。離職率の上昇が予想される。
役割型	権力型	潜在的に良好	同化は受容されるであろう。ほとんどの被買収側従業員は，役割型文化の「公正さ」を歓迎するであろう。
役割型	役割型	潜在的に良好	ルールブックの効果的な書き換えまたは新ルールブックの提示が必要なすべてであり，その上で円滑な同化が実現しよう。
役割型	課業型	潜在的に問題あり	多くの管理者は，役割型文化の官僚制と繁文縟礼を逃れるために，被買収組織に組するであろう。
役割型	人・支援型	潜在的に悲惨	無秩序になろう。役割型文化の構成員は，組織の規模が今やより大きな下部組織を必要とすることを，最終的には受容するであろうが，人・支援型文化の構成員がそうしないことは確かである。
課業型	権力型 役割型 課業型	潜在的に良好	円滑。同化は，既存の権力型および役割型文化の中にいる人びとに生じ易い。楽しみが必ず生じるが，依然として潜在的には文化的ショックの混乱が残る。ある者は，その地位が侵食されたと感じ，特にかなりの権力的地位にある者はそうである。多くの者は，新文化が非常に求めるものの多い，おそらくストレスに満ちたものであるとを知るであろう。
	人・支援型	潜在的に問題あり	人・支援型文化は，自己伸長を促進するが，それはチーム型文化や合意型意思決定には結びつかない。

注：理論的には，どの文化類型も人・支援型文化と潜在的にはうまく結婚できるが，定義上，人・支援型文化が登場する。伝統的結婚とそれによる文化の押しつけの概念からすれば，それらの結婚は呪われたものとなるであろう。
出所：Cartwright = Cooper (1993), p. 67.

stripping)」を行うことになるが，被取得側の抵抗があれば，隔離が発生する。しかし，取得側は，抵抗する者の排除によって，隔離を避けようとする。伝統的結婚（再設計型合併）の成否は，意欲的な同化によるところが大である。

　（2）　乗り換え：被取得側の組織構成員が，在来の組織文化に不満をもって

いたが，取得側の新組織文化にもなじめない状態で，混乱や疎外が生じる。

（3）統合：二つの組織文化の良い点が現れるような理想的組織文化の創出である。それには，元の組織文化の変化と均衡が必要であるが，衝突と断片化の可能性が少なくない。近代的結婚（協力型合併）の成否は，円滑な統合に依存するところが大である。

（4）隔離：同化や統合への被取得側の抵抗により生じる，別居状態である。当然ながら，文化的衝突と凝集性欠如がある。犠牲を伴う隔離は，開放的結婚（拡張型合併）に見られる様相である。

伝統的結婚（再設計型合併）と近代的結婚（協力型合併）とでは，目的が異なるだけでなく，取得（吸収）側には，異なる性格が要求されることになる。すなわち，伝統的結婚の場合には，被取得（被吸収）側の組織文化を変革する能力が，近代的結婚の場合には，双方の組織文化の要素を結合して固有の一元的組織文化を創造する能力が必要である。しかし，このような能力を発揮する前提となるのは，相性の良い組織文化の適合関係を選択することである。いま，伝統的結婚について，組織文化の適合関係をまとめて示すと，図12-9のようになる。近代的結婚についても，この図の内容が適用可能である。なぜなら，二つの組織文化の類似性が高いほど，統合の問題は容易になるからである。そこで，M&Aにとっては，次のような文化監査（culture audit）が不可欠になる。

（1）組織文化を比較し論議する客観的手段をもつ。
（2）被取得（被吸収）側従業員に受容される，組織文化の結合類型の評価。
（3）組織文化統合プログラムの策定。
（4）誤った情報や非生産的なうわさを浮き上がらせる。

以上のようなCartwright = Cooper（1993）のM&Aを素材にした組織文化論は，組織文化の適合関係を具体的に提示することにより，複数組織の結合における組織文化の類型の活用法と，組織文化の組織有効性への影響力を立証している。これらの知見を1個の経営組織の下位組織文化相互間に応用すれば，多くの論者が取り上げている組織文化の管理に寄与するところが少なくない。

13 経営組織の国際比較

13.1 国際比較の意義と方法

　組織は環境と相互作用しつつ存在し，内外環境の変化に適応する。そのため，組織の構造と行動は，環境の特質によって大きな影響を受ける。環境の特質は，一般環境の非常に基礎的なレベルでは，たとえば工業化社会から情報化社会へ移行するような，世界共通な面もあるが，各国別に大きく相違している点の方が多い。その相違は，環境全般に見られるが，特に社会的環境において顕著である。その理由は，社会的環境を構成する主要な要因が，歴史・伝統・文化に関するものであることによる。

　以上の事実から，各国の経営組織を相互に比較し，どこに共通点と相違点があるか，その原因と背景は何か，それらが組織の有効性や充足性にどのような影響を与えているか等を解明しようとする問題意識が生まれてくる。そして，このような問題意識に立つ多くの研究が現実に行われることになる。

　国際比較は，単に複数国の経営組織を任意に取り上げ，それらの類似点と相違点を観察するだけでも可能であるが，科学的分析としては，それだけでは不十分である。なぜなら，国際比較のためには一定の方法（methodology）が必要であり，それを欠いた，あるいはそれが不十分な国際比較は，上述の問題意識に対して有意な知見をもたらさないからである。

　ここでは，多くの国際比較研究の中から方法的に特色のあるものを選び，その内容の概略と知見の一端を紹介する。それらの方法の要点は，次の通りであるが，基本的に，経営組織の国際比較として低度な方法から高度な方法へという配列を考えている。

　（1）　恣意的に列挙した組織特性の差異の発見と，その原因の定性的説明。
　（2）　理論的に検討された組織特性（その一例は，第4章で紹介したアストン研

究の6次元) を共通尺度とし，それらの主観的測定 (意見調査のデータの計量化操作など) によって，国際比較を行う。

(3) 同じことを，客観的測定 (事実調査のデータの計量化操作など) によって行う。

(4) 普遍理論が樹立した諸種の命題 (例：戦略と組織が適合している場合は業績が高い) を比較基準とした，計量化操作を含む国際比較。

(5) 以上の諸方法を組み合わせた総合比較。

以下，この順序で研究成果を一つずつ取り上げるが，いずれも比較対象の中に日本の経営組織を含むものを問題にした。それは，われわれのもっとも身近に存在するために，かえって国際的にどのような特質があるのかを見失いがちだからである。

13.2 定性的差異分析による国際比較

Ouchi (1981) は，組織の日米比較を行った上で，両者の長所を取り込んだ新しい経営のあり方を提唱し，そこへ向かって組織をいかに変革するかを説いている。彼の比較研究は，第1に，実地調査による情報の収集と対比によって，組織特性を抽出することから始まる。その作業の対象としたのは，いずれも日米両国に工場ないし営業所をもつ20以上の企業であった。第2に，これらの組

表 13-1 日米両組織の対照と優良組織モデル (Ouchi, 1981)

日本の組織 (Jタイプ)	米国の組織 (Aタイプ)	優良企業組織 (Zタイプ)
終身雇用	短期雇用	長期雇用
遅い人事考課と昇進	早い人事考課と昇進	比較的遅い人事考課と昇進
非専門的な昇進コース	専門化された昇進コース	わたり歩く昇進コース
非明示的な管理機構	明示的な管理機構	明示的な管理機構
集団による意思決定	個人による意思決定	合意と参加による意思決定
集団責任	個人責任	個人責任
人に対する全面的な係わり	人に対する部分的な係わり	人に対する全面志向と平等主義

織特性について相違点を発見し，国別モデルを作成した。その要点は，表13-1の通りである。二つのモデルは，それぞれJタイプ（日本型）とAタイプ（米国型）と呼ばれる。第3に，組織特性の相違点の原因や理由を，両国の国民性や文化に即して説明している。

組織の国際比較としては，ここまでが固有の範囲であるが，その成果をいかに利用するかも広義の比較研究の課題に入るので，固有の比較研究の後の展開を記すことにしよう。彼は第4に，各タイプを米国の（当時の）優良企業(Xerox, IBM, HP = Hewlett-Packard, McDonald, Eastman Kodak, P&G = Procter & Gamble など)の実態と対比し，Aタイプが米国企業のすべてに妥当するものではないこと，米国の優良企業ではAタイプとJタイプの長所を組み合わせたような状態にあることを明らかにする。そして第5に，これらから，優良企業のモデルを作成する。このモデルはZ（ジー）タイプと呼ばれ，表13-1に示されたように，AJ両タイプの混合になっている。最後に，AタイプをZタイプに変革させる過程—このような意図的組織文化の変革を組織開発（organizational development, OD）という—のステップを述べている。

Ouchi (1981) の研究の特色は，比較可能性について一定の配慮を加えた組織特性研究であること，比較によって得られた差異の分析を国民性と文化の視点から行う点で，文化論的接近をとっていること，比較の中から，より優れたモデルを導出しようとする普遍理論志向がうかがわれること，普遍理論を単に理論として留めるだけでなく，それを実現する実践的方策として展開していること，などである。

彼の研究には，比較方法の点で，多くの問題がある。その主要なものは，対照的相違を示す7項目は，いかなる基準で拾い上げられたのか，それらは代表的組織特性（組織の特質を左右する説明変数ないし原因変数）でありうるのか，である。

これらを要約すると，Ouchi (1981) の研究は，もともと組織開発を目指すものであるが，国際比較という視点で見ると，次のような指摘が避けられない。

13 経営組織の国際比較 209

すなわち,それは,比較可能性について若干の配慮をしているが,比較する組織特性が恣意的に列挙されているため,本格的な比較分析に達しておらず,相違点分析に留まっているということである。

13.3 主観的測定手段による国際比較

Hofstede (1979) は,世界40ヵ国に系列企業をもつ多国籍企業(仮称ヘルメス社,実は IBM 社)の各系列企業組織の比較研究を行った。この場合,各系列企業が,ほぼ同一の公式組織をもっていることに注意しておく必要がある。

彼は,次のような4種の組織特性(測定次元)について150項目の質問票を作成し,回答を一定の方法でスコア化して,それらを比較した。

（1） 権力の格差 (power distance)：意思決定が行われる階層の高さ(集権化・分権化の程度を示す)。

（2） 不確実性の回避 (uncertainty avoidance)：課業の成文化と人間の定着度(前者は専門化・公式化の程度を,後者は危険回避の程度を示す)。

（3） 個人主義 (individualism)：組織からの人間の独立度(個人主義的か集団主義的かの程度を示す)。

（4） 男性化 (masculinity)：所得・承認・昇進・やり甲斐のような仕事志向の強度。これに対照される価値は,人間関係・協同・居住環境・雇用保障などである。これらは組織文化の類型であり,前者は仕事志向,後者は集団生活志向の程度を示す。

質問は,20ヵ国語で行われ,回答者の職種・年齢・性別・役職構成を各国について類似するように配慮した。また,同一の質問を1968年と1972年の2回実施した。回答者は,延116,000人に達した。回答の分析データには,質問項目中の50項目の両年度の平均値を使用している。データの分析は,複雑膨大であるが,組織特性のうち組織論になじみの深い「権力の格差」と「不確実性の回避」に関する部分を概観しよう。まず,両組織特性に関する回答を,国別にスコア化する。たとえば,不確実性の回避は,次式で計算する。

「不確実性の回避」のスコア＝300－40 a－30 b－c
ただし，この式におけるa，b，cは，次の通りである。

a：「仕事においていつも焦立ちや緊張を感じる」＝1，から，「仕事において焦立ちや緊張を全然感じない」＝5，に至る5点尺度の得点の平均値。

b：「規則はいかなる場合にも犯すべきではない」について，「非常に強く賛成」＝1，から，「非常に強く反対」＝5，に至る5点尺度の得点の平均値。

c：「現在の会社に引き続きどのくらい働こうと思っているか」について，「5年以下」とする人の％。

図 13-1　権力の格差と不確実性の回避の尺度における 40 ヵ国の位置（Hofstede, 1979）

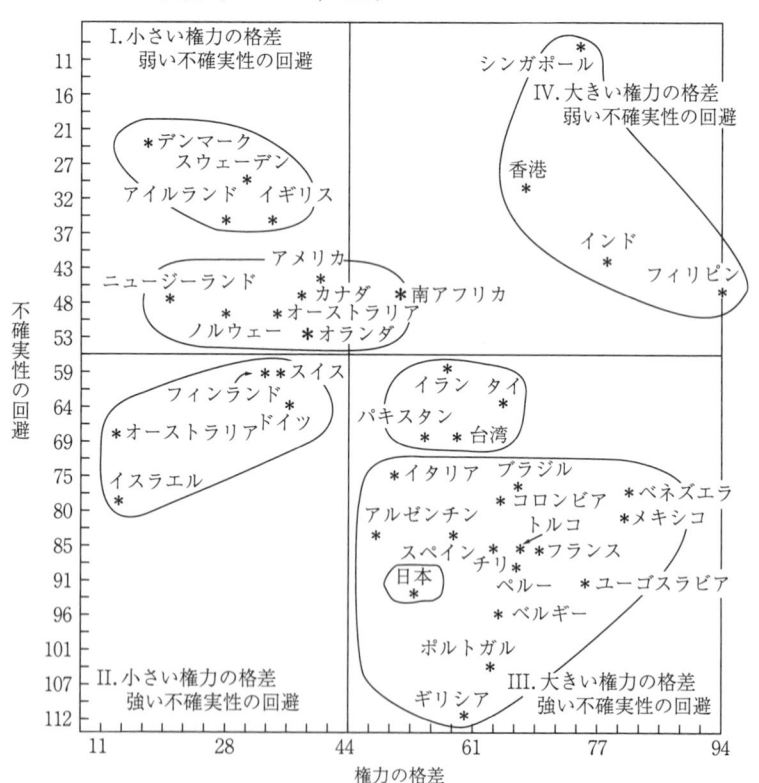

表 13-2 国別の組織の特色

象限	アストン研究の類型	Stevensの類型	該当する諸国
I	非公式官僚制	市場型	アングロサクソン系, スカンジナビア系
II	業務官僚制	潤滑油の十分な機械	ドイツ語系
III	完全官僚制	ピラミッド型	ラテン系, 一部アジア系, 日本
IV	人事官僚制	家族型	一部アジア系

「権力の格差」についても,類似の方法(内容省略)でスコアを計算する。両組織特性の相関は微弱($r=.28$)であるが,それらの計算結果を重ね合わせて図示すると,図 13-1 のようになる。

この図の4象限を,アストン・グループによる官僚制の類型,および Stevens, O. J.(未発表)の研究成果による組織類型を使用して特色づけ,それに該当する諸国を充当すると,表 13-2 のようになる。なお,この表にある官僚制の類型の内容は,次のようなものである。

(1) 非公式官僚制:権限が分散し,活動の構造化が低度で,人格的統制によっている組織。暗黙に構造化された組織ともいう。

(2) 業務官僚制(workflow bureaucracy):活動の構造化は高度であるが,分権的で非人格的統制によっている組織。

(3) 完全官僚制:集権的で非人格的統制によっている,構造化の高い組織。官僚制と呼ばれてきたものの典型。

(4) 人事官僚制(personnel bureaucracy):構造化は低度で,人格的統制による集権的な組織。

以上のような Hofstede (1979) の研究は,比較可能性に対して十分な配慮を行い,この点で Ouchi (1981) の欠陥を乗り越えていること,豊富な比較情報を科学的に処理することにより操作可能性を高めたこと,文化論的接近によって組織の収斂を明確に否定したこと,条件設定や資料解釈に普遍理論の研究成果を応用したこと,などの特色をもっている。これらの中の文化論的接近とは,

各国の組織はそれぞれの国の文化を反映しているものであり、その特質は変容しつつも持続すると見る立場である。これに対立するのが収斂論であり、各国の特質を反映している組織は、国際化の進展により、進んだ組織＝西欧型の組織に近似して行く、と見る立場である。日本型経営についていえば、当初は収斂論が支配的であったが、やがて文化論的接近が優位を占めるようになった。組織論全体についても、同様の動きがあるといってよい。

このような特色の反面、Hofstede (1979) の研究は、① 主観的測定法、特にスコア計算法について、その根拠や妥当性の点で疑義が多いこと、② 価値観や価値体系に左右されることの多い主観的情報のみで、組織の実態が正しくとらえられるか(事実情報の軽視)、③ 経営の要因が欠落した組織文化の分析に終始している、などの批判が避けられないであろう。表13-2において、日本の経営組織は、完全官僚制に該当するとされているが、これまでの多くの研究を総合すると、むしろ人事官僚制に該当するのではないかとの疑問が生じる。このような疑問は、上の①や②の点を反映しているのではないであろうか。

13.4 客観的測定手段による国際比較

安積ら(1979)は、日本、英国、スウェーデン3国の経営組織の比較を行っている。研究対象がこの3国になったのは、研究協力者の人的構成がこの3国人であったことによる。彼らが研究に使用した組織特性は、基本的にアストン・グループによる研究成果に準拠するもので、集権度、全体的公式化、役割定義の公式化、階層数、トップの管理範囲、専門化の6種であった。

研究対象の選定であるが、1972年、まず日本で、労働者中に占める農業労働者の割合、平均個人年間所得、電話普及率等の諸点から見て、全国平均に近い標準的地位を占めるものとして栃木県を選び、同県の事業所名鑑より100人以上の企業50社を取り出した。その際、業種と規模をバラつかせるようにした。これらの企業について、上記の組織特性に関する事実情報を収集した。その方法は、トップに対する面接と組織内のサンプルとして選ばれた人びとに対する

表 13-3　専門化スコア計算のための諸分野（安積ら，1979）

項目番号	業　務　分　野
1	資材や器具の購入や管理
2	原料や生産品の運搬
3	金銭の記録や管理（たとえば経理）
4	建物の建設と機械器具の維持
5	品質管理（原料・生産品の検査，品質テスト）
6	福祉関係（整備，飲食物販売，安全，消防，スポーツ，レクリエーション，社内報，提案制度等）
7	生産管理（工程管理，生産計画）
8	生産品の処理・配送やサービス（販売，価格決定，販売記録，アフターサービス等）
9	新社員導入と配置（リクルートメントと選考，面接，配置等）
10	新製品，新器具の開発（R&D）
11	製造方法や工程の調査（ワーク・スタディ，工場レイアウト）
12	管理方式の開発(O&M，統計資料の収集，分析，各種記録の整理，保存)
13	社員教育・訓練
14	社外関係（広告，PR，顧客関係，新聞雑誌関係）
15	法律，保険，株主名簿関係
16	市場調査

注：スコアの可能範囲：0～16．

質問票によった。英国およびスウェーデンについても，日本の地域・業種・規模に対応する企業を選び，1976年に同様の調査を実施した。

収集したデータの分析は，各組織特性に対する回答をアストン・グループの方法に従ってスコア化することに始まる。たとえば，専門化のスコアは，表13-3に示された仕事分野について，各項目の仕事しかしていない人(他の項目をまったくしない人）が1人でもいる場合，その組織はその項目の仕事を専門化していると見なすのである。このような計算をすれば，スコアは0～16に分布する。同様のスコア計算を3国の全組織特性について行った結果をまとめると，表13-4のようになる。

彼らは，この表の内容を次のように解釈している。すなわち，細目を別にして鳥瞰的に見る限り，構造変数（組織特性）のスコアは3国について似通って

表 13-4 日米瑞 3 国別組織構造変数のスコア

構造変数	国	平均値	最低-最高値	標準偏差
集　権　度	B	118.5	103-141	12.66
	J	126.7	103-162	17.87
	S	125.8	111-142	9.23
公　式　化	B	27.92	14-37	7.18
（全体的）	J	29.58	13-38	9.07
	S	25.08	13-37	8.62
役割定義の公式化	B	12.58	3-19	5.37
	J	14.00	5-18	4.26
	S	11.17	2-18	5.41
レベル数	B	5.82	3-10	1.91
	J	8.17	5-12	2.29
	S	4.83	3-6	.84
長の制御範囲	B	4.17	2-6	1.53
	J	5.82	2-9	2.48
	S	6.18	4-8	1.17
専　門　化	B	7.50	3-12	3.26
	J	8.33	0-11	2.93
	S	8.42	6-13	2.50

注：B＝英，J＝日，S＝瑞．

おり，国または文化による相違は看取できないとした。特に，構造の3大特性である集権度，公式化，および専門化のスコアがほとんど同じである点は重要である，と指摘する。彼らはまた，組織特性間の相関を組織内の調整とコントロールの視点から分析しているが（内容省略），これらについても同様の結論を下している。すなわち，総括的に見ると，組織構造変数間の関係も組織の調整とコントロールの方策も類似しており，ここでも国や文化の影響は示されていない，とするのである。

　安積ら(1979)の研究は，①理論的に十分吟味された組織特性を使用していること，②研究対象となる組織の選択に平均性をもたせるために多くの配慮を行い，比較可能性に神経を使っていること，③事実データの統計学的処理により，

操作可能性を高めていること，④ 組織構造には国別相違はないとして，文化論的接近と明確に対立する結論を打ち出し，収斂論と異なる一種の普遍理論を主張していること，⑤ 日本では比較的なじみの薄い英国，特にスウェーデンの経営組織の実態について，多くの貴重なデータをもたらしていること，などの特色をもっている。

しかし，これらの特色の反面，① 平均性と代表性を混同している点で，比較可能性の出発点に重大な欠陥があること，② 調査時点の相違による環境変化への配慮が欠落していること，③ 資料の解釈が強引・性急に過ぎて，読むものに与える説得性・納得性が著しく低いこと，の 3 点だけでも，この研究には問題がありすぎる。若干の補足をしよう。まず ① については，県勢データで平均的な地位にある栃木県がなぜ日本を代表しうるのか，むしろ上場会社等の中から対象を選ぶべきではないのか，などの重大な疑問がある。② については，日本（1972 年）と欧州（1976 年）の調査時点の間には，第 1 次石油危機（1973 年）があり，経営環境は激変している。環境適応を至上課題とする経営組織は，大きく内容を変えているはずであるが，この点への言及はない。③ については，類似点の過大評価と相違点の過小評価が目につき，「無視し得る」とか「たいしたことはない」のようなあいまいな表現が多用されている。

全体として，「国を越えて妥当しないものは科学ではない」との予断に支配されすぎていて，普遍性の発見にこだわり，現実を直視するという「社会」科学の本質が閑却されているように思われる。経営組織が歴史的・発展的所産であることを，忘れてはならない。これを忘却した比較研究は，最初から研究の意義を問われることになる。

13.5　普遍理論の命題による国際比較

Kono（1984）は，日本企業の戦略と構造に関する包括的研究の中で，随所に国際比較を行っている。その研究対象は，日本の製造業を営む企業で，売上高 3 億ドル以上の企業上位 150 社中，同一業種から成功会社を最低 2 社ずつ選ん

だ，計102社である。この場合，成功会社とは，投資利益率，成長率，安定性において比較的に優れているもの（業績の悪いものを除去した）であり，業種は，日本標準産業分類および日本標準商品分類を使用して，厳密性を確保している。

これらについて，年次報告書を含む公刊資料，訪問調査，郵送調査票（1980年と1982年の2回実施），図書等によりデータを収集した。それとは別に，トヨタ自動車(株)，(株)日立製作所，松下電器産業(株)，キヤノン(株)の4社について精査し，さらに通産省，日本生産性本部（当時，現在は社会経済生産性本部）等の資料，内外文献からもデータをとっている。

彼の著書の中，経営組織の部門構造に関する国際比較の要点を見よう。「組織は戦略に従う」という有名な命題を提唱したChandler (1962)以来，「多角化の進展は製品別事業部の増加をもたらす」との命題は，普遍性があるとして理論的に支持されてきた。この普遍理論の命題は，どこまで妥当するか，この命題から逸脱するとどうなるのかが，ここでもテストされる。その結果をまとめたものが，表13-5である。一般に，時代とともに多角化が進展するが，この表によれば，各国とも時代とともに多角化が進展し，それに対応して組織構造を変化させており，上の命題を立証している。

表 13-5 部門構造の国際比較 （Kono, 1984 より作成）

組織構造	国	米		英		日		
	年	1949	1969	1950	1970	1967	1976	1980
	社数	189	183	92	69	102	102	102
職能別		63 } 76%	11 } 20%	} 57%	} 8%	53 } 60%	45 } 56%	42 } 55%
主要製品職能別・副次製品事業部		13	9			7	11	13
製品別事業部		20	76	} 13	} 71	40	43	44
地域別事業部		0	2			0	1	1
持株会社		4	2	30	21	0	0	0
資料出所		Rumelt (1974)		Channon (1973)		Kono (1980)		

注：組織構造の分類は，Rumelt (1974) による．

表 13-6 戦略・構造のマッチングと組織有効性 (Kono, 1984 より作成)

マッチング	類　　型	社数	投　資　利　益　率	
			1967～72 年	1972～80 年
ミスマッチ	多角化・職能別構造	23	9.25% σ=2.69	9.52% σ=3.50
マッチ	多角化・事業部制構造	32	8.54 σ=3.12	8.03 σ=2.63

しかし,すべての企業が命題通りになっているわけではない。それでは,命題から逸脱した,ミスマッチ企業はどうなっているのであろうか。この点の分析は,日本企業についてのみ行われている。分析の詳細は省略するが,多角化していながら職能部門制をとっている企業(ミスマッチ＝不適合企業)と,多角化して事業部制をとっている企業(マッチ＝適合企業)の投資利益率を比較して見ると,表13-6のようになる。この表によれば,ミスマッチが必ずしも組織有効性低下にならないことが判明する。

Kono (1984) の研究は,①少なくとも日本企業については,代表性のあるものを取り上げ,しかも十分なデータを駆使している点で,比較可能性はほぼ完全であることと,②普遍理論の命題を比較基準に使用することにより,比較の意味と論点を鮮明にすることができたこと,③随時,データ分析に計量的手法と定性的解釈を組み合わせていること,④目的と戦略に集約される経営の要因が常に前面に出ていること,⑤国際的普遍理論の強化に相当程度成功していること,などの特色をもっている。

しかし,その反面,①外国企業については,日本企業に対応するデータが準備されず,普遍理論の命題のうち,疑義の生じたものや否定されたものについて,新しい命題を積極的に構築するまでには至っていない,②国別の相違の理由が十分に説明されていない,などの問題点が指摘されよう。ただ,外国企業のデータの点は,国際比較を正面から意図した研究ではないので,やや酷に過ぎるかもしれない。

13.6 総合的国際比較

加護野ら (1981) は，日米企業 518 社の調査データをもとに，戦略と組織の比較研究を行った。調査対象は，次のように設定した。

米国企業：1979 年の Fortune 誌鉱工業ランキングの上位 1,000 社
日本企業：東京証券取引所一・二部上場の製造業 1,031 社

調査方法は，1980 年に日米ほぼ同時に郵送質問票によった。回答企業数は，日本 291 社，米国 227 社，全体の回収率は 25.5% であった。質問は，経営の目的，戦略，組織構造，行動の全般に及び，それらから得られた膨大なデータを，独自に開発した 220 項目から構成される尺度を使用した大量標本による定量的

表 13-7　組織構造の比較 (加護野ら，1983)

次元・インディケータ・項目	米国	日本
(公式化)		
●公式化*	3.21 (0.82)	2.99 (0.82)
「経営者と管理者の責任・権限が明確かつ具体的に規定されている」*	3.76	3.50
「経営者や管理者の職務規程は抽象的であり，きわめて弾力的に運営されている」	3.36	3.53
(集権化)		
●集権化**	3.44 (0.37)	3.01 (0.62)
「経営者は問題解決の基本的考え方を示すだけで，具体的解決策は担当部門に委任される」**	3.01	3.63
「経営者は積極的に問題を発見し，率先垂範して解決法を指示する」*	3.88	3.65
●パワー集中度**	2.25 (0.99)	1.46 (0.53)
●パワー総量**	3.17 (0.58)	3.71 (0.58)
(制度化)		
●管理システムの制度化**	70.5 (18.0)	49.3 (17.8)
●横断関係の制度化**	47.4 (33.1)	18.1 (23.1)
(部門間パワー)		
●財務部門の相対パワー**	0.38 (0.12)	0.30 (0.11)

注：1) 公式化と集権化は妥当性スコア (本文参照)
　　2) カッコ内は標準偏差
　　3) *=1% 水準で有意，**=0.1% 水準で有意。いずれも両側 t 検定による

比較によって分析した。以下では，ここでの関心事である組織構造に関連する部分のみを取り上げることにする。

組織構造に関する分析結果をまとめたものが，表 13-7 である。表の内容について説明すると，次のようになる。

（1）　公式化：この定義は，アストン研究によっている。すなわち，それは，組織内の伝達や規則の文書化の程度である。この程度を代表する文章を提示し，回答に応じて 1 点（低度）〜5 点（高度）を与える。

（2）　集権化：定義は，意思決定が行われる階層の高さである。(1) と同じ方法で配点する。

（3）　パワー集中度：新製品の選択や設備更新に対する各階層の影響力を評価する。それは，「きわめて多くの影響力をもつ」＝5 点から「ほとんど，あるいは全く影響力をもたない」＝1 点に至る 5 段階評価による。これをもとにした，下位 2 階層の影響力の大きさに対する上位 2 階層の影響力の大きさの比が，パワー集中度である。この比が大きいほど，組織は集権的であるとみなされる。

（4）　パワー総量：上位 2 階層と下位 2 階層の影響力の合計。これが大きいほど，組織構成員の影響力は全体として大であり，それだけ組織は分権的である。逆の場合は，集権的であるとみなされる。

（5）　管理システムの制度化：広く用いられている管理制度（職務規程等）を 28 種類あげ，その採用率（％）をそのまま点数とした。

（6）　横断関係の制度化：横の調整関係（マトリックス組織，プロジェクト・マネジャー制など）の採用率（％）をそのまま点数とした。

（7）　財務部門の相対パワー：現業部門（マーケティング，研究開発，製造）の影響力に対する財務・会計部門の影響力の比。影響力の評価は，パワー集中度の場合に準じ，この比が大きいほど，財務・会計部門の影響力が大きいと判断される。

表 13-7 から，次のような結論が導き出される。すなわち，米国企業は日本企業に比べると，平均してより公式化され，集権化された構造をもち，管理シス

テム全般ならびに横断関係の制度化が進み,財務・会計部門の発言力が大きい。全体として,米国企業は機械的システムの性格が強い組織構造をもち,日本企業は有機的システムの性格が強い組織構造をもっている,と。

　加護野らの研究は,比較に関する方法の点で非常に行き届いているばかりでなく,分析内容が理論的に優れ,多くの新しい有益な知見をもたらした。また,過去の諸研究との共通点と相違点にも十分な検討を加えている。特に,日米比較についていえば,両国企業の相違が,国別の事情にしか還元できない部分(例：日本の「根回し」と米国の「問題直視」)と,これまでの理論と共通の論理(公式化など)で説明できる部分があるとした点は,先行研究にまったく見ることのできなかった前進である。たとえば,前出の安積ら(1979)の研究では,前者はまったく無視されて,強引に後者だけで結論をまとめている。また,経営目的や経営戦略のような経営要因を中心に据えて,経営組織を単に組織文化の研究に終わらせなかった点も,注目に値する。

　この研究の限界は,それがある時点ないし時期(1980年頃)における多数企業の比較(比較静学的分析)であるということであろう。組織が歴史的・発展的所産であるという点は,この研究では適応の問題として,一般的にしか取り上げられていないのである。この種の研究が積み重ねられれば,比較はより完全で充実したものになるであろう。

第4部
経営組織の中枢と外延

14 経営中枢と企業統治の組織

14.1 経営組織の中枢機能

　経営組織の中枢機能とは，組織の定義に即していえば，「意識的に調整する」機能である。小規模で単純な経営組織では，この機能は単数の経営者によって担当され，それで格別に問題を生じない。しかし，大規模で複雑化した経営組織では，調整の対象となる諸活動または諸力が広範かつ多様になるから，意識的な調整は，諸種の管理手段と各種の経営情報を駆使しながら，そのために設定された特別の部分組織すなわち中枢組織によって遂行されなければならなくなる。

　経済学者 Galbraith, J. K. (1967) は，このような現代経営組織の中枢機能を担当する人びとによって構成される特別の部分を，テクノストラクチュア(technostructure, technocrat＝専門家と structure＝組織の合成語) と呼んだ。彼によれば，現代企業の最高意思決定の特色は，所有者や企業家個人によって行われるのではなく，特別の組織によって行われることにある。経営上の重要な意思決定は，取締役会長，社長，重要なスタッフや部門を担当する副社長，主要スタッフ，その他部長等に及ぶ人びとの複雑な相互関連によって行われている。経営者とは，広義にはこれらを包含する概念である。しかも，これらの意思決定に必要な情報を提供する人びとは，はるかに広範であり，上級管理者から日常業務にあたる事務および筋肉労働者にまで及んでいる。このような組織による意思決定に参与する人びととその組織の全体が，テクノストラクチュアである，と。

　Galbraith, K. J. (1967) の主張は，一種の全員経営者論であるが，本章では，テクノストラクチュアの中核となる部分と周辺部分に分けて問題にする。経営組織の中核部分は経営者組織であり，それと周辺部分を合わせたものが本社で

ある。経営者組織は，全体組織の中で，第1章で述べた「経営機能」，すなわち組織の基本的・戦略的意思決定の機能を担当する部分組織である。この意思決定の最重要課題は，Schumpeter (1950) がいう革新 (innovation) である。それは，市場の変化や設備の陳腐化のような内外環境の要請 (needs) に対応して組織有効性を高めるために，発明のようなその組織にとって新奇性のある種子 (seeds) をもとに，経営資源の新結合 (new combination) を作り出し，それをもって既存の経営資源結合に代置し，従来と異なる経済的効用を生み出すことである。具体的には，新製品の開発，新生産方法の導入，新市場の開拓，新資源の獲得，新産業組織形態の創出などである。経営者組織は，このような革新機能を適切に遂行できるように構成されていなければならない。

近年，代表的企業形態である株式会社における経営者組織のあり方が，企業統治ないしコーポレート・ガバナンス (corporate governance) の名称のもとに，華々しく論議されている。ここでは，それらの論議を念頭に置きながらも，企業統治の全体についてではなく，組織の側面を中心に考察する。

現代の経営組織では，経営者組織そのものを有効に機能させるために，周辺組織を含めた本社のあり方が問題になる。経営者組織の後で，この問題を取り上げる。

14.2 経営者組織としての取締役会

経営組織の基本的・戦略的意思決定である経営機能は，次のように細分される。
（1） 臨時的意思決定：設立・改組・合併・解散のような存在自体に関する組成，取締役・監査役等主要人事に関する最高人事
（2） 評価的意思決定：全体業績の確定と評価，成果の分配，情報の開示
（3） 経常的意思決定：経営目的，経営戦略，経営構造，長期計画，資源配分等

代表的企業である株式会社について見ると，法的には，臨時的意思決定と評

表 14-1　事業化に成功した革新の源泉

革 新 の 源 泉	革新の％	
	Carter-Williams調査	Myers-Marquis調査
外部から採択（非独創）	33	23
技術要因：研究開発部門の業績利用	18	17
市場要因：	32	35
新しい型または質の製品に対する顧客の需要	12	
競争の直接的圧力（競争者の模倣・出し抜き）	10	
超過需要への適合の願望	10	
生産要因：	17	23
労働力不足の克服	5	
原材料不足の克服	12	
管理要因：	—	2
計	100	100

出所：Zaltman et al. (1973) p. 119.

価的意思決定は株主総会が，経常的意思決定は取締役会が，それぞれ担当することになっている。しかし，株主総会は形骸化しているから，経営機能の主要な担当機関すなわち経営者組織は，取締役会（board of directors）であると見なされる。しかし，取締役会は，経営機能を担当するにふさわしい組織になっているであろうか。これが，まず問題である。経営機能の基本的性格は，革新であり，それには必ず源泉となる要請と種子がなければならない。表14-1にうかがえるように，それらは，外部環境に由来することが多い。また革新は，既存の経営構造と行動の創造的破壊（creative destruction）であるために，葛藤（conflict）や抵抗がつきまとうから，その実践と定着には強力なリーダーシップが必要である。これらのことは，取締役会そのものの構成と，それを補佐するスタッフ組織に，特別の配慮を求めることになる。

まず，取締役の構成である。その要点は，それが外部取締役ないし社外取締役（outside director，俗称「社外重役」）と内部取締役ないし社内取締役（inside director，俗称「社内重役」）の両者から構成されることが望ましいということである。社外取締役とは，一般に非常勤で，広い視野と豊富な経験により，外部環境の状況をふまえて，意思決定が内部事情優先の独善に陥らないようにする役割を期待される人である。これに対して，社内取締役は，常勤で，社長・副社長・専務・常務等の執行上の全般管理者の地位を兼ね，中には○○（財務，労務等）担当・部長等の部門管理者をも兼ねる人もいる。彼らは，意思決定に内部環境（社内）の事情を反映させるとともに，意思決定の内容を執行する際に強力なリーダーシップを発揮することが期待されている。

実態はどうであろうか。日米英 3 国の状況を，表 14-2，表 14-3，および表 14-4 に示す。日本と米英は，対照的様相を示しているが，上述のようなあり方からすれば，米英企業の構成の方が比較的に健全であるといえよう。なお，日本では，表 14-5 に見るように，一般に大企業になると取締役の総数が増加するが，米国の著名大企業では，表 14-6 のように，取締役総数が比較的少ないばかりで

表 14-2　取締役会の構成（日本）

項　目		同友会第1調査	同友会第2調査	学振調査	同友会第3調査	日大調査	日経調査
調査年		1958年	1963年	1971年	1977年	1992年	1997年
調査会社数		235社	397社	136社	134社	264社	1,786社
取締役数	1社平均	11.8人	11.9人	16.0人	21.6人	11〜15人（100社）	19.9人
	最多	33人		35人	46人以上	25人以上（20社）	71人
	最少	6人		7人	10人以下	5人未満（2社）	7人
常勤取締役 非常勤取締役	平均	10.4人（88.1%） 1.4人（11.9%）	10.5人（88.2%） 1.4人（11.8%）	14.3人（89.4%） 1.7人（10.6%）	19.7人（91.2%） 1.9人（8.8%）	1.9人（121社）	

注：同友会＝経済同友会　学振＝日本学術振興会経営問題第108委員会　日大＝日本大学経済学部産業経営研究所

表 14-3　取締役会の平均的構成（米国）

業　種		平均取締役数	内部取締役	外部取締役
全体平均		13人(100.0)	4人(30.8)	9人(69.2)
製造業	売上高2億ドル未満	9 (100.0)	3 (33.3)	6 (66.7)
	2億ドル以上6億ドル未満	11 (100.0)	4 (36.4)	7 (63.6)
	6億ドル以上10億ドル未満	12 (100.0)	4 (33.3)	8 (66.7)
	10億ドル以上30億ドル未満	13 (100.0)	4 (30.8)	9 (69.2)
	30億ドル以上50億ドル未満	14 (100.0)	4 (28.6)	10 (71.4)
	50億ドル以上	16 (100.0)	6 (37.5)	10 (62.5)
銀行		20 (100.0)	5 (25.0)	15 (75.0)
保険		15 (100.0)	4 (26.7)	11 (73.3)
小売業		13 (100.0)	5 (38.5)	8 (61.5)

注：Korn/Ferry International 調査．1981年，576社．

表 14-4　英国の取締役会

取締役総数 \ 非執行取締役数	0人	1人	2人	3〜5人	6以上人	計 社	計 %
3〜5人	10社	4社	3社	3社	一社	35	10
6〜8	7	13	43	63	1	132	38
9〜11	2	3	15	63	17	105	31
12〜14	1	—	4	27	21	53	15
15以上	1	—	2	10	6	19	6
合計 社	21	40	72	166	45	344	100
合計 %	6	12	21	43	13	100	

資料：Boards of Quoted Companies, Bank of England Bulletin, 1985, June, pp. 233〜236.

なく，社外取締役が多数派を占めている事例がかなり顕著である。

どのような人物が社外取締役になっているかを見ると，日本では，日大経済学部産業経営研究所調査（1992）によると，大株主，親会社，行政機関，関連会社，元役員等で，広義には当該企業の緊密な関係者が多く，上述の期待される役割が十分に果たせるとは思えない。これに対し，米国では，図14-1に見る

表 14-5　日本企業の取締役・監査役合計人数

多い企業			少ない企業		
企 業 名	人数	対前年増減	企業名	人数	対前年増減
東京三菱銀行	71	▲4	ダントー	7	0
トヨタ自動車	61	1	日本精鉱	7	0
鹿 島	60	0	丸石自転車	7	0
さくら銀行	57	▲1	キーエンス	7	0
大林組	55	1	丸 正	7	▲2
清水建設	54	0	大和重工	8	▲1
大成建設	54	1	東京コスモス電機	8	▲2
三井物産	54	▲1	ホウスイ	8	▲1
丸 紅	51	▲1	上毛撚糸	8	0
三菱商事	51	▲1	中央毛織	8	0
伊藤忠商事	51	0	チューエツ	8	▲1
			乾汽船	8	0
			チタン工業	8	▲1
			立 川	8	▲1
			シルバー精工	8	▲1

注：▲は減.
出所：日本経済新聞, 1997年8月26日.

表 14-6　米国大企業の取締役会

会 社	業 種	取締役数	内部取締役	外部取締役
Amoco	石 油	17	7	10
General Mills	食 品	17	5	12
Coca-Cola	飲 料	14	2	12
Ford Motor	自動車	18	9	9
General Electric	電 機	16	3	13
General Motors	自動車	19	7	12
IBM	コンピュータ	18	7	11
Merck & Co., Inc.	薬 品	15	1	14
Goodyear	タイヤ	16	8	8
Proctor & Gamble	家庭用品	16	7	9
Raytheon	電子機器	13	4	9

注：内部取締役には，退職従業員を含んでいることが多い．
資料：1986年各社委任状ステートメント．

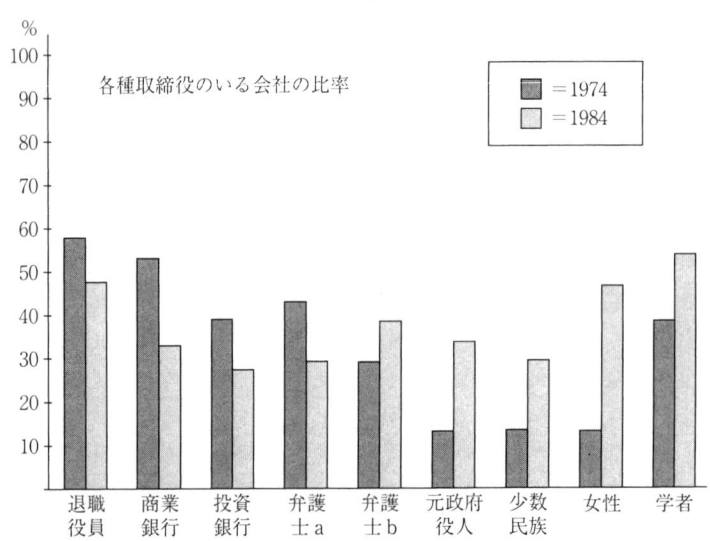

図 14-1 米国の取締役会の構成（1974 年と 1984 年の比較）

各種取締役のいる会社の比率
■ = 1974
□ = 1984

退職役員／商業銀行／投資銀行／弁護士a／弁護士b／元政府役人／少数民族／女性／学者

注：a. 法律業務についている者
　　b. 法律業務についていない者

出所：M. Weidenbaum, Updating the Corporate Board, in Sethi, S. P. and C.M.Falbe eds. (1987) *Business and Society*.

ように，1970年代には退職役員，商業銀行，弁護士，投資銀行，学者などが多かったが，1980年代になると学者，女性，退職役員，弁護士，元政府役人などが上位を占めている。

　取締役会の構成については，社内と社外という区分の外に，技術系と非技術系という別の視点がある。この視点が問題となる理由は，近年の技術の進展が目覚ましく，革新の中に占める技術革新の比重が高いこと，換言すれば新製品の開発や多角化戦略の展開が技術と切り離しては考えられなくなっているからである。この視点から行った実態調査はほとんどないが，表14-7は，日本の実情の一端を示している。これによれば，① 全体として日本企業では，技術系と非技術系のバランスが良い，② 多角化企業のうち技術関連多角化を行っている企業では，技術系取締役の比重が高い，ことがわかる。ただし ② は，技術系取締役が多かったから技術関連多角化が可能になったのか，その逆に，技術関連

表 14-7 多角化状況と技術系取締役の比率 (Kono, 1984 より作成)

企業		社数	技術系取締役の比率
単一製品企業		16	39.60%
主力製品企業		24	42.60
多角化企業	市場・技術関連製品多角化	19	46.35
	技術関連製品多角化	26	50.67
	市場関連製品多角化	6	28.18
	無関連製品多角化	11	44.72
計または平均		102	44.22

注:企業の分類は,売上高の製品別構成による(詳細省略).

表 14-8 取締役会の開催状況

経済同友会 (1977)		Holden et al. (1951)	
年間開催数	企業数(%)	開催頻度	企業数(%)
5回以下	8 (5.8)	四半期ごと	6 (19.4)
6〜11回	18 (13.5)	2カ月ごと	1 (3.2)
12回	77 (57.6)	毎月	21 (67.7)
13〜19回	20 (14.9)	半月ごと	1 (3.2)
20回以上	11 (8.2)	週1回	1 (3.2)
		週2回	1 (3.2)
計	134 (100.0)	計	31 (100.0)

多角化をしたから技術系取締役が多くなったのか,の因果関係は不明である。

以上のような構成面と並んで,その運用面から経営者組織としての取締役会を見る必要がある。取締役会の開催状況を表14-8やその他の資料によると,月1回程度が日米ともにもっとも多く,この状況は,第2次大戦後,ほとんど変わっていない。このような開催頻度で,会議形式により重要かつ多彩な案件について意思決定を行うことは,ほとんど不可能に近い。そこで,その対策として,次の3点が実行されるようになった。

(1) 取締役会の内部に委員会 (board committee) を設け,限定された問題

について集中的に審議を行って意思決定をし，最重要な案件のみを，取締役会の本会議にかけて全員で審議・決定する。

（２）社内取締役の全員または一部で，取締役会とは別の常設会議体を構成し，実質的にそれを経営者組織とし，形式的要件を整える必要のあるものだけを，取締役会にかけて審議・決定する。

（３）取締役会を補佐するスタッフ組織を充実し，強化する。また，取締役会の意思決定に役立つような情報システム（decision support information system），すなわち戦略情報システム（strategic information system, SIS）を整備する。

これらのうち，米国企業は主として（1）の方法を，日本企業は（2）の方法を採用している。また（3）は，いずれでも採用されているが，これについては後に本社組織の問題として言及する。そこで，（1）と（2）の実態を見よう。

14.3　取締役会委員会と常務会

米国企業における取締役会委員会の設置状況を示す資料は，表14-9である。これらのうち，経営執行委員会（executive committee）は，社内取締役だけで構成され，取締役会の開催されていない間，他の委員会の担当する事項を除いて，

表 14-9　米国の取締役会委員会設置状況

委員会 \ 出所	Koontz(1967)	Demb/Neubauer (1992)	
		1972年	1989年
経営執行	334　(73.7)	76　(8.9)	71　(8.8)
給与・賞与（報酬）	135　(29.8)	69　(8.1)	82　(10.2)
ストック・オプション	111　(24.5)	46　(5.4)	13　(1.6)
監　査	69　(15.2)	45　(5.3)	97　(12.0)
財　務	63　(13.9)	24　(2.8)	27　(3.4)
年金・給付		13　(1.5)	18　(2.2)
公共政策		1　(0.1)	11　(1.4)
計画策定			7　(0.9)
寄　付			3　(0.4)
人的資源			6　(0.7)
投　資			8　(1.0)
その他	103　(22.7)		
調査企業数（％）	453　(100.0)	853　(100.0)	805(100.0)

注：複数回答

全般的に取締役会を代行する機能を果たす。給与・賞与委員会は，取締役や上級管理者の給与・賞与の決定を行う。ストック・オプション (stock option) は，取締役に自社株式の一定数を一定価額で購入する権利を与えることであり，報酬制度の一種である。このような権利の内容を決定することが，ストック・オプション委員会の任務である。それは，主として社外取締役によって構成される。財務委員会は，資本調達の問題を担当するので，大株主や銀行関連取締役などで構成する。近年，企業統治の問題に関連して脚光を浴びているのが，監査委員会である。それは，社内取締役による業務執行が取締役会の決定に即しているか否かを監査する。そのため，この委員会は，社外取締役だけで構成する。米国の株式会社には監査役制度が存在しないので，監査委員会の存在は，非常に重要である。そのため，ニューヨーク証券取引所 (New York Stock Exchange, NYSE) では，上場条件として，監査委員会の設置を義務づけている。

米国の企業では，経営の中枢を左右している人物を，最高経営責任者 (chief executive officer, CEO) として公表する慣習がある。ほとんどの場合，それは取締役会会長（単に会長）であり，日本の社長に相当する役職者は，COO (chief operating officer) と呼ばれて，対内的執行活動に専念する。社外取締役は，これら CEO や COO をチェックする役割を果たすことが期待されてきたのであるが，CEO の権力が絶大で，社外取締役が CEO に従属する状態が多かった。近年，企業統治の議論の高まりとともに社外取締役の巻き返しが起こり，外部

表 14-10　更迭された米国の著名 CEO

ジョン・エイカーズ氏（IBM）	93 年 1 月
ポール・レゴ氏（ウエスチングハウス）	93 年 1 月
ジェームス・ロビンソン氏（アメリカン・エキスプレス）	93 年 1 月
ロバート・ステンペル氏（GM）	92 年 10 月
サン・オルセン氏（デジタル・イクイップメント）	92 年 10 月
ジェームス・ケテルセン氏（テネコ）	92 年 5 月
ロッド・キャニオン氏（コンパック）	91 年 10 月

出所：日本経済新聞，1993 年 3 月 4 日．

表 14-11　常務会の機能（経済同友会，1977）

項　　　　目	決定(%)	協議(%)
1．基本的・全般的経営方針	26(21.7)	76(63.3)
2．経営戦略	47(39.2)	62(51.7)
3．長期経営計画	46(38.3)	62(51.7)
4．年間営業計画	43(35.8)	63(52.5)
5．役員人事	8(6.7)	38(31.7)
6．人事全般の基本方針	55(45.8)	56(46.7)
7．組織（含，系列企業）の重要な変更	41(34.2)	65(54.2)
8．給与・賞与	44(36.7)	48(40.0)
9．資金調達	42(35.0)	52(43.3)
10．投資計画	42(35.0)	61(50.8)
11．利益処分の基本方針	8(6.7)	66(55.0)
常務会設置企業数	120(100.0)	

注：調査企業数 134 社，したがって常務会設置率は 89.6%．

取締役によって著名な実力経営者が解任される事例が相次いだ（表 14-10）。

　日本企業の大勢（1992 年の日大調査では約 70%）は，取締役会とは別の実質的経営者組織を設置する方式を採用してきた。それは，常務会，経営会議，専務会，常勤役員会等の名称で呼ばれる会議体であり，一般にこれを常務会（制度）と称している。その代表的類型は，常務以上の上級社内取締役（社長，副社長，専務，常務：これらを役付取締役と総称することが多い）で構成し，週 1 回程度会議を開催し，取締役会で形式的に決定する案件の実質的討議を含めれば，経営者機能のすべてをここで事実上決定し，処理する。その状況は，表 14-11 から推察できるであろう。ただ，常務会の制度上の性格は，経済同友会の調査（1977，134 社）によれば，社長の諮問機関 11.7%，社長の協議機関 40.0%，合議決定機関 40.8%，その他 7.5% となっている。

　日本の場合，経営者機能の中に占める社長の地位は，非常に強力である。その理由は，これまで見てきた取締役会と常務会の実態が，社長に権力を集中する仕組みになっていることにある。しかし，さらにその根底には，取締役・監

査役そのものが従業員の昇進体系の一部と見なされ，その頂点に社長が位置して，彼が人事権を掌握しているという事実がある。これにより，社内取締役が圧倒的多数を占めるようになり，しかも彼らは取締役としては法的に同列であるにしても，内部役職で上下関係に置かれ，社長・副社長・専務・常務・非役付取締役（俗称：ヒラトリ＝平取）という厳然とした序列が存在するからである。上記の常務会の性格は，これを裏付けている。諮問機関と協議機関の場合，最終決定権は社長にあるし，合議決定機関の場合でも，社長の意向に反するような決定は，例外的にしかありえないからである。

近年，これまでの傾向に若干の変化が生じ，社長の権力の後退が見られるようになった。それは，高齢化社会の影響であるが，社長を退いた者が会長 → 相談役となる方式が多くなり，会長等が代表権をもつなどして名実ともに実権を保持し続け，いわゆる「院政」を敷く事例が増えているためである。これが負の効果を発揮すると，二重権力構造になったり，「老害」になったりする。

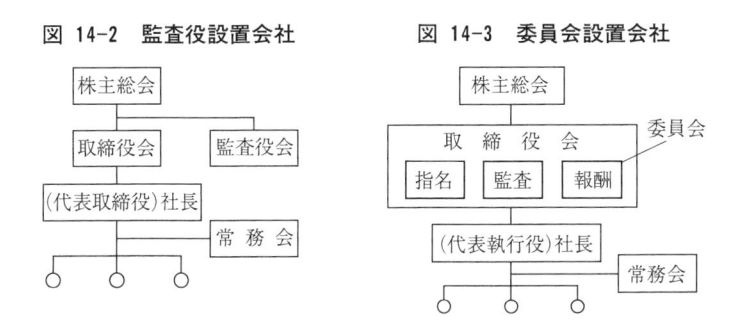

図 14-2　監査役設置会社　　図 14-3　委員会設置会社

会社法の全面改正（2006年5月）は，日本の株式会社制度に抜本的変革をもたらした。変革の柱のうち，ここで関連することは，①制度内容を多様化し各社の選択に委ねたことと，②社外からの監視・監督を強化したこと，の2点である。①の多様化については，日本の在来のタイプを「監査役設置会社」（図14-2）とし，新たに米国型の「委員会設置会社」（図14-3）を設けた点が重要である。②の監視・監督の強化の重点は，監査役設置会社の監査役（3人以上）に

ついてその半数以上が社外監査役であることとし，委員会設置会社については，監査役を置かないで，指名・監査・報酬の3委員会を置き，それぞれの委員の過半数を社外取締役で占めることを義務づけるとともに，取締役と別に「執行役」を設けて決定と執行を役職上明確に分離し（兼任可能），「代表執行役」が会社を代表するとしたことにある。

　監査役設置会社の経営者組織は，これまでのものと基本的に同一である。委員会設置会社は，米国型の企業統治になじみの薄い日本では，比較的少数の大会社での採用に留まることであろう。委員会設置会社で経営機能遂行の実質的中心になるのは，会長（CEO）と代表執行役（COO）である。取締役会の中の必置機関である委員会のうち，指名委員会は，取締役候補者の案を決定し，監査委員会は，執行役の業務執行監査を行うとともにその報告を作成し，報酬委員会は，執行役等の報酬内容を決定する。米国型の監査委員会との相違は，社外取締役だけで構成する（米国）のではなく，社外取締役が過半数を占める点にある。各委員会は3名以上で組織されなければならないから，委員会設置会社では，社外取締役の全員が3委員会の委員を兼ねるとしても，全体で最低2名の社外取締役が必要になる。

　監査役設置会社であれ委員会設置会社であれ，経営者組織の要点は，特定の地位ないし機関に非定型的（戦略的）意思決定と定型的（業務的）意思決定を実質的に集中することなく，チェック・監視の仕組みを内蔵することである。そうしないと，「意思決定におけるグレシャムの法則（Gresham's law of decision-making）」が作用するからである。この法則は，両種の意思決定を同一人が担当すると，後者（＝悪貨）に忙殺されて前者（＝良貨）が駆逐（等閑視）される現象を指している。

14.4　ドイツ型経営者組織

　企業統治の論議の中で，その組織的類型としてしばしば挙げられるのは，米英型，日本型，およびドイツ型の3類型である。前2者については前節までで

14 経営中枢と企業統治の組織　235

詳しく考察したので,ここでは残るドイツ型経営者組織について説明する。

図 14-4　ドイツ株式会社の中枢組織

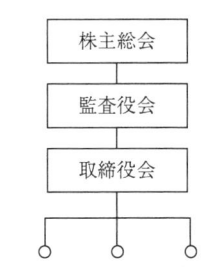

株主総会
　↓
監査役会
　↓
取締役会

ドイツ型経営者組織の骨格は,図 14-4 のように示される。ドイツにおいても,株主総会が形骸化していることは,他の諸国と同様であるが,中枢組織の構造が米英型や日本型と非常に異なり,監査役会(Aufsichtsrat：英語では Supervisory Board)が取締役会(Vorstand：Board of Directors)の上位に位置し,取締役を選任するとともに,取締役会の業務執行を監督することになっている。監査役と取締役は兼任することはできないから,監査・監督機能と業務執行機能は担当者の点でも明確に分離され,経営のチェックが優位に立つ仕組みになっている。このような仕組みは,しばしば 2 層式システム(two-tier board system, two-board system)と呼ばれて,米英型の 1 層式(unitary board system, one-board system)と対照されている。この型では,革新のような戦略的意思決定がどこで行われるのかについては,制度上はあいまいであるが,実際には取締役会がそれを行っている。その意味では,取締役会は決定と執行にまたがる強大な権力をもっている。かくて,全体としては,監査役会の監督と取締役会の決定・執行の間は,チェック・アンド・バランスの均衡関係にあると見ることができよう。

以上は,一般論としてのドイツ型経営者組織であるが,現実には,いくつかの法律により,監査役会を中心に労働者の経営参加が行われて,共同決定(Mitbestimmung：codetermination)という特異な様相を呈している。その主要な三つの法律について,関連する部分の要点をまとめると,次のようになる。

第 1 は,モンタン産業(Montan Industrie＝鉄鋼・石炭)にのみ適用される,モンタン共同決定法(Mitbestimmungsrecht, 1951：Codetermination Law)である。これによれば,監査役会を労資半数ずつ(労資同権)で構成する。具体的な人数は,企業の規模により異なるが,原則は,出資者側監査役 5 名,労働者

表 14-12 監査役の構成 （モンタン共同決定法）

	監査役構成内容	原　則	資本金2,000万マルク以上	資本金5,000万マルク以上
出資者代表側	出資者代表	4人	6人	8人
	出資者選出の公益代表	1	1	2
	小　　計	5	7	10
被用者側代表	その企業の労働者	1	2	3
	その企業の職員	1	1	1
	被用者代表(被用者に限らず)	2	3	4
	被用者選出の公益代表	1	1	2
	小　　計	5	7	10
公　益　代　表		1	1	1
計		11	15	21

側監査役5名，公益代表監査役1名（会長になる）である．出資者側監査役は，出資者代表4名と出資者が選出する公益代表1名で構成し，労働者側監査役は，ブルーカラー1名，ホワイトカラー1名，労働組合代表2名，労働者側が選出する公益代表1名で構成する．その状況は，表14-12のようである．

　第2は，従業員2,000人未満の企業に適用される，経営組織法または経営体制法（Betriebsverfassungsgesetz, 1952, 1972改正：Works Constitution Law）である．これによれば，監査役会の3分の1を従業員の直接選挙で選ばれた監査役とする．なお，この部分で後退した労資同権を，経営協議会（Betriebsrat：Works Council＝従業員代表機関）による広範な経営参加で埋め合わせているが，ここではその詳細は省略する．

　第3は，従業員2,000人以上の企業に適用される，(拡大)共同決定法(Mitbestimmungsgesetz：Codetermination Law）である．これによれば，監査役会は労資同数で構成するが，その数は規模によって異なる．たとえば，従業員数が2,000人以上1万人未満の場合は，監査役数は12名とし，労働者側6名の内訳は，労働組合指名2名，従業員選挙3名，管理職1名となっている．管理職が

表 14-13　監査役の構成（拡大共同決定法）

被用者数	監査役数	うち被用者側監査役		
		労組指名	選挙	管理職
2,000人以上，1万人未満	12人	2人	3人	1人
1万人以上，2万人未満	16	2	5	1
2万人以上	20	3	6	1

労働者かとの疑問，監査役会会長は資本側監査役とするなどから，労資同権といいながら資本側が有利であるとの批判がある。人数配分の状況は，表14-13の通りである。

14.5　本社の機能と組織

　本社組織とは，経営組織のうち，組織全体を統合・調整しながら革新を推進するとともに，他の部分に対して支援サービスと助言を提供する機能を担当するような部分組織をいう。整理して言い換えれば，本社の機能は，①全社的統合，②革新の推進，③全社的スタッフ，④全社的サービス，である。職能部門制組織の場合には，これらに⑤生産・販売などのライン部門の管理が加わる。

　これらの機能が本社組織の内部でどのように分担されているかを見ると，①と②の機能は，経営者組織と調査・企画・基礎研究・予算・監査等のゼネラル・スタッフ部門により，③の機能は，経理・財務・人事・総務等の本社部門により，④の機能は，コンピュータ・資材・施設・輸送・購買等の本社部門によって遂行されている。ただし，④については，組織戦略によっては，本社に集中するのではなく，各事業所等に分散する事例も少なくない。

　この最後の点に深く関連するが，本社組織のあり方については，二つの対照的な組織戦略がある。第1は，強力なスタッフとサービスの機能をもつ大規模な本社が全体組織の有効性を高めるとの考えに立つ組織戦略であり，これを集権型と呼ぶ。第2は，これと対照的に，限定的なスタッフとサービスの機能をもつ簡素な本社の方が全体組織の有効性を高めるとの考えに立つ組織戦略であ

り，これを分権型という．徹底した集権型では，上述の諸機能はもとより，開発やマーケティングも本社に集中され，事業部門はもっぱら生産に重点を置く．これに対して徹底した分権型では，主として財務的に事業部門をコントロールする（例：利益目標のみを課す）だけで，広範な機能が事業部門に委譲され，事業部門の自主性がそれだけ大きくなる．一般に，集権型は専業的な職能部門制組織と，分権型は多角化した事業部制組織と，それぞれ結びつくとされる．また，後者の場合，多角化の程度が進むほど分権化の程度も高くなるといわれている．現実はどうであろうか．

表 14-14 は，日本の経営組織における本社の規模である．注目すべき点は，

表 14-14　日本企業の本社の規模 （Kono, 1984 より作成）

	社　数	本社平均人員	総人員に占める%
専門化企業	17	1,126人(1,156人)	8.9(4.6)
多角化企業	27	997人(1,037人)	9.1(5.1)

注：1)　カッコ内は標準偏差 (σ).
　　2)　専門化企業とは，単一の用途の製品が売上高の 75% 以上を占めている企業．その他を多角化企業とする．

専業化か多角化かに関係なく，総人員の約 9% が本社に所属していることであり，上のような想定は当たっていない．これが一般的様相であることは，表 14-15 によって推察できる．これらと直接比較できるような外国の調査資料は存在しないが，若干の個別経営組織の事例から推察すると，欧米企業の本社は，日本の場合とは対照的に，専業化・多角化に関係なく小規模であり，総人員中に占める本社人員の比率がはるかに低いことは確実である．日本経営者団体連盟（日経連，1996）が示している例によれば，スイスのチューリッヒに本社を置く ABB は，電力，金融サービス等8事業分野に多角化し，売上高は約 290 億ドル，全従業員約 21 万人のグローバル企業であるが，本社はわずか 170 人で構成されているに過ぎない．

また調査対象は少ないが，表 14-16 は，米国企業の本社の実態を示すものである．ここでは，集権的な垂直統合企業（普通は職能部門制をとる）と分権的

14 経営中枢と企業統治の組織 239

表 14-15 日本企業の従業員規模と本社人員比率

		調査数	貴社の本社の人員比率は何%ですか							
			5%未満	5%以上10%未満	10%以上15%未満	15%以上20%未満	20%以上25%未満	25%以上30%未満	30%以上	不明
全体		264 100.0	38 14.4	82 31.1	30 11.4	30 11.4	16 6.1	8 3.0	41 15.5	19 7.2
従業員数	1,000人未満	116 100.0	11 9.5	33 28.4	15 12.9	9 7.8	9 7.8	6 5.2	27 23.3	6 5.2
	1,000人以上3,000人未満	86 100.0	15 17.4	26 30.2	9 10.5	13 15.1	5 5.8	1 1.2	9 10.5	8 9.3
	3,000人以上10,000人未満	45 100.0	4 8.9	19 42.2	5 11.1	8 17.8	2 4.4	— —	4 8.9	3 6.7
	10,000人以上	13 100.0	8 61.5	2 15.4	1 7.7	— —	— —	1 7.7	— —	1 7.7

出所:日本大学経済学部産業経営研究所調査(1992).

なコングロマリット企業(普通は持株会社が本社になっている)とでは,機能の内容が明確に異なり,それに対応して人数も相違している。それにもかかわらず,全体として日本の企業と比べると,規模は非常に小さい,という特色がある。

日本の企業が集権型,したがって相対的に大きな規模の本社組織をもつ理由は,次のように考えられる。

(1) 組織間関係戦略(第16章参照)の必要性が大である。やや具体的にいえば,部品生産や製品販売のための関係会社・下請け・企業集団などが相対的に多く,そのための調整業務が本社に要求される。

(2) 統合化の必要が大きい。上の組織間関係戦略に対応して,内部統合を実現しなければならない。

(3) 競争が激しいため,競争戦略として,集中化の利益を追求しなければならない。それは,情報やサービスの集中活用による,きめ細かい内部管理に

表 14-16　米国6企業に見る本社機能の内容

項目＼企業	コングロマリット企業			垂直統合企業		
	1	2	3	4	5	6
A. 本社の規模：経営管理職と専門職の総数	17	20	25	230	479	250
B. 部門に関連して遂行される機能						
1. 財務管理	P	P	P	P	O, P	O, P
2. 長期計画策定	P	P	P	P	O, P	O, P
3. 法務	O, P	O, P	O, P	O, P	O, P	O, P
4. 労使関係	O, P	O, P	O, P	O, P	O, P	O, P
5. オペレーションズ・リサーチ				P		
6. マーケティング		P	P	O	O	O
7. 製造／IE			P	P		
8. 生産の計画と日程					O	O
9. 購買					O	O
10. エンジニアリング（IEを除く）				P		
11. 研究開発				O, P	O	O

注：P…本社の関与は方針設定（方針設定，助言，基本的アプローチの提供）に限定される．
　　O…本社は実施責任（特定部門のために実際に遂行する）を負っている．
出所：Galbraith＝Kazanjian（1986）p. 38.
　　　原典は，Lorsch, J. W. and S. A. Allen III, *Managing Diversity and Interdependence : An Organizational Study of Multidivisional Firms*, Harvard Business School, 1973, p. 148.

よって実現できる．

（4）　激しい競争が，革新の推進を必要とする．分権型は漸進的変革には適合しているが，革新には不向きである．

これらは同時に，集権型本社組織の長所を示しているが，これらの反面にいくつかの短所をもっている．それは，①本社費用（管理費）の増大，②本社による官僚的コントロール（規則の多用など），③現業部門のモラール（士気）低下，④全体として組織が硬直化し，沈滞する，などである．これらのうち，①について小野（1994）は，日本の実態を分析した結果，本社費用は直接営業部門の総固定費の7～8％が適正であるとしている．また，②～④の問題は，一般的には第11章で取り上げた組織の人間化や簡素化の問題である．

14.6 本社組織の新しい動向

　本社組織もまた全体組織と同様に，環境変化に適応して，その構造や機能の内容を変革して行かなければならない。このような問題の推移を示しているのは，表14-17である。この調査は，次の3点を結論としてあげている。① 企画部門の強化は，経営規模に関係なく最も高い，② 人事部の強化は，経営規模の小さい企業ほど高い，③ 法務部門と国際部門の強化は，経営規模の大きい企業ほど高い，と。このような結論に若干の補正を加えて本社組織の新しい動向を見ると，少なくとも次の4点をあげることができる。

（1）　企画担当組織の強化
（2）　法務担当組織の新設ないし拡充
（3）　「地球環境問題」担当組織の設置
（4）　地域本社制からグローバル本社（世界本社）制への展開

　これらのうち，（4）の問題については第8章で言及したし，（3）については

表14-17　本社組織の中で現在，強化・補強している部門

従業員規模	調査数	企画部門	特許部門	財務部門	総務部門	人事部門	広報部門	法務部門	国際部門	その他	不明
全体	264 100.0	90 34.1	12 4.5	33 12.5	17 6.4	44 16.7	25 9.5	38 14.4	52 19.7	25 9.5	95 36.0
1,000人未満	116 100.0	40 34.5	1 0.9	14 12.1	8 6.9	24 20.7	4 3.4	13 11.2	13 11.2	11 9.5	41 35.3
1,000人以上 3,000人未満	86 100.0	28 32.6	7 8.1	12 14.0	5 5.8	13 15.1	14 16.3	12 14.0	22 25.6	10 11.6	30 34.9
3,000人以上 10,000人未満	45 100.0	17 37.8	4 8.9	5 11.1	2 4.4	5 11.1	5 11.1	9 20.0	11 24.4	4 8.9	16 35.6
10,000人以上	13 100.0	3 23.1	—	1 7.7	—	1 7.7	1 7.7	3 23.1	5 38.5	—	6 46.2

出所：日本大学経済学部産業経営研究所調査（1992）．

次の第 15 章で取り上げるので,ここでは問題の指摘にとどめる。

第 1 の企画担当組織の強化は,経営の戦略化に対応する本社組織の動向である。1960 年代以降,経営戦略を中軸に据える経営システム,すなわち戦略経営 (strategic management) が基本になり,それまでの計画経営に取って代わった。これにより,経営戦略の策定と推進にかかわる本社組織の充実が不可避となった。その具体的な現れが,経営企画室(部),企画室(部),社長室,総合企画室(部)等の名称をもつ企画担当組織ないし企画スタッフの強化である。

(社)企業研究会の調査 (1989 年,調査対象 455 社,有効回答 178 社)によれば,これら企画担当組織が遂行している主要な業務内容は,表 14-18 の通りである。

第 2 の法務担当部門の新設ないし拡充は,とりわけ国際化,訴訟社会(法化社会)への移行,企業不祥事の多発などを契機として,急務となっている。従来は事件が発生してから対応する消火型が主であったが,近年は予防・事業推進型に変わりつつある。法務の重要化の具体例としては,暗黙の合意による組織行動に代わる明確な契約の必要性の拡大,各種環境主体との間の摩擦と訴訟の多発・増加,独占禁止政策とその運用の強化,特許・知的財産権問題の重要化とそれへの対処,製造物責任 (product liability, PL) にまつわる過失ないし損害賠償への厳しい傾向,M&A 戦略の普及,株主代表訴訟の急増,企業統治に関係した紛争の増加,ISO 9000(国際品質管理標準)や ISO 14000(国際環境管理標準)への対応と認証取得の必要(この点については,第 15 章でも触れる),などである。

このような急迫する法務問題には,従来の顧問弁護士に頼る方法では到底対処できない。そこで,弁護士資格をもつ人材(企業内弁

表 14-18 企画担当組織の業務内容

(178 社,複数回答)

① 中長期計画	97.75%
② 経営目標	93.82%
③ ビジョン形成	92.70%
④ 環境予測	78.09%
⑤ トップ会議体事務局	73.60%
⑥ 組織改革	61.24%
⑦ 短期計画	55.06%
⑧ 新規事業計画	55.06%
⑨ M&A(合併・買収)	48.88%

資料:企業研究会調査 (1989).

護士，house counsel) を中心にしたスタッフで構成する法務部門（法務部，法務室）を新設または拡充して，得意分野をもつ外部の内外弁護士（事務所）への依頼と併用することによって，法務問題に対処しようとする動きが急速に広まってきている。経営法友会の調査 (1995 年 10 月，回答企業 992 社) によれば，回答企業の 46.7％ が独立した法務部門をもち，1 社当たりの法務担当者は，6.1 人となっている。

　法務問題に関連して，企業倫理の問題がある。1990 年前後から日本企業には，談合，総会屋への利益供与，性的いやがらせ（いわゆるセクハラ）等の問題が多発している。これらは，法務問題であるとともに，企業倫理の問題である。米国企業では，倫理担当役員（chief business ethics officer, CBEO) を置いて，不祥事の予防と倫理綱領の徹底的実践に当たらせる企業が多い。日本でもその必要が急速に高まっている。

15　環境管理組織

15.1　環境管理の問題性

　環境管理 (environmental management) とは，企業が直面する環境問題に適切に対処するために，その経営活動について実施する一連の体系的措置をいう。環境管理を，環境そのものを制御することであると誤解してはならない。人間や企業にとって，環境を部分的に制御することは可能であるが，その全体を制御することは到底不可能だからである。環境管理の前提になる環境問題の内容については，第2節で述べる。

　Chandler (1962) は，「組織は戦略に従う」との有名な命題を提起した。この命題に従えば，効果的な環境管理を実施するには，環境問題に深く配慮した経営理念を根底に据えながら，環境管理に関する適切な戦略（環境管理戦略）を確立し，それに適合した環境管理組織を整備して，活動を展開しなければならない。しかし，日本企業による環境問題への対応を見ると，少なくとも当初，このような筋書通りには進行しなかった。日本では，「組織は問題に従い，戦略は組織に従う」ような状況，すなわち問題に追われた現実対処が組織を生み出し，その組織を機能させるための戦略が後追いで策定される姿が看取される。しかし，環境問題が拡大・複合化するにつれ，学習効果が蓄積されて，戦略主導の本来の姿になって行くのである。ただ，このような対応は，迂回的であるために相当の時間を必要とし，そのために「後手に回る」結果になることは，容易に推察されるところである。

15.2　日本における環境問題の拡大・複合化

　これまでに日本企業が直面した「環境問題」は，1960年代後半の「公害問題」に始まり，2次にわたる石油危機を経て，1980年代後半からの「地球環境問題」

へと拡大し，さらに1990年代の「ISO 14000問題」へと複合化してきている。

公害問題中心の段階は，企業行動に起因する大気汚染，水質汚濁，騒音，振動，廃棄物など，企業に直接境界を接する自然環境の汚染・破壊が問題の主内容であった。そうした企業による自然環境の汚染・破壊が，関係住民の生活さらには生命を脅かすに及んで，彼らの反発・批判・要求を誘発し，さらには社会的・法的・経済的な規制と制裁を生み出した。企業は，好むと好まざるとにかかわらず，これらに対処しなければならなくなった。この段階の環境管理の課題を，「環境汚染問題」と呼ぶことにしよう。

特定フロンによるオゾン層の破壊，二酸化炭素（CO_2）による温暖化，窒素酸化物（NO_x）や硫黄酸化物（SO_x）による広範な大気汚染を内容にした80年代の問題提起は，企業が直接境界を接する自然環境のみならず，人類の生存基盤としての地球と人類の全体にかかわり，その意味では企業固有の問題ではない。しかし，これらの問題が産業文明に深く根ざしている事実を考えれば，企業の対応が問題の行方を決定的に左右することは間違いない。この段階になって，環境管理の対象は環境汚染問題を内包した地球環境全体に拡大する。そこで，この段階の環境管理の課題を，「地球環境問題」と呼ぶことにしよう。

ISO 14000シリーズは，環境管理システムの整備にかかわる国際的標準である。それはまだ緒についたばかりであり，問題の経緯には，固有の環境問題を超えた国際政治的・経済的思惑もからんでいるが，それはさておき，企業の環境管理の効果に加え，それへの取組みのシステムを判断する指標として，世界的に使用されるようになることは確実である。そこで，この段階の環境管理の課題を，「ISO 14000問題」と呼ぶことにしよう。

15.3　環境汚染問題のインパクトと経営組織の変革

環境汚染問題は，当時の日本企業にとって全くといって良いほど予期しない問題であった。企業にとって，排煙や排水が自然環境によって浄化されることは自明の前提であり，生産過程から排出される，あるいは使用済みとなった製

品の廃棄物は，自然環境の浄化能力により，あるいは廃棄物処理業者や行政によって処理・処分されるべきものであった。要するにこのような外部化は，疑問の余地のない当然の措置であった。しかし生態系は，企業の外部化によりその自浄能力を超過する処理・処分を強制されたとき，独自にまた人間の手を借りて報復を開始する。それが公害反対の嵐となって，企業を直撃したのである。

組織としての企業は，予期しない問題すなわち例外事項への対応装置を用意している。既に今世紀初頭，Taylor (1911) は「例外の原則」を説き，定常的事項はその内容に応じて下級者に委譲し，経営者は例外事項の処理に専念すべきことを主張した(第4章参照)。この原則に従えば，例外事項としての環境汚染問題は，経営者に持ち込まれ，彼はしかるべき意思決定をしてその処理を既存の下級組織に命令することになる。問題が重大であれば，経営者の意思決定は，問題処理のための「戦略」の策定と，その実施のための「組織」の整備に及ぶであろう。このような過程は，まさに Chandler (1962) のいう「組織は戦略に従う」の実践になる。1970年当時の米国企業では，明確な戦略策定があったかはともかく，このようなトップ・ダウンの対応が展開された証拠がある (Hopkinson, 1970)。

日本企業ではどうか。そこでは，このような対応はなされなかった。その理由は，例外事項への対応装置の相違による。日本の経営組織の特性が部門主義組織であることは，これまで指摘した通りである(第6章参照)。部門主義組織では，部門による業務分担とその上に乗っている，あるいはそれらに担がれている経営者にある（いわゆる「おみこし経営」）。こうした組織では，例外事項は経営者に直接持ち上げられない。それはまず，日本独自の部門である総務部に回される。総務部の業務分掌事項の中には，必ずといって良いほど「その他いずれ（の部門）にも属せざる事項」という項目が掲げられているからである。その結果，通常は総務部門自らにより，もしくはその調整によっていずれかの既存部門により処理されることになる。

つまり，問題の初期対応がまず既存組織によることは日米同じであるが，米

国では垂直軸を機能させたトップ・ダウンにより既存組織が動くのに対し，日本ではトップ不在で水平軸により既存組織が対応する。例外事項が軽易であれば，両者の効果に差異はない。しかし，公害のような深刻な問題では，このような初動の相違がボディ・ブローのように徐々に効いてきて，やがて決定的になる。日本で問題が深刻化した原因の一端が，ここにある。

　日本の経営組織では，現場主義による個別対応では手に負えないことが判明するほど問題が深刻になってから，初めて経営者レベルに持ち上げられる。公害問題もそうであった。そのため経営者の対応は，当初から立ち遅れの受動的にならざるをえない。ここで初めて本格的問題処理のために，戦略の策定や組織の整備が始まるが，新規問題に対応する日本企業の組織整備は，およそ次のように行われる傾向がある。

（1）　問題の常規性によって臨時的組織と恒久的組織を使い分ける。その順序は，委員会 → 室 → 部課，となる。ただし，「室」には社長室のような恒久的なものと，委員会よりは常規的で部課に至らないが，固有の人員を持つ中間的なものがある。新規問題では後者が適用される。

（2）　問題の重要度と頻度に応じて階層を確定する。軽易で散発的なものから重要で恒常的なものへと配列すれば，室・課 → 部 → 事業部 → 本部 → 総（合）本部，というように組織階層が使い分けられる。

（3）　問題の性格に応じて権限を配分する。その順序を軽度のものからいうと，情報収集・検討 → 企画・設計 → 決定・指揮，または，スタッフ → ライン，のようになる。

（4）　問題の大きさにより，既存部門の内部単位 → 自己完結性のある部門，という組織単位設定が行われる。

（5）　問題の認識に対応した担当組織のネーミングが行われる。

　1972年当時の組織整備状況（森本，1994：社名省略）を，大まかにこれらの傾向に即して区分すると，次のようになる。

（1）　問題の性格や内容の究明を中心にしたもの（例：公害調査室）

（2） 臨時的対応のためのもの（例：公害対策委員会）

（3） 安全管理の問題と位置付けたもの(例：環境安全管理課，安全管理室)

（4） 公害防除装置等のハードウェアー整備を中心にしたもの（例：環境整備課，環境整備室）

（5） 公害への全面的対応と位置付けたもの（例：管理室公害課，公害対策室，公害防止事業部，公害防止管理本部，公害総合本部）

（6） より広く環境問題として捕えたもの（例：環境管理室，環境管理部，環境部，環境対策部）

（7） これらの区分の複数にまたがるもの（例：環境保安部，公害保安室，管理部環境保全課）

　これら多様な組織を上の組織整備の傾向に関連させて見ると，少なくとも次のような指摘が可能である。まず臨時的組織は希少で，中間的と見なされる「室」を含め恒久的組織が圧倒的に多いことである。環境汚染問題は，偶発的問題ではなくなっていたのである。では，当時の経営組織は，環境汚染問題をどれほど重要と見ていたであろうか。いわゆる「公害多発型」業種や問題の深刻な組織では，高い階層の担当組織とするケースが多くなるはずであるが，上記実例では，この傾向は明らかでない。すべてが，当時の問題深刻組織であったことによるのかもしれない。

　組織の権限，既存部門の内部単位か自己完結部門かの視点からすると，上記実例の前よりのものはスタッフ的でかつ既存組織内部単位型であり，後よりのものはライン的で自己完結型であると推定される。これらについては，一概に特性を指摘することはできない。「公害」対策から「環境」問題への認識の変化は，すでに組織の名称に現れている。当時はなお「公害」という日本的認識が多数派を占め，欧米式の「環境汚染（environmental pollution）」という理解は少数派であり，まして広く環境をトータルに把握する姿勢は例外に近かった。そうした中で，かなりの企業では，進んだ認識を反映した組織の名称を使用している。それは，問題の深刻さとそれへの学習の相乗効果によるものであろう。

こうした学習による認識の変化の典型例を挙げれば，関西電力（株）は公害対策部（1971年）を環境部（1973年）へ，（株）クボタは公害管理部（1972年）を環境管理部（78年）に変更している。

　当時の組織変革は，全体として初歩的で対応の受動性を否定できない。なぜなら，戦略→組織の過程ではなく，紛争への対応に追われて組織を整備する状況が支配的となっているからである。その根底には，問題に対する確固たる「戦略」があるというよりは，「（自然）環境ないし生態系の能力は無限である」からいずれ問題は沈静化するとの思い込みがあったのではないか。しかし現実は，（自然）環境の浄化能力の限界を突き付け，産業社会のアウトプットに問題を投げかけた。そして，2度の石油危機は，それに追い討ちをかけて，（自然）環境の（天然）資源提供能力の限界，すなわち産業社会のインプットに問題を突

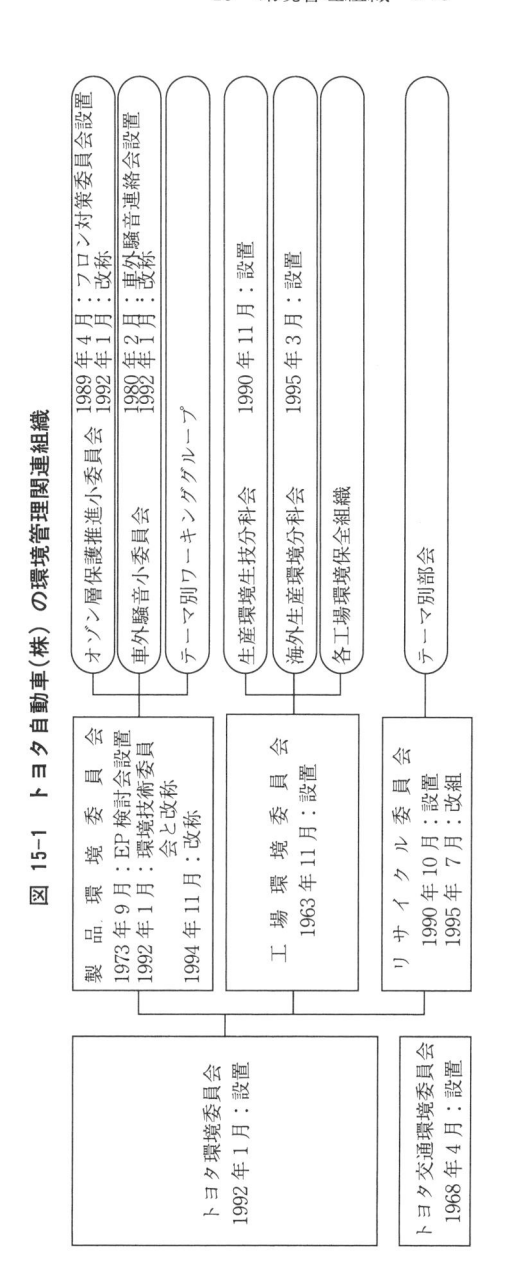

図15-1　トヨタ自動車（株）の環境管理関連組織

製品環境委員会
1973年9月：EP検討会設置
1992年1月：環境技術委員会と改称
1994年11月：改称
　├オゾン層保護推進小委員会　1989年4月：フロン対策委員会設置　1992年1月：改称
　├車外騒音小委員会　1980年2月：車外騒音連絡会設置　1992年1月：改称
　└テーマ別ワーキンググループ

工場環境委員会
1963年11月：設置
　├生産環境生技分科会　1990年11月：設置
　├海外生産環境分科会　1995年3月：設置
　└各工場環境保全組織

リサイクル委員会
1990年10月：設置
1995年7月：改組
　└テーマ別部会

トヨタ環境委員会
1992年1月：設置

トヨタ交通環境委員会
1968年4月：設置

き付けることになるのである。こうした推移の中で，経営組織は問題の基本認識を次第に改め，戦略（方針）を軸にした環境管理組織を整備するようになる。それを決定的にしたのが，80年代後半の地球環境問題の高まりである。

この間の推移と，上述の組織整備の傾向を示す事例として，図15-1のトヨタ自動車（株）の環境管理関連組織は，示唆的である。各種組織単位の設置・改称の年月に注目すると，次のような諸点が指摘できるからである。

（1） 最も早い組織は，1963年の工場環境委員会である。時期から見て，初期公害問題への対応であろう。問題の広がり，特に国際化に対応して，専門的小委員会を追加的に設置して行った状況が看取できる。

（2） 次は，1968年のトヨタ交通環境委員会である。この時期，いわゆる交通戦争がきびしさを増していた。

（3） 1973年，EP（environmental protection，環境保護）検討会設置。当時から排気ガスの大気汚染が問題になってきた。その後，問題が排気ガスに止まらず，騒音や安全に拡大したことに対応して，1992年の環境技術委員会に改称され，さらに地球環境問題に対応して，1994年に製品環境委員会に再改称されたものと思われる。問題の広がりに対応して専門的小委員会を追加的に設置して行ったことは，それらの名称，設置時期，および改称が示している。

（4） 問題が広がりをもってくると，それらに総合的に対処するための上級組織が必要になる。1992年設置のトヨタ環境委員会は，そのためのものであろう。

（5） 全体に委員会方式をとっているのが特色であるが，子細に見ると，対策委員会から推進委員会へ，連絡会から委員会へなどの取組みの本格化が看取できる。

15.4 地球環境問題のインパクトと経営組織の変革

環境汚染（公害）問題によって日本企業は，貴重な学習をした。それは，環境適応こそが，企業存続の根本問題であるということである。しかし，その場

合の「環境」の内容は，企業が直接境界をはさんで相互作用する自然環境と，それにまつわる社会的環境（具体的には法的規制，住民運動など），および経済的環境（外部経済，補償，罰金など）であった。換言すれば，相互作用の因果関係が直接知覚できる範囲の外部環境であった。ところが，この範囲を越える外部環境とのかかわりが問題になってくる。それが地球環境問題にほかならない。

環境汚染問題と比べた場合，地球環境問題と企業行動との関係には，次のような特異点がある。すなわち，現在の企業行動とそれが与える地球環境への効果との因果関係を経験的に知覚することは，少なくとも大部分の経営構成員にとって困難だということである。それは，現在の企業行動が合法的・合理的であり，社会的に正当と認知されていても，地球環境問題はその枠外で進行するためである。このような特性から，環境汚染問題における反対運動の場合のように，問題が現場に直接にインパクトを与え，既存組織の対応から適応が開始されるという日本的パターンは，この場合には生じにくいのである。こうした場合に，まず問題を知覚し，適切な対応を主導する責任が経営者にあることは，いうまでもない。

経営者自身またはそのスタッフによる問題の認識の契機となるのは，地球環境という上位システム（シュープラ・システム）から発信され，科学的知見を経て，国際条約や国の政策を通して伝達される外部情報である。その若干の主要なものを年代順に挙げれば，次のようになる。

（1）「オゾン層保護のためのウィーン条約」：1985年に日米欧ソ等により締結。1987年に，これに基づきオゾン層を破壊する物質に関する「モントリオール議定書」を採択。1989年のヘルシンキ会議で，特定フロンの2000年までの全廃を決定。

（2）「地球再生計画」：1990年の先進国首脳会議＝サミットで日本が提唱。2酸化炭素排出量の最少化のための技術開発と採用に関する100年計画構想。

（3）国連環境開発会議（リオ地球サミット）：1992年。「環境と開発に関す

るリオ宣言」「アジェンダ21」採択。「地球温暖化防止条約」締結。2酸化炭素排出量を今世紀末までに90年水準に戻すことが主内容。1997年12月の京都会議は，その具体的目標を設定した。

　洞察力に優れた，あるいは問題に深くかかわりのある企業の経営者やそのスタッフは，これらやその他の外部情報と自己企業の実態を関連させることにより，何をなすべきかを構想するようになる。このようにして，フロンを使用したり2酸化炭素を排出する製品や生産過程をかかえる企業，大量のエネルギーを消費する企業のように，問題と関連の深い企業が先行する形で，経営者主導による対応が開始されることになる。それには，次のような地球温暖化防止条約や地球再生計画の趣旨に即した行動があった。

　（1）　省エネルギーの更なる推進：生産方法の改善，省エネルギー製品の開発など。

　（2）　クリーン・エネルギーへの転換：核融合・太陽光・風力・潮力・地熱による発電の採択ないしそのための技術開発など。

　（3）　「地球環境にやさしい」製品の開発やエコ・ビジネスの展開など。

　外部情報の的確な受け止めと，自己企業なりの環境管理戦略の策定を，経営者と既存スタッフ組織のみで消化することには，困難がつきまとう。そこで，たとえば東京電力（株）では社外有識者で構成する社長の諮問機関「東京電力環境顧問会」を設け，大所・高所からの助言を受ける機関を設けることにした。このような境界情報機関の支援を受けながら戦略策定を行う事例は，少なくないし，非常に有益である。

　戦略に即した組織展開は，地球環境問題のインパクトを強く受ける業種・企業では，もはや当然のこととして実践されるようになった。その典型は，電力業である。電力各社は，ほぼ類似した体制を整備したが，その代表例として，東北電力（株）の地球環境問題対策推進体制を見ると，次のようである。

　（1）　方針（戦略）：「東北電力地球環境行動指針―地球環境保全と豊かな社会づくりの調和をめざして」（1992年7月）

（2） 方針策定・実施結果評価組織：地球環境問題対策推進会議（議長＝社長）

（3） 行動計画全体とりまとめ組織(事務局)：企画部，広報部，関連事業部，技術開発部，立地環境部

（4） 特定課題推進組織(上記推進会議の指示を受け，本店各部・各支店・各事業所の行動計画実施を推進し，結果を推進会議に報告する)：環境マネジメント委員会（委員長＝常務），自然と社会共生委員会（委員長＝常務）

（5） 行動計画の実施組織：本店各部，各支店，各事業所，（連携・協調）関係会社連絡協議会（33社）

（6） 社内環境監査組織（実施状況の監査）：専任考査役

ほぼ類似の社内体制をもつ中部電力（株）の環境管理関連組織は，図15-2のように示される．簡単に説明を加えれば，次のようになる．

（1） 中部電力環境懇話会：外部有識者18名で構成する社長の諮問機関

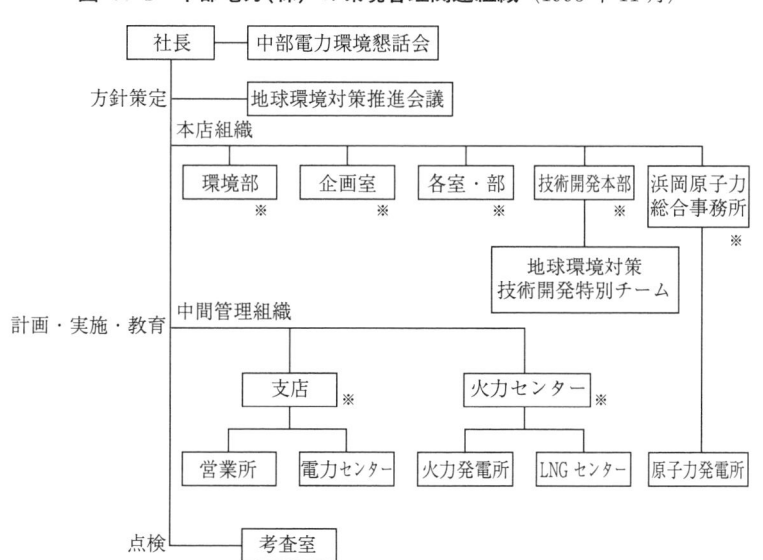

図15-2 中部電力(株)の環境管理関連組織 （1995年11月）

注：※は地球環境対策推進員設置部署．

（2）　地球環境対策推進会議：副社長を長とする全社的環境管理推進組織。複雑多岐にわたる地球環境問題への円滑な対応を図るため，1990年4月設置
　（3）　地球環境対策推進員：地球環境管理の各部署の責任者。1993年4月配置

　これらの例に見るように，環境汚染問題で出遅れた日本企業は，その際の学習を生かして，地球環境問題では体制整備に積極性を発揮するようになったのである。しかし，そのような環境管理に熱心な業種・企業と対照的に，問題と関連の希薄な業種・企業では，戦略・組織の整備は遅れている。環境庁調査(1992)によれば，「環境に関する経営方針」を制定していない企業が，金融・保険業76％，卸売業75％，不動産業60％もあるという。また，非製造業の50％近くが環境保全組織ないし担当者を置いていないという。地球環境問題の広がりを考えれば，これらを見過ごすことはできないであろう。

15.5　ISO 14000問題へ向けた経営組織変革の必要

　ISO 14000シリーズの一部は1996年秋にJIS化され，現実の問題となったが，問題の核心である認証（規格にそった環境管理システムが整備されていることを公的認証機関が承認する）は，先駆的企業ではクリアされつつあるものの，日本全体としては緒についた段階であり，これからが正念場となる。すなわち，認証をクリアすることは，これまで環境問題に着実に対応してきた企業にとっては，格段に困難・新奇な問題とは思われず，現在まで環境管理に実績のある企業のほとんどは，すでに認証を得ている事実がある。しかし，全体として見た場合，懸念材料がかなりあることもまた事実である。日本の多国籍企業（すべて一部上場の大企業）に関する調査（安室，1996）によれば，「大変興味を持ち，すでに調査・準備に入っている」49.3％，「大変興味はあるが，具体的準備に入っていない」39.1％，「一部社員が勉強しているが，会社はこれから」5.1％，「事業内容と関係ないので，調査していない」5.1％などとなっている。JIS化が明白になっている段階で，調査すら行わない関心の低さと対応の遅い

15 環境管理組織 255

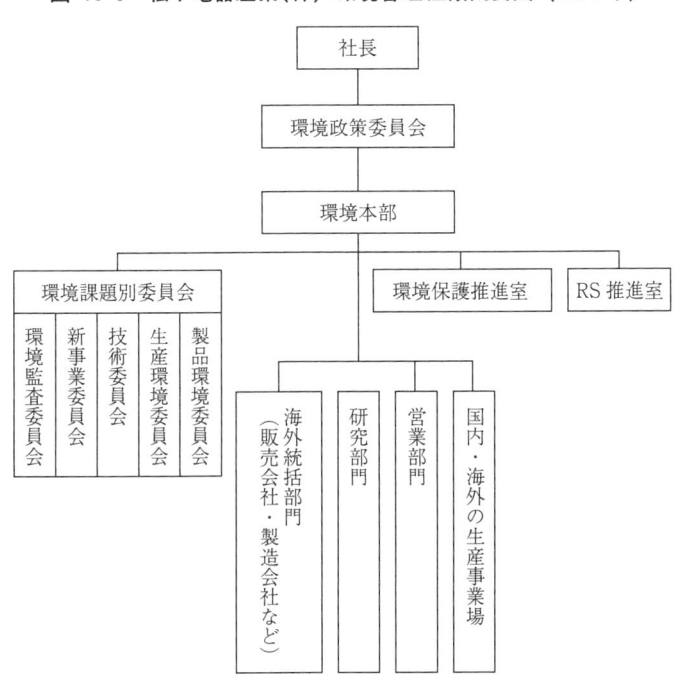

図 15-3 松下電器産業(株) 環境管理組織概要図 (1998 年)

```
                        社長
                         │
                    環境政策委員会
                         │
                      環境本部
         ┌───────────────┼───────────────┐
    環境課題別委員会      環境保護推進室    RS 推進室
  ┌──┬──┬──┬──┐        │
  環  新  技  生  製        ├─────┬─────┬─────┐
  境  事  術  産  品       海外   研究  営業  国内
  監  業  委  環  環       統括   部門  部門  ・
  査  委  員  境  境       部門               海外
  委  員  会  委  委       (販売              の
  員  会      員  員       会社・             生産
  会          会  会       製造              事業
                          会社              場
                          など)
```

企業の多さが目につく。この調査と上述の環境庁調査 (1992) を重ねると，成熟度の高い戦略→組織の展開を行っている NEC (株)，(株) 日立製作所，(株) クボタ，キヤノン (株) など，環境関連技術開発に熱心な三菱重工業 (株)，荏原 (株) など，両面に努力している電力各社などのような「グリーン」志向企業群と，無関心企業群とに大きく 2 極化しているのではないかとの危惧がある。

未来志向の環境管理関連組織の一例として，松下電器産業 (株) の場合を見よう。その組織は，図 15-3 のようになっている。この中の環境本部は，それまであった環境保護推進室の上に 1997 年 10 月に新設され，取締役がその長を務めている。その狙いは，環境管理の戦略策定を強化することにある。これと同時に，家電のリサイクル・システム構築を手掛けて来た RS (recycle system) 準備室を，環境本部の下の RS 推進室とし，廃家電製品のリサイクル法制化に対応

して，準備から推進へと前進させることになった。

　松下の環境管理は，「環境宣言」とそれを受けたグループ全体の環境管理体制の取り決めである「環境管理基本方針」（1991年6月発効）を基礎とし，事業場ごとの環境管理体制を取り決めた「事業場環境管理規程」と，具体的な推進目標やチェック項目を定めた「各種運用基準」によって推進される。宣言と基本方針は，次のようなものである。

環境宣言
　私達人間には宇宙万物と共存し，調和ある繁栄を実現する崇高な使命が与えられている。我が社はこの人間に与えられた使命を自覚し，企業としての社会的責任を遂行するとともに，この地球がバランスのとれた健康体であり続けるために環境の維持向上に万全の配慮と不断の努力を行う。

環境管理基本方針
　環境保護に対する松下の考え方や組織づくり，監査責務などを取決めています。全世界に展開している松下グループの全事業所では，この方針にもとづいて，環境保護体制を構築し，同じ目標，同レベルで環境問題に取り組みます。

　松下の当面の目標は，1998年度までに国内外約210カ所ある全事業所でISO 14001の認証を取得し，2000年には主要家電製品のリサイクル可能率80％を実現することである。

　このような「グリーン」志向企業の対極に位置している無関心企業は，環境汚染問題当時の当初活動の出遅れが，全面的な企業不信や企業性悪説に発展した苦い経緯を思い出す必要がある。当時は国内問題に留まったが，現在ではグローバルな問題であることを忘れてはならない。各社が自己の個性を発揮しつつ，「持続可能な開発」ないし「経済発展と環境の共生」の理念をとりこんだ体制の整備と行動の実践に，組織をあげて努めることが望まれる。

16 組織間関係とその戦略

16.1 組織間関係の意義

ある組織（焦点組織，focal organization）から見た相互作用の状態にある他組織との関係を，組織間関係（interorganizational relations）と総称する。この場合の他組織は，焦点組織を企業の経営組織とすれば，具体的には，消費者団体，取引先，競争者，子会社を含む関係会社，下請企業，労働組合，行政組織，地域社会，教育機関，報道機関，環境保護団体等であり，一般にステークホールダー（stakeholder, 環境主体，利害者集団）とも呼ばれているものである。経営組織は，その目的達成のために，これら諸組織との組織間関係を処理しなければならない。そのための戦略が，組織間関係戦略である。

ここでは，まず組織間関係の本質と内容について考察しているいくつかの基本視角（perspectives）を，続いて具体的な組織間関係戦略を説明する。

基本視角について山倉（1993）は，次のような5種のものをあげている。
（1）資源依存パースペクティブ（resource dependence perspective）
（2）組織セット・パースペクティブ（organization set perspective）
（3）協同戦略パースペクティブ（collective strategy perspective）
（4）制度化パースペクティブ（institutional perspective）
（5）取引コスト・パースペクティブ（transaction cost perspective）
これらを順次概観しよう。

16.2 資源依存パースペクティブ

Thompson（1967）によって端緒が与えられ，Pfeffer = Salancik（1978）によって集大成された基本視角である。その前提は，①組織が存続して行くためには，ヒト，モノ，カネ，情報のような諸資源を獲得し，処理しなければならな

い，②組織は自らの自律性を保持し，他組織への依存を回避しようとし，またできる限り他組織をして自らに依存させ，自らの支配の及ぶ範囲を拡大しようとし，依存を受け入れなければならない時は，それを積極的に取り扱うという行動原理をもつ，の2点である。

組織は自己が必要とする諸資源のすべてを保有しているような，自己充足的な完結した存在ではありえないため，諸資源を所有し支配している他組織と関係を形成し維持することが避けられない。最も簡単な例でいえば，銀行から不足する運転資金を借りるなどである。

一般に，ある組織の他組織への依存は，他組織が保有し支配している資源の重要性と，他組織以外からのその資源の獲得可能性，換言すればその資源の特定組織への集中度の関数である。そこで，重要で希少な資源を保有しているほど，組織は大きな対外的権力（power）ないし影響力をもつことになる。逆にそれらをもたない組織は，他組織への依存・従属を強めなければならず，対外的権力がそれだけ小さくなる。このような権力の不均衡関係（非対称関係）のため，他組織への依存・従属と自己の自律性の保持・拡大の兼合いが組織間関係の基本問題になり，そこから組織間関係をいかに管理するかの戦略が生じて来るのである。

資源依存パースペクティブから提起される組織間関係戦略は，次のようなものになる。

（1）他組織への依存を回避し吸収する戦略＝自律化戦略：具体的には垂直統合，合併，内製化（外部購入をやめて内部で生産する）など

（2）外部依存を是認し，他組織との間で妥協点を発見し，安定的関係を形成し維持する戦略＝協調戦略：具体的には協定締結，合弁など

（3）依存関係を当事者組織間で直接に調整するのではなく，上級もしくは第三者機関の介入またはそれへの働きかけによって行う戦略＝政治戦略：具体的には政府規制，立法へのロビイングなど

（4）特定資源の外部依存を意図的に実行し，外部資源の積極的で計画的な

利用を行う戦略＝アウトソーシング(outsourcing)戦略：具体的には外部情報処理システムの取り込みなど

16.3 組織セット・パースペクティブ

　資源依存パースペクティブを補強する基本視角が，Evan (1972) の提起した組織セット・パースペクティブである。これによれば，組織は，常に他組織と投入・産出の交換を行うオープン・システムである。そこで，焦点組織を中心にした投入組織セットと産出組織セットの全体的組織間関係を，組織セットと見なす発想が成立する。ここで投入組織セットとは，焦点組織に資源提供を行う組織群の集合 (set) であり，具体的には，金融機関，原材料供給企業，労働組合，監督行政機関などである。これに対し，産出組織セットとは，焦点組織の産出を受け入れる組織群の集合であり，具体的には，顧客，流通企業，地域社会などである。

　このような組織セットの実態を規定する変数には，(1) 規模(相互作用する組織の数)，(2) 多様性（関係する組織の機能の種類），(3) ネットワークの構造，(4) 投入組織の資源集中度，(5) メンバー組織の重複性，(6) 目標・理念の重複性，(7) 比較可能あるいは規範提示組織の有無，(8) 対境担当者 (boundary personnel) の内容，があるとされる。これらのうち，注目すべき変数は，ネットワーク構造と対境担当者である。まずネットワーク構造には，伝達システムの研

図 16-1　伝達システムの基本型

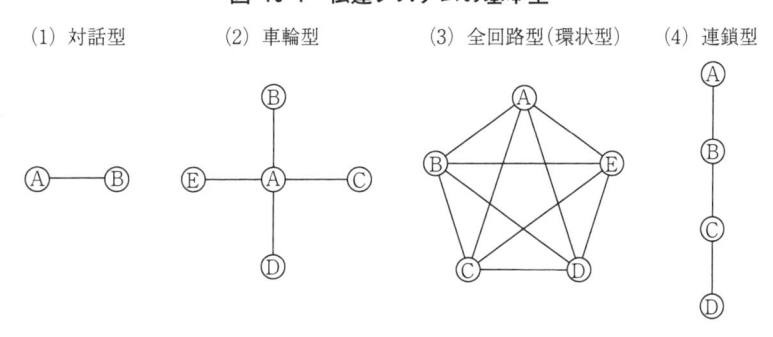

(1) 対話型　　(2) 車輪型　　(3) 全回路型(環状型)　　(4) 連鎖型

究が示している四つの基本型（図16-1参照），すなわち対話型（dyad），車輪型（wheel），全回路型（all-channel network）ないし環状型（circle），連鎖型（chain）があるが，このいずれであるかによって，焦点組織の自律性や組織セットのリーダー組織が明らかになるなど，組織セットの構造が解明できることになる。

次に，対境担当者とは，他組織との連結機能や境界維持機能を担当している部門や部署（具体的には購買部門，販売部門，広報部門など）をいうが，その地位・権限や組織目的のような規範への志向性によって，組織セットの構造の中での組織間関係が左右されることになる。

16.4 協同戦略パースペクティブ

この基本視角は，Astley = Fombrum（1983）が提起したもので，資源依存パースペクティブとは対照的な観点に立つ。すなわち，資源依存パースペクティブが，資源をめぐる支配や権力を重視するのに対し，協同戦略パースペクティブでは，資源の相互依存の不可避性を前提にし，交渉（negotiation）や妥協（compromise）を通じた組織間の協力（cooperation）や共生（symbiosis）が重視されるからである。

激動する環境の中での協同戦略を構想する枠組みのために，次の二つの次元が設定される。第1の次元は，組織間の相互依存性の性質であり，同種組織の結びつきであるか異種組織の結びつきであるかに区別される。第2の次元は，組織間の結びつきのタイプであり，直接的な結びつきと間接的な結びつきに区分される。構成する組織が少数であれば前者になり，多数であれば後者になる。これら二つの次元の組合せから，協同戦略は，次の4種になる。

（1） 同盟型（confederate collective）：同種組織間の間接的結びつき
（2） 集積型（agglomerate collective）：同種組織間の直接的結びつき
（3） 接合型（conjugate collective）：異種組織間の直接的結びつき
（4） 有機型（organic collective）：異種組織間の間接的結びつき

同盟型は，完全競争の状態にある産業での協同戦略であり，業界団体の設立

やカルテルの結成は，この典型である。そこでの協同は，組織間の情報の流れを中心にして展開される。集積型は，寡占状態にある産業での協同戦略であり，共謀や非公式リーダー（価格リーダーシップなど）などが，その典型である。それは，人の流れを中心にして展開される。接合型は，焦点組織と投入または産出について直接の関係をもっている異業種組織との間の協同戦略であり，協定・契約の締結，合弁，役員派遣などが，その典型である。この協同は，法的関係を基礎にした，組織間の仕事の流れを中心にして展開される。最後に，有機型は，異なる産業間の間接的相互依存関係に対処するための協同戦略であり，異業種交流は，その典型である。そこでは，組織間の影響力（技術，アイデアなど）の流れを円滑にすることが，協同成功の鍵になる。

16.5 制度化パースペクティブ

この基本視角は，組織が制度化された環境に内在する存在である，との前提に立っている。制度化された環境は，組織に対して制約を課すとともに，組織に対して正当性 (legitimacy) を付与する働きをする。その場合，二つのことが重要である。第1に，制度化された環境とは，焦点組織から見た組織間関係の全体であり，具体的には，国家（政府），専門家（弁護士，会計士等）団体，取引先，同業者などとの関係の全体であり，やや抽象化すれば，焦点組織を取り巻く政治，経済，文化，社会の諸関係の総体である。第2に，正当性とは，正義に即した存在であるとして，環境から，具体的には，関係諸組織から承認される度合いである。これらのことは，制度化パースペクティブが，環境決定論 (environmental determinism) に立つ組織間関係論であることを物語っている。

このような制度化パースペクティブからすると，組織は，環境からの制約の中で正当性を獲得し，それを高めるための努力をしなければならない。すなわち，組織は，組織間関係を規律しているルール，規範，神話，儀式，価値，慣習等を受け入れ，他組織との同調や協調に努め，同型性 (isomorphism) の確立を重視し，このような方向に即した行動戦略を採択しなければならない。この

ような同型性ないし類似行動（similar behavior）を引き出す環境の制度的メカニズムには，次の3種がある。

（1） 強制的同型化：法的制裁力や政治的影響力による同型性の実現である。

（2） 模倣的同型化：組織は，当面する不確実性を克服する標準的方法の一つとして，他組織，特に有力組織の行動をモデル化し，それを模倣（imitation）する。

（3） 規範的同型化：業界団体や専門家団体の教育や指導により，組織を横断する専門家のネットワークを通じて，標準化された規範，技術，方法等が定着する。

これらのメカニズムにより同型化が進行し，組織は正当性を獲得する。この場合，重要なことは，同型化が組織の有効性には直接関係なく進行することと，それによって，組織間関係がますます構造化（制度化）を高めて行くことである。

以上のような制度化パースペクティブは，競争に対処する合理的行動とか，資源の希少性・保有・支配のような経済的側面よりも，政治・社会・文化の諸力のような制度的側面を重視し，同型化の進行による正当性獲得を図る協調戦略の重要性を打ち出した。しかし，組織の自律性は受動的にしか認めていないから，組織間関係戦略の範囲は，非常に限られたものにならざるをえない。

16.6 取引コスト・パースペクティブ

経済学者 Coase (1937) に始まり，Williamson (1975) によって組織論的体系にまとめられた基本視角である。その基本となる取引（transaction）とは，二つ以上の主体間の境界を越えた財・サービスの移転であり，取引コストとは，このような意味の取引に随伴するコストをいう。取引コストの内容は，情報収集，危険負担，契約作成，契約実行監視，契約不履行是正や紛争処理（裁判等）などに伴うコストである。取引コスト・パースペクティブでは，取引の調整様式

を重視するが,それには基本的に,価格メカニズムによって調整される市場 (market) と,権限によって調整される組織 (organization) の2種があり,その いずれを選択するかは,取引コストによるとされるのである。これら以外に市 場と組織の中間的取引様式として,長期契約による継続的取引,専属的下請け のようなネットワークなどを念頭に置いて,中間組織,顧客市場 (customer market),相対交渉による制御メカニズム (bilateral governance) などをあげて, 3分法を取ることもあるが,基本的には,上記の二つである。

資源配分について,市場と組織のいずれを選択するかは,取引をめぐる複雑 性と少数性という環境要因,限定された合理性と機会主義 (opportunism) とい う主体的要因,取引の不確実性,取引の頻度,取引の特定的投資,の5要因に よって左右される。それぞれは,次のようなことを意味している。

（1） 取引の環境要因

複雑性：取引をめぐる環境の複雑性の程度が大きいときは,市場での取引コ ストが高くなるので,組織が選択される。

少数性：取引相手が少数であれば,駆引き行為（下記の機会主義的行動の一 種）が取られやすくなるので,それを回避するために,組織が選択される。

（2） 取引の主体的要因

限定された合理性：人間は全知全能ではなく,行動の合理性には限界がある。 この制約が大きい取引では,市場での取引コストは高くなるから,組織が選択 される。

機会主義：人間は,状況に応じた便宜主義的,御都合主義的,日和見主義的 行動を取りやすい。このような傾向が大きい取引では,市場での取引コストが 高くなるから,組織が選択される。

（3） 取引の不確実性：取引に伴う不確実性が大きくなれば,予測のための コストを中心にして,取引コストが高くなる。このコストを節減するために, 組織による取引が選択される。

（4） 取引の頻度：取引の頻度が高ければ,取引コストは総額では大きくな

るから，組織が選択される。それにより，単位当たりの取引コストは小さくなる。

（5） 取引の特定的投資：特定の取引に特有の投資が大きくなれば，他への転嫁の可能性が少なくなり，取引独自性の高い資産が形成される。このような場合には，市場における取引よりも，組織による取引が選択される。

取引コスト・パースペクティブでは，資源配分に伴う取引コストを最少化するという視点から，組織ないし組織間関係がとらえられる。資源配分という点では，資源依存パースペクティブに通じるものがあるが，資源支配の権力や資源の希少性・集中性のような観点ではなく，コストだけで判断する点で，異なっている。また，取引コスト最少化という組織有効性の視点に徹している点では，この視点のない制度化パースペクティブと対照的である。組織間関係戦略という問題については，積極的・具体的な内容の提示はないが，あえていえば，最小コスト戦略による組織間関係の選択が示唆されていることになる。

16.7　組織間関係戦略

これまでの説明に現れていた諸種の戦略を含めながら，主要な組織間関係戦略をまとめてみると，以下のようになる。

組織間関係戦略の基本は，Thompson(1967)によって確立された。それによれば，組織の環境対応は，① 自己の中核機能（基本的使命）を，環境，具体的には他の組織からの衝撃から守ることである。これが成功しないときには，② 自己の資源によって環境（他の組織）に働きかけ，自己の自主性を維持しつつ環境（他の組織）への依存性を処理する。その場合，自己の資源の限界を超えた対応が必要になったならば，③ 自己の自主性を制約・束縛して環境（他の組織）と協調する。このような3本柱を使用して，それらに肉付けすると，図16-2のような組織間関係戦略の体系になる。これらを順次説明しよう。

緩衝戦略は，消極的・受動的な組織間関係戦略である。それは，さまざまな外部衝撃吸収装置を用意することである。具体的には，次の例のようになる。

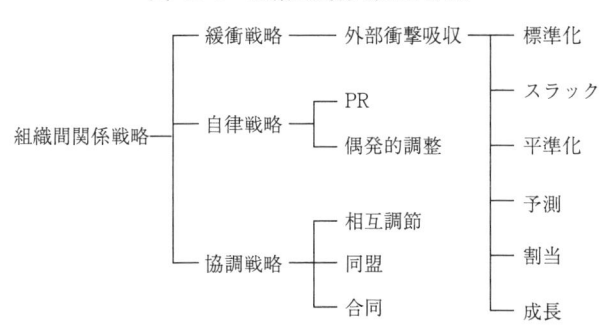

図 16-2　組織間関係戦略の体系

```
                    ┌─ 緩衝戦略 ──── 外部衝撃吸収 ┬─ 標準化
                    │                              ├─ スラック
                    │              ┌─ PR          ├─ 平準化
組織間関係戦略 ──────┼─ 自律戦略 ──┤              ├─ 予測
                    │              └─ 偶発的調整  ├─ 割当
                    │              ┌─ 相互調節    └─ 成長
                    └─ 協調戦略 ──┼─ 同盟
                                   └─ 合同
```

（1）　標準化：互換性部品の使用によって，消費者の製品耐久性に関する要望を吸収する。

（2）　スラック (slack)：在庫をもつことによって需給の波動を吸収する。

（3）　平準化：料金の割引や割増によって需給の波動を吸収し，平均化する。

（4）　予測：需要予測とそれに基づく事前手配によって消費者の供給待ち苦情を吸収する。

（5）　割当：製品割当によって供給力不足への苦情を吸収する。

（6）　成長：供給力の拡大によって市場のニーズ増大に対応し，それを吸収する。

自律戦略と協調戦略は，積極的・能動的な組織間関係戦略である。これらのうち自律戦略には，次のようなものがあるが，それらの内容の大部分は，社会的責任 (social responsibility) とされているものである。

（1）　PR (public relations)：情報を積極的に提供することによって環境（ステークホールダー）からの好意 (goodwill, 顧客の引き立て＝超過収益力という無形資産＝「のれん」)，理解，名声，信用，正当性を獲得すること。PRを広告・宣伝と混同してはならない。広告・宣伝の目的は，商品の購買を直接的に訴求することにあるが，PRは良好な組織イメージの形成と，それに基づく円滑な相互関係の形成と維持を目的としているからである。

（2）　偶発的調整：欠陥車の回収のように，問題発生に対応して，事後的・単

発的に対処することをいう。

協調戦略の内容は，次の3者である。

（1） 相互調節（mutual adjustment）：関係する諸組織の目的がなお優先する，公式化の程度の低い協調である。この例は，業界団体や企業集団の形成，交渉と契約による協調（団体交渉による労働協約に立脚した労使協調関係はこの典型）などである。

（2） 同盟（alliance）：組織の目的と別に同盟の目的が設定され，組織はそれによって限定的に制約される。カルテルは同盟の古典的類型であるが，株式の持合い，役員導入(cooptation：銀行・取引先・消費者・従業員の代表を取締役に迎えるなど)，戦略的提携（strategic alliance）のようなものも同盟である。

（3） 合同(corporateness)：部分的か全面的な組織の統合である。合弁は部分的合同の，合併は全面的合同の例である。これらについては，次節で統合化戦略として説明する。

16.8 統合化戦略

合同を目指す組織戦略を，一般に統合化戦略という。それは，既存の複数の組織を，部分的か全面的に解消して，新しい組織を形成することである。それは，前節で見たように，組織間関係戦略の最終・最高段階に位置づけられ，その意味で組織の革新である。このような統合の契機は，それによってシナジー効果が生じるとの期待である。

統合化戦略は，組織の部分的統合を意図するものと，全面的統合を意図するものに大別される。部分的統合戦略は，さらに①経営資源の部分的統合を目指すものと，②経営意思決定すなわち経営の自主性の部分的統合を意図するものに分けられる。①の例は，合弁であり，複数組織が保有する資本・技術・人間等の経営資源を部分的に統合する方式である。②の例は，自動車や家電製造業に典型的な親企業を頂点にした1次・2次等の下請け企業の集団であり，そこでは，下請け企業の意思決定の多くが，親企業に統合されている。

全面的統合の典型は，M&A（merger and acquisition）であるが，この場合には，経営資源も経営意思決定も，すべて新組織に移行することになる。全面的統合は，成功すればシナジー効果は非常に大きいが，それが実現するためには相当の時間を必要とする。特に人間の統合については，単に人事管理面（賃金・労働時間・昇進等の制度や運用）の統合だけでなく，組織文化（理念，気風，行動様式）の相違を統合し，一体感を醸成するのに，非常に多くの努力を必要とする。時にはこの点が障害となって，統合が失敗に終わることもある（第12章参照）。なお，M&Aにいうmerger（合併）は，広義には，合併全般を総称し，独立した複数の組織が完全に合体することによって新しい組織を創設することをいう。しかし，狭義のmergerは，吸収合併（買収を含む）に限定する概念であり，consolidation（新設合併）やamalgamation（合同：吸収・新設に関係なく複数組織の経営資源の一部または全部を統合すること）と区別される。acquisition（買収）は，他の組織を買収して，自己の組織に組み入れることであり，その典型は他の株式会社の株式を買い入れて，自己の支配下に置くことである。米国でM&Aという時は，二つの用語を一体として企業買収を指すのが普通である。このようなM&Aには，リストラクチャリング（事業再構築）の方法として行う戦略型，経営破綻を救済するための救済型，投機の方法として行うゲーム型などがある。

　統合戦略にはまた，統合する複数の関係組織がどのような位置関係にあるかによって，垂直的統合（vertical integration），水平的統合（horizontal integration），分岐的統合（divergent integration），輻合的統合（convergent integration），コングロマリット（conglomerate）などがある。それぞれは，次のような内容である。

（1）　垂直的統合：垂直的に異なる生産段階にある複数組織（例：製鉄と造船）が統合すること。焦点組織から見て，川上（素材）方向への統合を後進的統合（backward integration），川下（顧客，市場）方向への統合を前進的統合（forward integration）という。

（2）　水平的統合：同一生産段階にある複数組織（例：百貨店とスーパーマー

ケット）が統合すること。

（3） 分岐的統合：同一原材料・素材から複数製品が分岐して生産される場合の，関連組織が統合すること。たとえば，鉄鋼会社がこれまで鋼材のような製品を供給してきた加工会社を，吸収合併すること。

（4） 輻合的統合：多数の原材料・部品を集積して製品を生産する場合の，中心組織と関連組織が統合すること。たとえば，家電メーカーが，部品納入会社を吸収合併すること。

（5） コングロマリット：生産技術とマーケティングの双方について，全く関係のない分野の組織が統合すること。たとえば，観光，化学，造船，鉱山，通信，保険などを営む事業部門（子会社）から構成される組織である。米国には，Litton Industries や ITT のように，M&A を駆使したこの種の巨大組織が存在する。経営資源について見ると，資本面以外にシナジー効果はほとんどない。それにもかかわらず，この種の組織が出現する理由は，① 通常の合併では独占禁止法に抵触する危険がある，② 技術革新に対応する，③ 景気循環の波動を回避し，リスクを分散する，などにある。

《参考文献》

Ansoff, H. I. (1988) *The New Corporate Strategy*, John Wiley & Sons. (中村元一・黒田哲彦訳 (1992)『最新・戦略経営』産能大学出版部)
Astley, W. G. and C. J. Fombrum (1983) Collective Strategy: Social Ecology of Organizational Environments, *Academy of Management Review*, 8-4.
安積仰也 (1979)「日本の組織構造」『組織科学』12-4
Baker, A. W. and R. C. Davis (1954) *Ratios of Staff to Line Employees and Stages of Differentiation of Staff Functions*, Ohio State University.
Barnard, C. I. (1938) *The Functions of the Executive*, Harvard University Press. (山本安次郎・田杉競・飯野春樹訳 (1968)『新訳経営者の役割』ダイヤモンド社)
Belkaoui, A. R. (1995) *The Nature and Consequences of the Multidivisional Structure*, Quorum Books.
Benedict, R. (1946) *The Chrysanthemum and the Sword: Patterns of Japanese Culture*, Houghton Mifflin. (長谷川松治訳 (1967)『定訳菊と刀―日本文化の型』社会思想社)
Bennis, W. G. (1966) *Changing Organizations*, McGraw-Hill. (幸田一男訳 (1968)『組織の変革』産能大学出版部)
Briefs, G. (1934) *Betriebsführung und Betriebslehben in der Industrie*, Ferdinand Enke Verlag.
Burns, T. and G. M. Stalker (1961) *The Management of Innovation*, Tavistock.
Cartwright, S. and C. L. Cooper (1993) The Role of Culture Compatibility in Successful Organizational Marriage, *Academy of Management Executive*, 7-2.
Chandler, A. D. Jr. (1962) *Strategy and Structure*, The MIT Press. (三菱経済研究所訳 (1967)『経営戦略と組織』実業之日本社)
Coase, R. H. (1937) The Nature of the Firm, *Econometrica*, 4.
Davis, R. C. (1951) *The Fundamentals of Top Management*, Harper & Brothers. (大坪檀訳 (1963)『管理者のリーダーシップ』上・下, 日本生産性本部)
Davis, S. M. (1984) *Managing Corporate Culture*, Harper & Row. (河野豊弘・浜田幸雄訳 (1985)『企業文化の変革:「社風」をどう管理するか』ダイヤモンド社)
Davis, S. M. and P. R. Lawrence (1977) *Matrix*, Addison-Wesley. (津田達男・梅津祐良訳 (1980)『マトリックス経営』ダイヤモンド社)
Deal, T. E. and A. A. Kennedy (1982) *Corporate Cultures*, Addison-Wesley. (城山三郎訳 (1983)『シンボリック・マネジャー』新潮社)
出見世信之 (1997)『企業統治問題の経営学的研究―説明責任関係からの考察』文眞堂
DeSpelder, B. E. (1959) *Ratios of Staff to Line Personnel in the Auto Parts*

Manufacturing, Ohio State University.
Drucker, P. F. (1974) *Management*, Harper & Row.（野田一夫・村上恒夫監訳（1974）『マネジメント』上・下，ダイヤモンド社）
海老澤栄一（1992）『組織進化論』白桃書房
Egelhoff, W. G. (1990) Strategy and Structure in Multinational Corporations: A Revision of the Stopford and Wells Model, in, Sheth, J. and G. Eshghi eds. *Global Organizational Theory Perspectives*, South-Western Publishing, Co.
Evan, W. M. (1972) The Organization Set: Toward a Theory of Interorganizational Relations, in, J. D. Thompson ed., *Approaches to Organizational Design*, University of Pittsberg Press.
Fayol, H. (1916) *Administration Industrielle et Générale*, (1950) Dunod.（山本安次郎訳（1985）『産業ならびに一般の管理』ダイヤモンド社）
Florence, P. S. (1972) *The Logic of British and American Industry*, Routledge & Kegan.
藤野哲也（1997）『東南アジア日系製造業の経営課題』長崎大学東南アジア研究所
Gagliardi, P. (1990) The Creation and Change of Organizational Cultures: A Conceptual Framework, in, Tosi, H. ed., *Organizational Behavior and Management: A Contingency Approach*, PWS-Kent Publishing.
Galbraith, J. K. (1967) *The New Industrial State*, Houghton Mifflin.（石川通達・鈴木哲太郎・宮崎勇訳（1968）『新しい産業国家』河出書房）
Galbraith, J. R. (1973) *Designing Complex Organizations*, Addison-Wesley Co.（梅津祐良訳（1980）『横断組織の設計—マトリックス組織の調整機能と効果的運用』ダイヤモンド社）
Galbraith, J. R. and R. K. Kazanjian (1986) *Strategy Implementation: Structure, Systems and Process*, 2nd ed., West Publishing.
Gibson, J. L., J. M. Ivancevich, and J. H. Donnelly (1976) *Organizations: Structure, Process, and Behavior*, Business Publications.
Greiner, L. E. (1972) Evolution and Revolution as Organization Grow, *Harvard Business Review*, 50-4.（藤田昭雄訳（1979）「企業成長の"フシ"をどう乗り切るか」『ダイヤモンド・ハーバード・ビジネス』4-1）
Haire, M. ed. (1959) *Modern Organization Theory*, John Wiley & Sons.
濱口恵俊・公文俊平（1982）『日本的集団主義』有斐閣
林伸二（1997）『組織が活力を取りもどす：プロジェクトの立案から監査まで』同友館
間宏（1971）『日本的経営：集団主義の功罪』日経新書
Herzberg, F. (1966) *Work and the Nature of Man*, World Publishing.（北野利信訳（1968）『仕事と人間性』東洋経済新報社）
Hofstede, G. (1980) *Culture's Consequences*, SAGA Publications.（萬成博・安藤文

四郎監訳（1984）『経営文化の国際比較』産能大学出版部）

Holden, P. E., L. S. Fish, and H. L. Smith (1951) *Top-Management Organization and Control*, McGraw-Hill.（岸上英吉訳（1951）『トップ・マネージメント：最高経営層の組織と経営統制』ダイヤモンド社）

Hopkinson, R. A. (1970) *Corporate Organization for Pollution Control*, The Conference Board, Inc.（笠井章弘・増川重彦監訳（1971）『企業の環境管理組織』日本能率協会）

飯田史彦（1995）「企業文化とは何か：企業文化を描写する九つの概念」梅澤正・上野征洋編『企業文化論を学ぶ人のために』世界思想社，所収

影山僖一（1997）『国際経営移転論—日本企業のグローバリゼイション』税務経理協会

加護野忠男・野中郁次郎・榊原清則・奥村昭博（1983）『日米企業の経営比較』日本経済新聞社

梶原豊（1982）『実践小集団活動』マネジメント社

関西生産性本部(1981)『経営戦略と経営組織の新動向—第4回経営組織実態調査報告書』同本部

関西生産性本部（1986）『経営の新展開—第5回経営組織実態調査報告書』同本部

Kast, F. E. and J. E. Rosenzweig (1979) *Organization and Management : A Systems and Contingency Approach*, 3 rd ed., McGraw-Hill Kogakusha.

Kieser, A. und H. Kubicek (1978) *Organisationstheorien*, Verlag W. Kohlhammer.（田島壮幸監訳（1981〜82）『組織理論の諸潮流』I・II，千倉書房）

企業研究会（1989）『日本企業のグローバリゼーション』同会

Kirsch, W. und H. Meffert (1970) *Organisationstheorien und Betriebswirtschaftslehre*, Betriebswirtschaftlicher Verlag Dr. Th. Gabler.

岸田民樹（1985）『経営組織と環境適応』三嶺書房

Kluckhohn, C. K. M. and W. H. Kelly (1945) The Concept of Culture, in, R. Linton ed., *The Science of Man in the World of Crisis*.（石田英一郎訳（1952）「文化の概念」『リントン編・世界危機における人間科学』実業之日本社）

Kono, T. (1984) *Strategy and Structure of Japanese Enterprises*, Macmillan.

河野豊弘（1985）『現代の経営戦略—企業文化と戦略の統合』ダイヤモンド社

Koontz, H. (1967) *The Board of Directors and Effective Management*, McGraw-Hill.（永島敬識訳（1970）『取締役会』東洋経済新報社）

Lawrence, P. R. and J. W. Lorsch (1967) *Organization and Environment : Managing Differentiation and Integration*, Harvard University.（吉田博訳（1977）『組織の条件適応理論』産能大学出版部）

Likert, R. (1967) *The Human Organization : Its Management and Value*, McGraw-Hill.（三隅二不二訳（1968）『組織の行動科学』ダイヤモンド社）

March, J. G. and H. A. Simon (1958) *Organizations*, John Wiley & Sons.（土屋守

章訳（1977）『オーガニゼーションズ』ダイヤモンド社）

Maslow, A. H. (1954) *Motivation and Personality*, Harper & Row.（小口忠彦訳（1971）『人間性の心理学』産能大学出版部）

Maxcy, G. and A. Silberston (1959) *The Motor Industry*, George Allen & Unwin.（今野源八郎・吉永芳史訳（1965）『自動車工業論』東洋経済新報社）

McGregor, D. (1960) *The Human Side of Enterprise*, McGraw-Hill.（高橋達男訳（1966）『企業の人間的側面』産能大学出版部）

Miller, D. W. and M. K. Starr (1967) *The Structure of Human Decisions*, Prentice-Hall.（徳永豊・稲川和男訳（1975）『意思決定の構造』同文舘）

Mintzberg, H. (1983) *Structure in Firmes : Designing Effective Organizations*, Prentice-Hall.

森本三男（1970）『経営組織論－課題と展開』森山書店

森本三男（1975）『経営組織論－系譜と基本問題』丸善

森本三男（1978）『経営学の原理』中央経済社

森本三男（1991）『経営組織論』改訂版，日本放送出版協会

森本三男（1994）『企業社会責任の経営学的研究』白桃書房

森本三男（1995）『経営学入門』3訂版，同文舘

森本三男（1995）『経営学』放送大学教育振興会

森本三男編（1985）『経営組織』中央経済社

長町三生（1973）『職務充実の設計』ダイヤモンド社

長町三生（1975）『職務設計の理論と実際』日本能率協会

中根千枝（1967）『タテ社会の人間関係：単一社会の理論』講談社

Nicklisch, H. (1920) *Der Weg aufwärts! Organisation*, Carl Ernst Poeschel.（鈴木辰治訳（1975）『組織―向上への道』未来社）

日本経営者団体連盟広報部編（1995）『本社改革事例集』同広報部

小田切宏之（1992）『日本の企業戦略と組織』東洋経済新報社

小野洋祐（1994）『超本社：企業のブラックボックス「本社」をリストラせよ』ダイヤモンド社

O'Shaughnessy, J. (1977) *Business Organization*, George Allen & Unwin LTD.

Ouchi, W. G. (1981) *Theory Z*, Addison-Wesley.（徳山二郎訳（1981）『セオリー Z』CBSソニー出版）

Penrose, E. T. (1959, 1980) *The Theory of the Growth of the Firm*, Basil Blackwell.（末松玄六訳（1980）『会社成長の理論』第2版，ダイヤモンド社）

Pfeffer, J. and G. R. Salancik (1978) *The External Control of Organizations : A Resource Dependence Perspective*, Harper & Row.

Porter, L. W. and E. E. Lawler (1968) *Managerial Attitudes and Performance*,

Irwin-Dorsey.
Porter, L. W., E. E. Lawler, and J. R. Hackman (1975) *Behavior in Organizations*, McGraw-Hill.
Price, J. L. (1968) *Organizational Effectiveness : An Inventory of Propositions*, Richard D. Irwin. (森本三男訳 (1970)『組織効率』産能大学出版部)
Pugh, D. S. (1971) *Organization Theory : Selected Readings*, Penguin Education.
Pugh, D. S. and D. J. Hickson (1976) *Organization Structure in its Context*, Saxon House.
Pugh, D. S. and C. R. Hinings (1976, 1985) *Organizational Structure : Extensions and Replications*, The Aston Programme, Gower.
Quinn, R. E. and R. H. Hall eds. (1983) *Organization Theory and Public Policy*, Sage Publications.
Roethlisberger, F. J. and W. J. Dickson (1939) *Management and the Worker*, Harvard University Press, (1967) John Wiley & Sons.
Rumelt, R. (1974) *Strategy, Structure and Economic Performance*, Harvard University Press. (鳥羽欽一郎・山田正喜子・川辺信雄訳 (1977)『多角化戦略と経済成果』東洋経済新報社)
斎藤弘行 (1990)『経営組織論：文化性の視点から』中央経済社
坂本恒夫・佐久間信夫編著 (1998)『企業集団支配とコーポレート・ガバナンス』文眞堂
Salter, M. (1970) Stages of Corporate Development, *Journal of Business Policy*, 1.
佐々木弘編著 (1997)『環境調和型企業経営』文眞堂
Scott, B. R. (1971) *Stages of Corporate Development*, Harvard Business School Case, 9-371-294, BP 998.
Scott, B. R. (1973) The Industrial State : Old Myths and New Realities, *Harvard Business Review*, 51, March-April.
Scott, W. G. (1961) Organization Theory : An Overview and an Appraisal, *Journal of the Academy of Management*, 4-1.
Scott, W. R. (1981) *Organization : Rational, Natural, and Open Systems*, Prentice-Hall.
史世民 (1992)『企業の現場組織と技術』中央経済社
柴川林也編著 (1997)『企業行動の国際比較』中央経済社
島田達巳 (1991)『情報技術と経営組織』日科技連出版社
下谷政弘 (1996)『持株会社解禁：独禁法第9条と日本経済』中公新書
Simon, H. A. (1976) *Administrative Behavior*, 3rd ed., The Free Press. (松田武彦・高柳暁・二村敏子訳 (1989)『経営行動』ダイヤモンド社)
Simon, H. A. (1977) *The New Science of Management Decision*, Revised ed.,

Prentice-Hall.（稲葉元吉・倉井武夫訳（1979）『意思決定の科学』産能大学出版部）
Stopford, J. M. (1968) *Growth and Organizational Change in the Multi-National Field*, Ph. D. diss., Harvard Business School.
Stopford, J. M. and L. T. Wells, Jr. (1972) *Managing the Multinational Enterprise*, Basic Books.（山崎清訳（1976）『多国籍企業の組織と所有政策』ダイヤモンド社）
高橋伸夫（1989）『組織活性化の測定と実際』日本生産性本部
高橋伸夫（1995）『経営の再生』有斐閣
高橋伸夫（1997）『日本企業の意思決定原理』東京大学出版会
高橋伸夫編著（1997）『組織文化の経営学』中央経済社
高橋俊夫編著（1995）『コーポレート・ガバナンス―日本とドイツの企業システム』中央経済社
高橋俊夫・大西健夫編著（1997）『ドイツの企業』早稲田大学出版部
Taylor, F. W. (1964) *Scientific Management*, Harper International Student Reprint, Harper & Row and John Weatherhill.（Taylorの著書類を収録してある。内容的に本書に相当する翻訳に次のものがある。）（上野陽一訳編（1969）『科学的管理法』産能大学出版部）
Thompson, J. D. (1967) *Organizations in Action*, McGraw-Hill.（高宮晋監訳（1987）『オーガニゼーション・イン・アクション』同文舘）
Torgersen, P. E. (1969) *A Concept of Organization*, American Book.（岡田和秀・高沢十四久訳（1973）『C. I. バーナードの組織概念』白桃書房）
通商産業省産業政策局（1995）『企業組織の新潮流―急がれる持株会社規制の見直し』通商産業調査会出版部
上田利男（1980）『生産性と小集団活動』日本生産性本部
上田泰（1997）『個人と集団の意思決定―人間の情報処理と判断ヒューリスティックス』文眞堂
Vroom, V. H. (1964) *Work and Motivation*, John Wiley & Sons.（坂下昭宣訳（1982）『仕事とモティベーション』千倉書房）
Weber, M. (1922) Bürokratie, im, *Wirtschaft und Gesellschaft*, Mohr.（阿閉吉男・脇圭平訳（1958）『官僚制』角川文庫）
Weick, K. E. (1979) *The Social Psychology of Organizing*, 2nd ed., Addison-Wesley.（遠田雄志（1997）『組織化の社会心理学』文眞堂）
Whyte, W. F. (1948) *Human Relations in the Restaurant Industry*, McGraw-Hill.
Williamson, O. (1975) *Markets and Hierarchies*, Free Press.（浅沼萬里・岩崎晃訳（1980）『市場と企業組織』日本評論社）
Woodward, J. (1965) *Industrial Organization : Theory and Practice*, Oxford University Press.（矢島欽次・中村寿雄訳（1970）『新しい企業組織』日本能率協会）
山倉健嗣（1993）『組織間関係―企業間ネットワークの変革にむけて』有斐閣

参考文献　275

安室憲一（1982）『国際経営行動論』森山書店
安室憲一（1996）『日本の多国籍企業における環境管理・監査システムに関する実態調査報告』神戸商科大学経済研究所
安室憲一（1997）『現場イズムの海外経営―日本企業・13のケーススタディ』白桃書房
吉田修　（1985）『西ドイツ労働の人間化』森山書店
吉田修　（1994）『ドイツ企業体制論』森山書店
吉原英樹・佐久間昭光・伊丹敬之・加護野忠男（1981）『日本企業の多角化戦略』日本経済新聞社
Zaltman, G., R. Dancan, and J. Holbek (1973) *Innovations and Organizations*, John Wiley & Sons.
Zammuto, R. F. (1982) *Assessing Organizational Effectiveness*, State University of New York Press.

【雑誌】
ダイヤモンド社『ダイヤモンド・ハーバード・ビジネス』1991年10・11月号。「小さな世界本社を実現する経営機能の現地化」
企業研究会『*Business Research*』812，1992年2月号。特集「地域統括会社の現状と課題：現地総括責任者の生の声」

【補遺】
安藤史江（2001）『組織学習と組織内地図』白桃書房
Demb, A. and F. Neubauer (1992) *The Corporate Board : Confronting the Paradoxes*, Oxford University Press.
Elger, T. and C. Smith, eds. (1994) *Global Japanization? : The Transnational Transformation of the Labour Process*, Routledge.
伊丹敬之（2000）『日本型コーポレートガバナンス』日本経済新聞社
Kenney, M. and R. Florida (1993) *Beyond Mass Production : The Japanese System and Its Transfer to the U. S.*, Oxford University Press.
桑島健一・高橋伸夫（2001）『組織と意思決定』朝倉書店
Milgrom, P. and J. Roberts (1992) *Economics, Organizatons and Management*, Prentice-Hall. 奥野正寛他訳（1997）『組織の経済学』NTT出版
Peters, T. J. and R. H. Waterman (1982) *In Search of Excellence*, Harper & Row. 大前研一訳（1983）『エクセレント・カンパニー』講談社
島田克美（1998）『企業間システム：日米欧の戦略と構造』日本経済評論社
Schein, E. H. (1985) *Organizational Culture and Leadership*, Jossey-Bass. 清水紀彦・浜田幸雄訳（1989）『組織文化とリーダーシップ：リーダーは文化をどう変革するか』ダイヤモンド社
Sheldrake, J. (1996) *Management Theory : From Taylorism to Japanization*, International Thomson Publishing. 齋藤毅憲他訳（2000）『経営管理論の時代』文眞堂

事項索引

あ 行

ISO 14000　254
ITT　268
IBM　208, 209
アウトソーシング戦略　259
アストン研究　50, 219
アソシエーテッド・カンパニー制　82
Appleton　104
American Can　108
安全の欲求　160
委員会制度　70
イエ　80
Eastman Kodak　208
意思決定　11, 13, 23, 138, 163, 194, 246
　——環境　140
　——技術　142
　——参加　161, 170, 179
　——におけるグレシャムの法則　234
一体感　12, 153
EDP　143
一般的問題解決法　143
International Paper　104
Weyerhaeuser　104
ALCOA (Aluminum Co. of America)　106
影響力　70, 219
衛生要因　174
Aタイプ　208
HP=Hewlett-Packard　208
SIS　151
SBU　75
NEC（株）　255
荏原（株）　255
M&A　205, 242, 267
OR　143, 144
OA　149
大阪商船　38
OJT　81
オープン・システム　16, 25
鬼火モデル　46

か 行

課　36, 79, 181, 184
カーネギー学派　22
会計的利益率法　145
下位システム　25, 33
回収期間法　145
開示　189, 234
階層化　55, 168, 179
階層間葛藤　164
外的報酬　161
外部環境　191
外部経済性　191
外部構成員　43
外部社会性　192
外部取締役　224, 225, 234
外面的平衡　22
下位目標　166
カウンセリング　165
花王（株）　91
科学的管理　18, 57, 66
科学的知　195
課業　7, 20, 50, 54, 171, 180
　——環境　26
　——・達成型　202
学習曲線　34
革新　159, 223, 235, 237
拡張型合併　202, 205
隔離　203
課制廃止　181
過大管理範囲　56
価値前提　140
葛藤　11, 81, 163, 224
　——最小化　165
　——最適化　165
活力　152
鐘紡（株）　91
家父長　80
（株）川崎製鉄　91
川下統合　97
環境汚染問題　245
環境管理　244, 245, 254, 255, 256
　——組織　250
環境主体　6, 257
環境適応　13, 31, 95
監査委員会　231
監査役　234

事項索引

――会　235
緩衝戦略　264
関西電力（株）　249
間接部門　44, 69
完全官僚制　211
カンパニー制　82, 87, 90
管理科学　141
管理過程論　18, 57, 60, 70
管理原則　19
管理組織　36
管理範囲　35, 55, 65, 75, 84
　――の原則　55, 87
官僚制　18, 80, 168, 179, 211
　――組織論　28
管理論　18
関連事業　100
　――・集約型　100
　――・連動型　101
関連多角化　106
関連率　101
機械化原理　171
機械的システム　26, 80, 180, 220
企画　127
帰還　11
希求水準　23, 145, 166
企業戦略　75, 96
企業的リーダーシップ　160
企業統治　223, 231
企業風土　193
企業文化　193, 197
疑似事業部制　82, 90
疑似的分社制　86
記述的意思決定論　141, 143
技術的組織　21
記述的理論　16
期待　161
　――理論　160, 161, 163
キッコーマン（株）　91
機能　71, 168
機能式　64, 66, 120
　――職長制度　66
　――組織　66
機能人仮説　20, 155
機能別戦略　96
規範的意思決定技術　144

規範的意思決定論　141, 145
規範的同型化　262
規範的理論　16
忌避宣言権　74
規模　31, 32, 168, 179
　――の限界　33
基本形態　50, 64
逆機能　18, 168
客観的測定　207
客観的合理性　140
客観的測定法　51
キャノン（株）　216, 255
給与・賞与委員会　231
強制的同型化　262
共生　260
競争戦略　75, 96, 240
協調戦略　258, 265
共通目的　7
協動　3
共同決定　235
協動システム　3, 79, 194
協同戦略　260
　――パースペクティブ　257, 260
共同体論　19
協動目的　3
業務官僚制　211
業務的意思決定　178
業務分掌規程　79
協力型合併　202, 205
行列形態　64
極大化　23
　――原理　140
局部的合理性　166
勤労意欲　173
（株）クボタ　249, 255
グリッド構造　116, 125
グループカンパニー　84
クローズド・システム　16, 25, 27
グローバル構造　115, 119, 121
グローバル戦略　128
グローバル組織　125
経営　2, 5, 25
　――委員会　233
　――科学的組織論　19
　――家族主義　195

――管理システム　104
――機能　5, 15, 69, 223
――協議会　236
――経済学　18, 31
――経済学的組織論　19
――構造　224
――行動　95
――執行委員会　230, 233
――成果　11
――戦略　95, 153, 242
――組織　6, 8, 10, 21, 25, 68
――組織法　236
――体　5, 15
――体制法　236
――風土　104, 193
――福祉主義　195
――文化　104, 193
――目的　7, 95, 140, 187
――目標　7, 140, 188
――理念　7, 122, 133, 140, 188, 195
経営者　5, 13, 38, 54, 68, 73, 98, 154, 159, 222, 246, 251
――組織　223, 234
――リーダーシップ　159
経営人仮説　20, 22, 140
計画スタッフ　70
経験曲線　34
経済性　191
経済的機能　21
形態特性　51
決定前提　140
権威　59, 155
現業子会社　121
現業単位　97
権限　11, 52, 64, 70, 81, 154
――受容説　155
――上位説　155
現在価値法　145
現代的組織論　22, 60
現地主義　112, 131
限定された合理性　23, 141, 263
検討活動　139
権力　52, 70, 154, 209
――型　202
貢献　3, 25

――意欲　7, 152, 157
剛構造　26, 180
公式化　51, 214, 219
公式組織　21, 24, 209
恒常的組織　92
公称目標　188
交渉　164
後進の統合　97, 267
公正の基準　24
構造　97
――均衡モデル　42
構造化　168, 179
硬直化　169, 179, 240
行動科学　138
――的組織論　22, 24, 28
合同　266
購買シナジー　106
(株)神戸製鋼所　91
合法性　155
合理的モデル　24, 27
コーポレート・ガバナンス　223
子会社　107
5局面成長モデル　38
国外売上高比率　117
国外生産比率　117
国外製品多様性　117
国際化　111
――戦略　112
国際事業部　114, 117, 123
国際比較　206, 217
個人人格　4, 8
個人的意思決定　138
個人的葛藤　163
個人目的　2, 157
古典的組織論　17, 28, 155, 168
コミュニケーション　6
コングロマリット　267
混合型グローバル構造　120, 122
混合基本形態　64
混合構造　117
Container Corporation　104
コンティンジェンシー理論　16
コンピュータ・シュミレーション　143

さ　行

サービス・スタッフ　69

事項索引 279

サービス機能　69
サービス部門　69
サイクル・タイム　171
再設計型合併　203, 205
最適化　23
　——原理　140
細胞分裂　38
　——モデル　35, 98
財務委員会　231
作業疎外　169
作業組織　36
サブ・システム　25
㈱三和銀行　91
CI　7, 22
CEO　231, 234
COO　231, 234
Z(ジー)タイプ　208
Jタイプ　208
資格　186
　——制度　186
自我の欲求　160
事業グループ　125
　——制　75
事業戦略　75, 96
事業統括会社　125
事業部　73, 82, 87, 123
　——制　73, 78, 82, 86
事業本部　75, 123, 125
　——制　87
事業持株会社　90
次元　50
資源依存パースペクティブ　257
時限的組織　92
　——単位　70
自己完結的権限構造　148
自己啓発　174
自己実現欲求　160
自己組織性　167
自己統制　173, 185
事後報告　57
事実前提　140
システム　24, 28
　——・モデル　190
　——的接近　17, 24
㈱資生堂　91

事前許諾　57
自然的モデル　27
実行目標　188
執行役　234
シナジー　25, 139, 158
　——効果　52, 163, 266
社会人仮説　20, 22
社会性　191
社会的機能　21
社会的均衡　22
社会的システム　21, 42
社会的組織　21
社会的欲求　160
借用　112, 133, 201
社長　232
社内資本金　84
　——制度　82
社内分社　87
　——制　82, 86, 90
社風　104
　——管理　197
シャープ㈱　91
従業員代表制　170, 179
従業員持株制　170
従業者疎外　169
集権　64, 70
　——化　51, 219
　——的形態　64
　——的構造　78
　——的組織　72
収斂論　212, 215
柔構造　26, 70, 180
重心　104
集積型　260
集団主義　175, 194
集中処理型　149
シュープラ・システム　25
主観的合理性　23, 141
主観的測定法　51
主観的特性　207
縮小戦略　108
種子　223
取得型コングロマリット　101
ジュニア・ボード　179
シュミレーション　151

主力事業　100
　──・集約型　100
　──・垂直統合型　100
　──・無関連型　100
　──・連動型　100
準解決　23, 166
純粋直系式　65
純粋持株会社　87, 90, 121
順応　112, 201
上位システム　25
上級権限の仮構　156
状況理論　16, 26, 149
小集団　175
　──活動　170, 175, 178
商船三井（株）　38
象徴的経営者　200
焦点システム　25
情報　9, 53, 139, 144
　──活動　139
　──技術　148
　──システム　29, 56, 143, 148, 151, 230
　──プロセッシング・アプローチ　29, 148
常務会　232
職位　52, 62, 79
　──主義組織　52, 62, 79
　──の権限　156
職制　79, 81
職能　171
職能部門制　52, 65, 66, 72, 78, 97, 101, 121, 150, 237
職能別部門制　93, 114
職能別部門組織　52
職場疎外　169
職務　52, 79
　──拡充　150, 173
　──拡大　170
　──権限規程　57
　──権限の原則　52, 54, 64
　──充実　173
　──遂行能力　186
　──設計　171
　──ローテーション　173
所有参加　170
所有物疎外　169

所要情報量削減戦略　148
自律化戦略　258
自律戦略　265
新古典的組織論　20
人事官僚制　211
心情　20
真の分社制　86
神話知　195
垂直的統合　267
垂直統合戦略　97, 104
垂直統合度　106
垂直率　101
水平的統合　267
スタッフ　67
ステークホルダー　6, 257
ストック・オプション委員会　231
スペシャル・スタッフ　69
住友商事（株）　91
制裁　155
生産技術　26, 33, 44
生産シナジー　106
政治戦略　258
製造物責任　242
正当性　155, 261
制度化　261
　──パースペクティブ　257, 264
制度的・企業者的リーダーシップ　159
製品市場戦略　75, 96
製品多様性　128
製品別グローバル構造　128
製品別事業部制　73
　──型グローバル構造　120, 125
製品別部門組織　52
生物モデル　35, 38
制約　2
生理的欲求　160
制度化パースペクティブ　257, 261
世界企業　111
世界規模製品別事業部制　115, 117, 119
世界本社　121, 128
　──制　122, 125, 128
責任　53, 60, 81, 174
セクショナリズム　181
設計活動　139, 140
接合型　260

事項索引　281

説明義務　53
ゼネラル・スタッフ　69, 73
Xerox　208
前進的統合　97, 267
選択活動　139
全知的合理性　140
全知的人間　140, 141
専門化　51, 64, 168, 212
　――企業　120
　――の原則　51, 58
　――率　101
専門職　150, 186
　――制度　186
戦略　3, 34, 95, 246
　――情報システム　230
　――的意思決定　223, 235
　――的要因　95
総合本社　97, 121
相互調節　266
創造的破壊　224
総務部　54
疎外　14, 169, 205
促進的補助活動　68
組織　2, 3, 140, 168, 263
　――影響力　23, 154
　――開発　28, 208
　――学習　31, 33, 47
　――革命　76
　――活性化　152, 157
　――間葛藤　164
　――間関係　257, 261
　――間関係戦略　239, 257, 264, 266
　――規模　31
　――均衡　9
　――経済　9
　――形態　11, 50, 62, 63, 78
　――原則　51, 59
　――構造　11, 42, 50, 64, 78, 111, 143
　――行動　25, 138
　――充足性　6, 8, 10, 190
　――人格　4, 8, 79, 138, 156
　――図　50, 62, 63
　――成果　11, 25
　――成長　13, 31, 42
　――成長モデル　31

　――セット　259
　――セット・パースペクティブ　257, 259
　――戦略　51, 60, 237, 266
　――単位　62, 75
　――的意思決定　138
　――的葛藤　164
　――特性　206, 214
　――の国際比較　51
　――の3要素　6
　――風土　138, 193
　――文化　138, 192, 200
　――変革論　28
　――変容モデル　42
　――目的　23, 61, 99, 187
　――目標　193
　――有効性　6, 8, 10, 187, 190, 192, 196, 217
　――論的経営経済学　19
ソニー（株）　82, 86, 91, 122

た　行

第1次OA　149
（株）ダイエー　86
対境担当者　259
対決　163, 165
対人指揮権　53
対人関係　53
大成建設（株）　91
代替案　23, 139, 142
第2次OA　149
対物処理権　53
対面的・小集団的リーダーシップ　158
多角化　106, 216
　――戦略　96, 101, 106
　――率　120
武田薬品工業（株）　86
多国籍企業　111, 209, 254
タスク・フォース　71
多目標　7
　――化　189
単位組織　35, 79, 150
単一事業　99
単一目標　7
単純協業　51, 65
弾力化　181

地域統括会社　122, 125, 128, 1, 30
地域別事業部制　115, 117, 119, 121, 128
　――型グローバル構造　120
地域本社　125, 127, 130
　――制　122, 128
地球環境問題　245, 250, 254
中間多角化　106
中枢機能　222
中枢組織　111, 222, 235
忠誠心　12, 153, 157
中範囲理論　16, 26
中部電力(株)　253
超国籍企業　111
調整付加資源　148
直接部門　44, 68
直系機能式組織　67
直系式　65
地理的分散戦略　97
提案制度　170
DSS　151
定型的意思決定　142, 149, 234
定型的事項　54
定常状態　42
ディビジョンカンパニー　84
適応的探求法　142
適正管理範囲　56, 60
テクノストラクチュア　222
撤退戦略　108
伝達　7, 9, 24, 53, 56, 140
　――システム　11, 50, 156
伝統主義　51
伝統的組織論　17
同化　112, 133, 201, 203, 204, 205
動学的分析　4
統括会社　122
動機づけ　160, 174
　――衛生理論　174
　――要因　174
東京電力(株)　252
道具性　162
統合　167, 203, 205
　――化戦略　266
　――戦略　267
同時化　171
(株)東芝　122, 123, 125, 127, 130, 131

Toshiba America Inc. (TAC)　126
統制スタッフ　70
投入　148
　――・産出システム　25
同盟　266
　――型　260
特殊化　51
ドメイン　96
豊田工機(株)　91
トヨタ自動車(株)　91, 216, 250
取締役会　70, 224
取引コスト　262
　――・パースペクティブ　257, 262

な　行

内的報酬　161
内部環境　191
内部経済制　191
内部構成員　43
内部社会性　192
内部取締役　224, 231, 233
内部利益率法　145
内面の均衡　22
ナショナル・ゴーベル社　134
2層式システム　235
日揮(株)　91
日産自動車(株)　122, 128
日産リサーチ＆ディベロップメント会社　128
日清製粉(株)　91
日本型経営　112, 131
日本ユニシス(株)　91
人間関係　21, 80
　――管理　160, 170
　――論　20, 40, 170, 191
人間化　14
人間性疎外　18, 150, 169
人間組織　21
根回し　81, 143, 167, 220
年功　80
　――序列　81, 186
年俸制　186
能率の基準　23
能率の論理　21
乗り換え　112, 201, 203, 205
暖簾　41

事項索引　283

は　行

パイオニア㈱　91
倍数の原理　33, 46
パラダイム　27
パワー集中度　219
パワー総量　219
販売シナジー　106
P&G (Procter and Gamble)　104, 106, 208
PR　126, 265
非公式官僚制　211
非公式組織　21, 156
㈱日立製作所　91, 216, 255
日立造船㈱　86
非定型的意思決定　142, 151, 234
非定型的事項　54
人・支援型　202
人の専門化　52
ヒューリスティック　143
標準化　50, 54, 80, 168, 265
費用の論理　21
フィードバック　25, 143
フォルクス・ワーゲン（VW）　33
不確実性　145, 159, 209, 263
不完全マトリックス組織　92
複合組織　35
複合的意思決定　139
輻合的統合　267
副産物多角化　106
部分的統合戦略　266
部分的無知　22, 142, 145
普遍理論　16, 207, 216
部門　11, 50, 52, 62, 81
　──間葛藤　164
　──組織　78
　──主義組織　52, 54, 62, 80, 246
　──主義組織形態　62
　──の専門化　52
　──別事業会社制　82
　──別直系式　65
ブランド・マネジャー　106
振替価格　74
プレジデント　84
プロジェクト組織　181
プロジェクト・チーム　70, 90, 181

プロジェクト・マネジャー　71, 92
文化　194
　──監査　205
　──的リスク　197
　──変容　112, 201, 203
　──論的接近　208, 212
分岐的統合　267
分権　64, 70
　──化　19, 39, 56
　──的形態　64
　──的構造　78
　──的組織形態　73
分散処理型　149
分社　86
　──制　86, 90
分析的過程　164
米国型経営　112
平方・立方の原理　42
変容モデル　38, 98
法務　127, 186, 242
ホーソン実験　20
補完的要因　95
補強形態　64
北米日産会社　128
母国主義　112, 131
母国総合本社　121
本社　39, 86, 97
　──組織　237, 239, 241
本田技研工業㈱　91
本部　97
　──制　84

ま　行

マキシマックス原理　146
マキシミン原理　146
McDonald　208
マシン・システム　15
松下エレクトリック社　134
松下電器産業（株）　86, 134, 216, 255
マトリックス構造　117
マトリックス組織　75, 92, 116
マネジメント・サイクル　18, 70
マネジメント・スタッフ　69
満足化　23
　──原理　142, 166
マン・マシン・システム　15, 144

ミズノ(株)　91
三菱化学(株)　86
三菱重工業(株)　91, 255
三菱商事(株)　91
ミニマックス原理　146
未利用経営資源　46, 47
無関連事業　101
　──・消極型　101
無関連多角化　107
無差別圏　156
(株)村田製作所　91
命令　155
　────一元性　19, 56
　────一元性の原則　19, 56, 64, 65
目標アプローチ　187
目標管理　161
　──制度　185
目標による管理　170
目標モデル　187, 192
持株会社　88, 101, 126, 239
模倣的同型化　262
モラール　41, 153
モンタン共同決定法　235

や 行

役付取締役　232
役割型　202
ヤマト運輸(株)　91
誘意性　162
誘因　8, 12, 139, 161
有機型　260

有機的システム　26, 80, 149, 181
Union-Camp　107
ゆらぎ　167
要請　223
欲求理論　160

ら 行

ライン　67, 70
　──・アンド・スタッフ組織　72
　──・スタッフ間葛藤　164
楽観係数　147
ラプラス原理　147
リーダーシップ　81, 157, 224
　──・スタイル　158, 163
利益責任　73, 84
利益単位　82
利害者集団　257
利潤分配制　170
Litton Industries　268
量的拡大戦略　97
稟議　80
例外事項　54, 57, 246, 247
例外の原則　54, 57, 246
列形態　64, 115
連合体　80
連帯責任　80
労資同権　235, 237
労働時間短縮　161, 170
労働生産性　172
和　81

人名索引

Abegglen, J. C. 195
Allen, S. A. III 240
安藤文四郎 270
Ansoff, H. I. 144, 189, 190, 269
浅沼萬里 274
Astley, W. G. 260, 269
阿閉吉男 274
安積仰也 212, 213, 214, 220, 269
Baker, A. W. 44, 269
Barnard, C. I. 4, 6, 19, 20, 35, 155, 157, 187, 269
Belkaoui, A. R. 269
Benedict, R. 195, 269
Bennis, W. G. 269
Briefs, G. 169, 269
Burns, T. 180, 269
Cartwright, S. 201, 203, 204, 269
Chandler, A. D. Jr. 96, 98, 99, 108, 112, 113, 216, 244, 246, 269
Coase, R. H. 262, 269
Cooper, C. L. 201, 203, 204, 269
Davis, R. C. 44, 55, 269
Davis, S. M. 76, 92, 93, 197, 198, 199, 200, 269
Deal, T. E. 199, 200, 269
出見世信之 269
DeSpelder, B. E. 44, 46, 269
Dickson, W. J. 21, 273
Donnelly, J. H. 270
Drucker, P. F. 7, 270
海老澤栄一 270
Egelhoff, W. G. 117, 118, 119, 270
遠田雄志 274
Evan, W. M. 259, 270
Fayol, H. 18, 57, 270
Fish, L. S. 271
Florence, P. S. 33, 46, 270
Fombrum, C. J. 260, 269
藤野哲也 270
藤田昭雄 270
二村敏子 273
Gagliardi, P. 194, 195, 196, 200, 270
Galbraith, J. K. 222, 270

Galbraith, J. R. 75, 99, 104, 105, 106, 107, 108, 109, 110, 116, 148, 240, 270
Gibson, J. L. 190, 270
Greiner, L. E. 38, 39, 40, 270
Hackman, J. R. 273
Haire, M. 32, 42, 43, 270
Hall, R. H. 29, 30, 273
浜田幸雄 269
濱口恵俊 195, 270
長谷川松治 269
林伸二 91, 270
間宏 195, 270
Herzberg, F. 174, 270
Hickson, D. J. 273
Hinings, C. R. 50, 273
Hofstede, G. 209, 210, 211, 212, 270
Holden, P. E. 229, 271
Hopkinson, R. A. 246, 271
飯田史彦 193, 195, 271
飯野春樹 269
稲葉元吉 273
稲川和男 272
石田英一郎 271
石川通達 270
伊丹敬之 275
Ivancevich, J. M. 270
岩崎晃 274
影山僖一 271
加護野忠男 218, 220, 271, 275
梶原豊 177, 178, 271
笠井章弘 271
Kast, F. E. 154, 271
Kazanjian, R. K. 75, 99, 104, 105, 106, 107, 108, 109, 110, 116, 240, 271
Kelly, W. H. 271
Kennedy, A. A. 199, 200, 269
Kieser, A. 17, 271
Kirsch, W. 28, 271
岸田民樹 271
岸上英吉 271
北野利信 270
Kluckhohn, C. K. M. 271
幸田一男 269

今野源八郎　272
河野豊弘（Kono, T.）　133, 134, 215, 216, 217, 229, 238, 269, 271
Koontz, H.　230, 271
Kubicek, H.　17, 271
公文俊平　270
倉井武夫　273
黒田哲彦　269
Lawler, E. E.　161, 162, 272, 273
Lawrence, P. R.　26, 76, 92, 93, 269, 271
Likert, R.　158, 271
Lorsch, J. W.　26, 240, 271
萬成博　270
March, J. G.　164, 166, 271
Maslow, A. H.　160, 272
増川重彦　271
松田武彦　273
Maxcy, G.　33, 46, 272
McGregor, D.　272
Meffert, H.　28, 271
Miller, D. W.　145, 272
Minzberg, H.　69, 272
三隅二不二　271
宮崎勇　270
森本三男　29, 60, 272, 273
村上恒夫　270
長町三生　172, 272
永島敬識　271
中村元一　269
中村寿雄　274
中根千枝　195, 272
Nicklisch, H.　19, 20, 272
野田一夫　270
野中郁次郎　271
小田切宏之　272
岡田和秀　274
小口忠彦　272
奥村昭博　271
大西健夫　274
小野洋祐　240, 272
大坪檀　269
O'Shaughnessy, J.　17, 272
Ouchi, W. G.　207, 208, 211, 272
Penrose, E. T.　46, 272
Pfeffer, J.　257, 272

Porter, L. W.　161, 162, 166, 272, 273
Price, J. L.　273
Pugh, D. S.　50, 273
Quinn, R. E.　29, 30, 273
Roethlisberger, F. J.　21, 273
Rosenzweig, J. E.　154, 271
Rumelt, R.　100, 101, 102, 103, 106, 273
斎藤弘行　273
榊原清則　271
坂本恒夫　273
坂下昭宣　274
佐久間昭光　275
佐久間信夫　273
Salancik, G. R.　257, 272
Salter, M.　99, 273
佐々木弘　273
Schumpeter, J. A.　223
Scott, B. R.　99, 101, 103, 273
Scott, W. G.　17, 273
Scott, W. R.　17, 27, 273
澁澤榮一　7
城山三郎　269
史世民　273
柴川林也　273
Silberston, A.　33, 46, 272
島田達巳　273
下谷政弘　273
Simon, H. A,　13, 22, 58, 59, 60, 139, 142, 164, 166, 271, 273
Smith, H. L.　271
Stalker, G. M.　180, 269
Starr, M. K.　145, 272
Stevens, O. J.　211
Stopford, J. M.　112, 113, 114, 116, 117, 119, 274
末松玄六　272
鈴木辰治　272
鈴木哲太郎　270
田島壮幸　271
高沢十四久　274
高橋伸夫　274
高橋達男　272
高橋俊夫　274
高宮晋　274
高柳暁　273

田杉競　269
Taylor, F. W.　18, 66, 171, 246, 274
Thompson, J. D.　257, 264, 274
徳永豊　272
徳山二郎　272
Torgersen, P. E.　9, 274
土屋守章　271
津田達男　269
上田利男　274
上田泰　274
上野征洋　271
上野陽一　274
梅澤正　271
梅津祐良　269, 270
Vroom, V. H.　161, 274
脇圭平　274
Weber, M.　18, 168, 274
Weick, K. E.　274

Weidenbaum, M.　228
Wells, L. T. Jr.　112, 113, 114, 116, 117, 119, 274
Whyte, W. F.　40, 42, 274
Williamson, O.　262, 274
Woodward, J.　26, 274
矢島欽次　274
山倉健嗣　257, 274
山本安次郎　269, 270
山崎清　274
安室憲一　254, 274, 275
吉田博　271
吉田修　275
吉原英樹　275
吉永芳史　272
Zaltman, G.　224, 275
Zammuto, R. F.　275

〈著者略歴〉

森 本 三 男（もりもと　みつお）

1930 年	旧関東州（現中国東北）旅順市に生まれる。
1953 年	山口大学経済学部経営学科卒業
1955 年	一橋大学大学院商学研究科修士課程修了
主要経歴	横浜市立大学商学部教授
	青山学院大学国際政治経済学部教授
	白鷗大学経営学部教授
	放送大学客員教授
	日本学術会議（第 16・17・18 期）会員
現　　在	博士（経済学）
	横浜市立大学名誉教授
	青山学院大学名誉教授

〔主要著書〕『経営組織編―課題と展開』1970 年，森山書店
　　　　　　『経営組織論―系譜と基本問題』1975 年，丸善
　　　　　　『経営学の原理』1978 年，中央経済社
　　　　　　『経営学入門』1982 年，〔3 訂版〕1995 年，同文舘
　　　　　　『経営組織論』1987 年，〔改訂版〕1991 年，日本放送出版協会
　　　　　　『企業社会責任の経営学的研究』1994 年，〔3 刷版〕2004 年，白桃書房
　　　　　　『経営学』1995 年，（財）放送大学教育振興会
　　　　　　『日本的経営の生成・成熟・転換』1999 年，学文社（編著）

第三版
現代経営組織論
　　　　1998 年 5 月 15 日　第一版第一刷発行
　　　　2005 年 9 月 10 日　第二版第三刷発行
　　　　2011 年 1 月 31 日　第三版第二刷発行

著　者　森　本　三　男
発行所　㈱ 学 文 社
発行者　田　中　千津子
東京都目黒区下目黒 3-6-1 〒 153-0064
電話 03（3715）1501 振替 00130-9-98842

落丁，乱丁本は，本社にてお取替え致します。
定価は売上カード，カバーに表示してあります。検印省略

ISBN 978-4-7620-1072-9　印刷／倉敷印刷㈱
© Mitsuo MORIMOTO 1998 Printed in Japan